리차드 라이징은 브랜드의 힘을 알고 있다! 교회의 현대 문화 개념에 대한 그의 견해는 매우 통찰력이 있다. 교회 지도자들은 이 책을 꼭 읽어야 한다.

대런 화이트헤드 _ 〈차세대를 위한 사역〉 회장, 윌로우크릭커뮤니티교회

리차드 라이징은 사업가의 명민함과 목회자의 열정으로 교회 마케팅이라는 주제를 다루고 있다. 미국 내 모든 목회자의 필독서이다.

래드 어베어 _ 〈퍼스낼리티〉, 〈교회 커뮤니케이션 센터〉 창립자

예수님은 제자들에게 사회적으로 무시당하지 말고 최대한 넓게 빛을 비추는 영향력을 가지라고 명령하셨다. 이것이 교회와 목회 마케팅의 본질이다. 리차드 라이징은 「교회마케팅 101」이라는 저서를 통해 복음을 힘있게 증거하는 일에 관심을 가진 모든 사람에게 크게 봉사한 셈이다. 그는 과장되거나 반쪽 자리 진리에 기초한 마케팅을 거부한다. 리차드 라이징은 진실하고, 성경적인, 그리고 명확한 목적이 있는 섬김의 정신으로 교회를 마케팅하라고 주장한다. 이 책을 통해 더 냉철해진 머리와 더 뜨거워진 가슴을 갖게 될 것이다.

데이빗 쉬블리 박사 _ 〈글로벌 어드밴스〉의 회장

13,000명의 교인이 모이는 교회 목회자로서, 나는 '교회 마케팅'이 모순되는 단어의 조합이 아님을 증명할 수 있다. 모든 교회는 그 지역 안에서 평가를 받는다. 리차드 라이징은 모든 교회가 예수 그리스도의 복음을 가장 효율적으로 전할 수 있는 방법에 대해 기술함으로서 우리에게 큰 유익을 주고 있다. 이 책은 지역 복음화에 헌신하는 모든 사람들의 필독서이다.

데이빗 다익스 _ 박사, 작가, 목회자, 그린 에이커 침례교회

라이징은 낯설게 느껴졌던 기업의 마케팅 전략을 단순하면서도 그리스도가 중심이 되고 사람들에게 초점을 맞춘 원리로 바꾸고 있다. 마케팅은 교회와 목회 사역의 효율성과 연관성을 증대시키는 역할을 한다. 어떤 기관이든 더 분명한 목적의식을 갖게 될 것이고 그 목표를 이룰 수 있는 방법을 알게 될 것이다.

데이브 드레이벡키 _ 베스트셀러 작가, 〈Outreach of Hope〉의 설립자

교회는 세상의 희망이다. 「교회마케팅 101」은 목표를 조준하는 레이저처럼 우리가 그리스도의 복음으로 초점을 맞출 때 필요한 원리를 보여준다. 리차드 라이징은 교회가 듣고 적용해야 할 중요한 메시지를 전하고 있다.

로버트 모리스 _ 게이트웨이교회 담임목사

리차드 라이징의 저서인 「교회마케팅 101」에서 우리는 라이징의 비전, 즉 마케팅에 대한 비전이 아니라 마케팅 그 이상의 무엇인가에 대한 비전에 열정을 가진 저자를 만나게 된다. 리차드 라이징은 교회에 대한 애정을 가지고 있고 그는 사람들에게 예수 그리스도의 복음을 전해야 하는 교회의 사명을 마음에 품고 있다. 리차드는 마케팅에 대해 진부한 방법으로 접근하지 않는다. 교회가 바라는 대로 건강한 교회로 성장할 수 있는 성경적인 접근방법을 제시하기 위해 모든 노력을 기울이고 있다. 건강한 교회에서는 그리스도의 능력으로 충만한 건강한 성도들이 배출될 것이다. 이 책은 개교회가 혼란과 무능력에서 벗어나 하나님이 요구하시는 능력을 갖추고 가능한 한 많은 사람들에게 복음을 전할 수 있게 하는 것을 목적으로 한다. 리차드 라이징의 열정에 불을 붙인 것은 바로 이러한 비전이며, 이 열정 때문에 「교회마케팅 101」은 읽어 보고 실천할 만한 가치가 있다.

빌 로렌스 박사 _ 〈포메이션 인터내셔널〉의 지도자

교회마케팅
101

올리브북스

Church Marketing 101

교회마케팅 101

초판 1쇄 | 2007년 2월 20일
지은이 | 리차드 라이징
옮긴이 | 오수현
펴낸이 | 김은옥
펴낸곳 | 올리브북스
주소 | 인천 부평구 부평2동 754-60
전화 | 02-393-2427
이메일 | kimeunok@empal.com
출판등록 | 제354-2006-8호

ISBN 978-89-958775-1-7 03230
■ 책값은 뒤표지에 있습니다.

총판 소망사(02-392-4232)

나에게 영감을 주고 다음 단계로 나아갈 수 있도록

격려해준 아내를 주신 하나님께 감사드린다.

미첼에게, 나의 가족인 팀team에게, 그리고 모험으로

가득한 그리스도인으로서의 행보를 걸어갈 수 있도록

나를 격려해주고 도전을 준 많은 사람들에게 이 책을 드린다.

마찬가지로, 그리스도의 대위임령을 감당하기 위해 더 많은

일을 하고 더 많이 복음을 전하려고 애쓰고 있는 교회에

이 책을 드린다.

　　서부 멕시코의 바람이 시원하게 들어오는 버스 안에서 눈물로 얼룩진 종이에 적어내린 것으로 시작된 비전이, 시간이 지날수록 그리스도의 몸인 교회가 더 많은 일을 하고 더 많은 곳에 복음을 전하기를 원하는 평생의 열정으로 발전되었다. 하나님께서는 우리 모든 사람에게 그러하듯이 나를 인도해 주셨다. 처음에 하나님께서는 대학에 가서 공학을 전공하게 하셨다. 하지만 나는 그곳에서는 내 존재 이유를 찾지 못할 것 같아 날마다 다른 전공 과목을 기웃거리다가 마케팅 수업을 듣게 되었다. 어느 날 그 수업을 듣는데 내 심장이 쿵쿵 울리는 것 같았다. 나는 즉각적으로 내가 이 일에 부르심받았다는 것을 깨달았다. 그러나 나를 깨우치신 분이 하나님이라는 것을 깨닫기까지는 몇 년이 걸렸다. 그때부터 수년 동안 '실제 세상'에서 마케팅 기술을 사용하며 살았다. 열일곱 살 때부터 자원봉사와 시간제 사역자로 교회사역을 하고 있었지만 마케팅 기술이 교회에 적용된다는 것은 전혀 생각지도 못했다. 그런데 멕시코 선교 여행을 다니는 중에 나는 하나님과 함께 버스를 타고 있었던 것이다.

그날 나는 내 인생이 새로운 방향으로 흘러가기 시작했음을 알았다. 귀로 들을 수 있는 음성은 아니었지만 성경에 나타난 대로 작고 세미한 음성이었다. 내 삶을 뒤흔드는 느낌이었지만 정확히 그 의미를 알 수가 없어서 며칠 동안 하나님을 찾으며 기도했을 때, 하나님께서는 교회에서 마케팅을 가르치라는 소명을 내 마음에 부어주셨다. 난데없이 그러한 말씀들이 내 마음 속에서 울리고 있었다.

교회는 여전히 1950년대 방식으로 전도하고 있었다. 교회는 많은 부분에서 바깥 세상과 관계 맺는 능력을 상실하고 있었다.

그 당시 '교회 마케팅'이라는 말은 거의 통용되지 않았다. 전에는 세상과의 이 거대한 단절에 대해서 생각해본 적이 없었다. 그러나 갑자기 모든 것이 너무나 분명해졌다. 기업에서 사용하는 인구통계, 패키징packaging, 기본심리학과 같은 마케팅 전략이 교회에도 온전히 적용 가능하다는 것을 깨달았을 때, 나는 고무되었고 마음이 편해졌다. 더구나, 내가 실천했던 많은 마케팅 전략들은 실제로 성경과 상호보완적이었다.

교회가 성장을 위해 고군분투하면서도, 왜 교회가 침체되는지 또는 왜 계속해서 성장하는지를 이해하지 못한 채 머리만 긁적이고 있음을 나는 깨닫기 시작했다. 나는 꿈을 가지고 앞으로 나아가도록, 팀을 구성하고, 높은 곳에 올라가 새로운 비전을 외치도록 도전을 주시는 하나님에게 경외감에 느꼈다.

나는 이 비전을 당시 여자 친구였던 미첼과 나누었는데, 미첼도 바로 그 주에 하나님께서 비슷한 꿈을 보여주셨다고 말하는 것이었다. 6개월 후에 우리는 결혼을 하고, 이 험한 여정 속에서 다음 단계로 인도하시는 하나님을 따르기 위해 아리조나로 떠났다. 나는 최첨단 기술회사의 마케팅 담당자로 제의를 받았고, 미첼은 나이키와 노스페이스North Face와 같은 회사를 고객으로 하는 광고대행사에서 같은 일을 하게 되었다.

일을 하면서 귀중한 교훈을 배우는 동시에 우리는 청년부 담당 사역자로도 섬기게 되었다. 한편으로는 기업의 마케팅 컨설턴트로서 교회를 섬기는데 필요한 교훈을 배울 수 있었다. 이를테면 항해하는 동안 배를 운영하는 방법, 넉넉한 마케팅 예산이 없이도(인텔과 모토롤라와 같은) 고객들과 관계를 맺고 끌어들이는 방법, 그리고 괄목할 만한 결과를 얻기 위해 마케팅 대상에 대한 지식을 활용하는 방법 등을 배우게 되었다. 또한 해서는 안 되는 것에 대해서도 많이 배웠다. 일부 기업들은 외부의 평가에 귀 기울이지 않고 사람들이 진정으로 원하는 것이 무엇인지 알지 못한 채 일에 뛰어들고 있다는 것도 알게 되었다. 나는 마케팅이 보통 사람들이 생각하는 것보다 훨씬 더 중요하다는 것을 깨달았다. 그리고 필요하다고 생각되는 것 이상으로 수천 번 이상 반복해서 전달할 때 온전한 커뮤니케이션이 이루어지며, 바로 그때 커뮤니케이션을 시작한 것임을 배우게 되었다.

몇 년 간 일상적인 일을 꾸준히 하고 있었는데, 하나님께서 다시 우리 안에서 역사하고 계심을 느꼈다. 아내와 나는 친구 결혼식에 참석하기 위해 코스타리카로 가는 비행기에 타고 있었는데, 우리는 서로를 바라보면서 "바로 지금이야!"라고 소리쳤다. 우리의 꿈을 실현하기 위한 행동을 시작해야 할 때였다. 우리는 그때가 지금이라는 것을 알았다. 나는 흥분했고, 그 일은 시작되고 있었다.

사표를 내기위해 CEO 사무실로 걸어가던 일이 생각난다. 내 마음은 두려움과 흥분으로 뛰고 있었다. 내 사표를 거절할 수 있는 방법이 아무 것도 없다는 것을 깨닫자마자 CEO(교회생활에 지친 개인 투자 은행가)는 우리가 하려는 일에 너무 감동한 나머지 우리가 시작하려는 새로운 모험에 사용하라고 40만 달러를 내밀었다. 하지만 그 돈을 받으려니 마음이 편하지 않았다. CEO의 제안을 거절한 후에, 우리는 관리직으로 연봉받는 일을 그만두고, 길이 잘 보이지 않는 이 꿈을 추구하면서 2년 동안 가난한 삶을 살았다.

「교회마케팅 101」은 지난 몇 년 간 미국과 여러 나라의 수많은 교회들과 같이 사역하고 그들에게 도전을 주는 과정을 통해 하나님이 우리에게 보여주셨던 일의 일부분이다. 교회 문화를 창조하고 상처받은 교회에 다시 한 번 기회를 주고자 했던 캠페인의 열매로 이 책이 나오게 되었다. 이 책은 성장하는 교회는 더 건강하게 하고, 큰 교회는 더 효과적으로 사역할 수 있도록 돕는데 필요한 조언을 담고 있다. 이 책은 목회자들의 눈물, 그리고 서로 다른 단체, 인종, 교단을 초월한 사역자들의 컨설팅으로 탄생하였다. 그러나 무엇보다도 이 책은 잃어버린, 죽어가는 세상과 관계를 맺도록 그분의 교회를 부르시는 하나님의 방법을 다룬다. 이와 같은 방법으로 지난 2천년 동안 하나님은 교회에 도전을 주고 계셨는데 어쩐 일인지 우리는 그 방법을 놓치고 있었다.

우리는 교회가 현대적인 마케팅을 시행하는 과정에 뛰어드는 것을 지켜보았다. 그러나 아직도 그 교회들은 실질적인 열매를 얻지 못해 몸부림치고 있다. 광고지를 발송하는 법을 배우고, 앞서가는 교회들을 모방하여 커피숍도 운영해보지만 교회성장으로 이어지는 기본적인 원리에는 여전히 실패하고 있다. 새로운 로고, 새로운 교회 이름, 새로운 건물은 근본적으로 교회성장으로 연결되지 않았다.

성장하는 '교회가 하는 일' what they do을 그대로 모방해서는 교회가 성장할 수 있는 해답을 찾을 수 없다. 오히려 '어떤 교회인가' what they are에서 그 해답을 찾는 것이 쉬울 것이다. 마케팅은 한 분야의 부산물이 아니다. 교회가 교인들과 지역사회에 전달하고 있는 교회의 자기 인식이다. 미래로 나아가면서 교회가 지향하는 목적지이기도 하다. 마케팅 방법을 사용하여 정확하게 평가하고 실행한다면 놀라운 결과를 얻을 수 있을 것이다.

그럼에도 불구하고, 이른바 교회에서 하고 있는 대부분의 마케팅이 그저 지엽적인 것에 그치고 있어서 몹시 놀라울 뿐이다. 마케팅은 단순히 멋진 광고 아이디어를 응용하는 것이 아니다. 전략을 말하는 것도 아니다. 그 이상으로 더 깊은 의미가 있는 것이다. 마케팅은 성장하기 위한 하부구조의 일부분이다. 외벽에 칠하는 번쩍거리는 페인트가 아니라 외벽을 지탱하는 철로 된 골조이다. 이것이 바로 내가 이 책의 제목을 「교회마케팅 101」로 정한 이유이다. 단순화했다는 의미에서의 '101'이 아니라 기본원리라는 의미로 '101'을 붙인 것이다.

나로서는, 이 주제와 관련된 내 마음을 여러분이 이해해주는 것이 정말 중요하다. 나는 "인식을 관리하고 경영하는 것"managing the perception에 대해 많은 이야기를 나눌 것이다. 그리고 여러분도 이 주제를 진지하게 생각해주기를 바란다. 내가 조작하거나 속이는 일을 하라고 주장한다는 생각이 잠시라도 든다면, 그것은 사실이 아니다. 나에게 마케팅은 사탕 발림이나 거짓을 말하는 것이 아니다. 효과적인 커뮤니케이션에 대한 것이다. 마케팅은 하나님이 교회 안에서 행하시는 일을 지지하는 것이다. 마케팅이 하나님의 일을 대신하지는 않는다.

또한 복음에 대해 타협하거나 성령의 사역을 제한하고자 하는 뜻도 없다. 하나님의 임재하심과 설득력 있는 성경적인 근거는 교회 안에서 이루어지는 하나님의 모든 사역에 대한 전제조건이다. 이 책을 읽고 있다면 당신은 다른 사람들에게 그리스도를 전하고 싶고 교회가 성장하기를 원하는 사람일 것이다. 논쟁의 여지가 있는 교리적인 문제를 다루지는 않을 것이다. 그보다는 모든 교회가 하나님을 위해 영향력을 발휘하고 싶은 대상자들과 좀더 강력한 관계를 맺고 끈끈한 연결고리를 개발하는데 도움이 되도록 노력할 것이다. 이러한 목적을 추구할 때 서로 간의 차이는 별로 중요하지 않다. 그리고 '마케팅'이라는 단어에 너무 얽매이지 않기를 바란다. 도움이 된다면 '커뮤니케이션' 또는 '사람들과 관계를 맺는 것'이라는 말로 바꾸어 사용해도 무방하다. 또한 이 책에서는 '하나님을 파는 것'을 주장하지 않는다. 그러나 하나님을 떠난 세상을 향해 하나님을 전하는 일에 여러분이 최선의 발걸음을 내딛도록 도울 수 있기를 나는 진심으로 바란다.

내가 성공했다면, 여러분은 이 책을 다 읽은 후에 마케팅을 다른 각도에서 보게 될 것이다. 그리고 교회성장을 위한 새로운 방법을 얻게 될 것이다. '자기 자신'에 대해 잘 알게 되고, 더 명확한 비전을 보게 될 것이며, 교회가 부르심 받았다고 생각되는 일을 이루는 데 필요한 단계를 명확하게 설정하게 될 것이다.

이 과정은 매력적이며 도전적이다. 때로 낙심이 될지도 모르겠다. 그러나 실망하지 말라. 가다보면 많은 질문을 받게 될 것이다. 그에 대한 대답은 틀에 박힌 진부한 해결책이 아닐 것이다. 그런 해답은 없기 때문이다. 그러나 그 대답들은 서로 연결되고 맞물려져 우리 교회가 변화하고 성장하는데 가장 적합한 지도를 제공할 것이다.

교회를 위해 마케팅이 정말 무엇인가를 기꺼이 알고자 하는 당신의 열정에 진심으로 감사드린다. 진리로 인해 새로운 열매를 맺고, 하나님이 주신 비전이 당신이 붙잡을 수 있는 곳에 있음을 발견하기를 기도한다.

01

교회 마케팅이란
무엇인가?

전제

           1996년, 나는 최첨단 기술회사에 입사해서 마케팅 담당 부회장과 함께 일하게 되었는데, 그 부회장은 최근까지 큰 컴퓨터 회사에서 일했던 사람이었다. 그 전에 하나님께서는 그리스도의 몸된 교회를 섬길 수 있도록 목회를 돕는 마케팅 회사를 시작하는 일에 대한 비전을 내게 주신 일이 있다. 그 당시 나는 왜 하나님께서 그때 그 일을 시작하지 않도록 하셨는지 의구심을 가지고 있었다. 왜 하나님께서는 나와 내 아내로 하여금 이 먼 곳까지 와서 그 회사에 들어가게 하셨는지 알 수가 없었다.

    '그 이유'는 금세 깨닫게 되었다. 나는 실리콘밸리에서 새로이 시작한 생산설비를 홍보하는 행사에 맞추어 도착했다. 경영진은 대단히 큰 규모의 홍보행사를 계획했는데, 그 행사는 마이크로칩을 생산하는 놀랄만한 시설과 장비를 보여주기 위해 수백 명의 산업전문가들을 초청하는데 초점을 두고 있었다. 홍보행사는 성공적인 것 같았다. 반응이 좋았고, 짧은 순간이나마 회사 측에서는 완벽한 성공이라고 확신했다.

    그러나 몇 달이 지나지 않아, 우리는 그 행사로 인한 성공적인 결과가 아무 것도 없음을 깨닫게 되었다. 판매사원은 생산팀과 그 호화로운 시설이 일이 없어 놀고 있는 것을 보고 미칠 지경이었다. 손실은 수백만 달러로 치솟았다. 그렇게 성공적으로 보였던 홍보 행사 후에, 어떻게 이런 기막힌 실패가 계속될 수 있을까? 나는 여기에서 무엇인가를 배우게 되었다.

판매사원들은 첨단시설로 인한 성공 가능성을 계속 설명했지만, 완벽한 최첨단 기계들은 일이 없어 멈춰있었다. 생산팀 직원들은 잠재 고객들이 방문하여 기계를 평가할 때도, 말 그대로 할 일 없이 앉아있기만 했다. 그 잠재 고객들은 "왜 아무도 일을 하지 않고, 기계를 놀리고만 있습니까?"라고 궁금해 할 뿐이었다. 직원들은 그들이 다르게 생각할 수 있도록 어떤 노력도 하지 않았기 때문에, 잠재 고객들은 결국 "아무도 이들에게 마이크로칩을 맡기려하지 않는 모양이군. 그렇다면 우리도 그럴 이유가 없지."라는 결론을 내리고 있었다. 부끄러운 일이었다. 생산팀에서는 시험작동을 하거나 창고의 빈 선반을 채울 생각을 전혀 하지 않았다. 그저 계속해서 잠재 고객들에게 멋진 시설만을 보여줄 뿐, 수백만 달러 가치의 마이크로칩을 이 회사에 믿고 맡길 수 있음을 보증하는 사실이나 경험을 보여주지 못하고 있었다.

지금 실수를 지적하기는 쉽다는 것을 알고 있다. 그러나 지금 이곳에는 수백만 달러의 가치가 있는 인력이 일하고 있다는 것을 생각해보라. 그럼에도 불구하고 첫 홍보 행사에 참석함으로서 우리 회사에 관심을 보인 사람들에게 이 회사가 어떤 모습을 보여주고 있는지에 대해서는 아무도 생각하고 있지 않았다. 어쨌든 그 사람들은 홍보 행사에 참석했었다. 그렇지 않은가? 나는 그 회사에서 3년 반 동안 일하면서, 단순히 아무도 깊이 생각하지 않았기 때문에 다른 사람들에게 각인된 회사에 대한 좋지 못한 인식을 없애려고 노력했다. 서비스 산업에서, 사람들은 기계와 좋은 설비만 보고 우리를 신뢰하지 않는다. 그러나 일을 성공적으로 수행할 수 있는 능력을 그들에게 증명하게 되면 상황은 완전히 달라진다.

만약 당신이 계산서대로 지불하지 않는다면, 그것도 일종의 마케팅이다. 잔디를 깎지 않는 것도 일종의 마케팅이다.

여러분은 마케팅이 물건을 홍보하는 것, 그 이상임을 알고 있을 것이다. 마케팅을 위해서는 심사숙고해야 한다. 우리에 대한 외부 세상의 인식을 만들어 가는 과정에 관련된 모든 존재와 상호작용을 포함하는 것이 마케팅이다. 만약 당신이 계산서대로 지불하지 않는다면, 그것도 일종의 마케팅이다. 잔디를 깎지 않는 것도 일종의 마케팅이다. '잠재 고객' 이 이해하지 못할 말을 하거나 그들을 제대로 섬기지 못할 때, 당신은 마케팅을 하고 있는 것이다. 교인들과 전도하고자 하는 지역사회 사람들의 마음과 생각 속에 교회에 대한 인식을 심어주는 것, 이것이 바로 마케팅에 대한 정확한 정의이다.

회사의 홍보행사가 실패하는 것을 보고 나는 교회에서 일어나는 일을 생각했다. 교회 성도들은 사람들을 전도하라는 압력을 받고, 사랑 아니면 의무감으로 자신의 명예를 걸고 사람들을 교회로 초청한다. 그러나 교회는 교인들이 전도한 새신자와 관계 맺는 일을 잘하지 못할 때가 있다. 새신자들은 다음에 다시 교회에 나와야 할 가치 있는 일을 경험하지 못한다. 그들을 초청한 교인들은 여러 번 시도해서 힘들게 얻은 한번의 기회를 놓친 것에 실망하게 된다. 교회는 헌신된 성도들과는 관계를 잘 맺는다. 그러나 다른 사람들과는 어떠한가? 이것이 바로 마케팅과 관련된 문제이다.

우리가 교회를 섬기기 훨씬 이전부터 하나님께서 우리를 준비시키고 계셨다는 것을 이런 사실과 그 밖의 많은 다른 경험으로 알 수 있다. 하나님은 홍보하는 것promotion보다 준비되는 것preparation에 더 많은 관심을 가지고 계시기 때문이다. 하나님께서는 사람들을 억지로 교회로 데려오는 것보다 교회를 찾아온 사람들이 계속해서 머무를 수 있는 분위기를 만드는 일에 더 관심을 가지고 계신다. 결국, 자기 자신이 준비되지 않았다면, 하나님을 잘 전할 수 없다. 하나님은 정말 전능하신 분이지만, 외부 세상과 관계를 맺는 우리의 능력에 따라 그 모습이 제대로 전해지지 못할 때가 있다.

> 만약 교인들이 적극적으로 사람들을 전도하지 않는다면 거기에는 그만한 이유가 있다. 교회에 처음 왔던 사람이 계속해서 오지 않는다면 그만한 이유가 있다.

우리는 세미나를 하면서, 미국 교회의 50퍼센트 이상이 오히려 자기 교회를 홍보해서는 '안 된다' 라고 말하는 것을 발견했다. 놀랐는가? 그 이유는 간단하다. 만약 교인들이 적극적으로 사람들을 전도하지 않는다면 거기에는 그만한 이유가 있다. 교회에 처음 왔던 사람이 계속해서 오지 않는다면 그만한 이유가 있다. 설상가상으로, 내적으로 성장하지 못하고 있는 교회의 모습을 공개하여 앞으로 성장할 수 있는 가능성조차 없어지는 경우가 있다. 그런 교회는 외부 사람들을 초청하여 왜 아무도 이 교회로 사람들을 전도하지 않는지 그 이유를 보여주고 있을 뿐이다. 이런 경우에 새신자는 한 번은 참석하지만 두 번 다시는 오지 않는다. 그리고 친구들에게 왜 그 교회에 가지 않는지에 대해서 말할 것이다. 이렇게 "도움이 되지 않는 말"을 듣게 되거나 교회에 대한 좋지 못한 생각만 지역사회에 심어줄 뿐이다.

어렵지만 희망을 가지자. 해결책은 있다. 이 책은 마케팅의 핵심, 즉 '사전 마케팅' pre-marketing을 다루고 있는데, 이것은 이 책의 기초이기도 하다. 이 책의 목적은 영향력 있는 사람들(목회자, 장로, 사역자, 지도자, 각 분야의 협력자들)을 도와서, 사람들이 진정으로 그리스도를 만날 수 있는 교회를 만들어 화해시키는 사역(고후 5:19)을 감당하게 하는 것이다.

대부분의 교회가 마케팅에 실패하는 이유는 마케팅이 교회생활의 모든 영역에 관련된다는 사실을 놓치고 있기 때문이다. 그런 교회들은 마케팅이 그저 전단지를 보내는 일과 같은 것이라고 생각한다. 그러나 실제로는 그보다 훨씬 더 대단한 일이다. 진정한 마케팅은 정말 광범위한 개념이어서 우리 교회는 전혀 마케팅을 안 한다고 말하는 교회도 사실은 마케팅을 하면서도 깨닫지 못하고 있을 뿐이다. 그런 교회는 마케팅을 잘 못하고 있는 경우가 대부분이다.

마케팅을 하지 않은 교회는 이 세상에 하나도 없다. 잘하는 교회와 그렇지 못한 교회가 있을 뿐이다. 궁극적으로 마케팅의 핵심은 어떤 존재에 사람들을 연결시키는 것이다. 그런데 그리스도의 몸인 교회와 그리스도 그분보다 시간과 돈과 노력을 기울일만한 가치 있는 존재는 없다.

마케팅의 정의

마케팅에 대해서는 극단적인 호평과 극단적인 비평 사이에 무수히 많은 개념이 존재한다. 그러나 거의 모든 의견들은 서로 완전히 다른 정의에서 비롯되고 있다. 마케팅이 정확하게 무엇인가에 대해서 기업들은 매우 다양한 의견을 가지고 있고 교회들은 아직 잘 모르고 있다.

마케팅은 이웃에게 우편물을 발송하거나 문 앞에 홍보용으로 무엇인가를 걸어두는 것이라고 생각하는 사람들이 있다. 텔레마케팅과 같은 맥락에서 그 근원을 찾는 사람들도 있다. 그래서 마케팅을 항상 주제넘게 참견하는 것으로 생각한다. 사실 마케팅은 우리가 생각하는 것처럼 그렇게 피상적인 것이 아니다.

대학에서 마케팅 수업을 듣는다면, 틀림없이 '4P'에 대해서 배우게 될 것이다. "product, 상품"(당신이 판매하는 것과 그 구성요소와 포장 등), "place, 유통·장소"(상품을 분배하는 곳과 분배하는 사람), "price, 가격"(지불하는 비용–판매자와 구매자 모두에게), 그리고 "promotion, 광고 · 홍보"(상품을 알리기 위해 사용하는 도구).

교회로 말하면, '상품'은 복음과 그에 따른 스타일, 질quality, 관련성, 그리고 포장packaging일 것이다. '장소'는 위치를 뜻하는 것으로 교회 건물, 소그룹, 강단이 될 것이다. 교인은 지역사회와 어떻게 관계를 맺을 것인가에 대한 세부계획이다. '가격'은 정의를 내리기가 조금 어렵다. 그리스도는 우리에게 모든 것을 나누어주라고 말씀하시는데, 교회마다 서로 다른 대가를 지불하고 있다는 것을 우리는 깨달아야 한다. 많은 교회들이 헌신의 대가(비용)를 낮춤으로서, 즉 고통을 줄임으로서 성장하고 있다. 반면에 높은 비용을 요구하는 교회, 즉 많은 헌신을 요구하는 교회들은 수년 동안 거의 성장하지 않고 있다. 너무 많은 것을 너무 단시간 내에 요구하기 때문이다. '광고'는 복음전도, 공식적인 관계, 광고, 그리고 교회와 복음을 전하기 위해 행하는 모든 일을 의미한다.

마케팅에 대한 학문적인 정의는 매우 광범위하다. 마케팅은 교회의 설교와 길거리 전도, 명함, 결신으로의 초청, 건물 표지판, 그리고 그 외에 훨씬 더 많은 부분에 영향을 미친다. 이런 것은 모두 교회가 현재 행하고 있는 교과서적인 마케팅 방법들이다.

마케팅에 대한 다른 정의를 살펴보자. 미리암웹스터 사전에 의하면 마케팅은 "생산자로부터 소비자에게로 상품이 이동되는 과정에 포함되는 모든 활동"이다.

마케팅이란 대문에 광고지를 거는 것 이상의 많은 것을 의미한다. 그리스도를 교인들과 외부 세상에 전하기 위해 교회가 할 수 있는 모든 일의 '총합'인 것이다. 당신이 전하고자 하는 바로 그 복음에 사람들이 긍정적으로 반응하도록 행하는 모든 일들의(상품, 유통 그 외의 것을 모두 포함하여) '총합'이다. 이 모든 일과 기능이 결합되어 당신이 대상으로 삼은 사람들 안에 하나의 중심이 되는 실체가 만들어진다. 교회와 교회가 제공해야 하는 것에 대한 사람들의 인식을 만들어가는 것이다. 교인과 교단을 포함하여, 교회가 과거에 한 일과 현재 하고 있는 모든 일이 사람들의 사고방식과 결합되어, 사람들은 궁극적으로 교회를 어떻게 생각해야 할지를 결정한다. 너무 어렵게 들리는가? 때로는 넘어서야 할 것이 많이 있다. 그래서 전도 대상자들과 더 분명하고 신중하게 의사소통해야 할 필요가 있다. 기회는 한 번 뿐일 때가 많기 때문이다. "처음에 좋은 인상을 주지 못하면 두 번째 기회를 얻을 수 없다."는 옛말은 여기에서도 참 진리이다.

참된 마케팅은 받아들여야 할 대상이다. 사실, 우리는 마케팅에 대한 막연한 정의와 씨름하면서, 그리고 마케팅의 능력을 어떻게 하면 교회에 알릴 수 있을지 알아내기 위해 수년 동안 노력해왔다. 그리고 하나님께서는 우리가 지금까지 생각한 것 중에서 가장 좋은 정의를 깨닫게 하셨다. 이 정의에는 모든 기본적인 내용이 포함되어 있으며, 교회가 사람들과 접촉하는 모든 분야와 모든 수준에서 애쓰고 있는 마케팅 노력을 쉽게 평가할 수 있는 능력을 갖추는데 도움이 된다.

"마케팅은 인식을 관리하고 경영하는 것이다"Marketing is the management of perception. 이것이 바로 마케팅에 대한 정의이다. 분명하고 단순하다. 마케팅은 사람들이 그리스도와 교회에 대해 응답할 것이라는 희망적인 목적을 향해 사람들의 인식을 관리하고 경영하는 것이다.

마케팅은 인식을 관리하고 경영하는 것이다.

(Marketing is the management of perception)

사람들이 교회(또는 기관)와 관계를 맺을 수 있도록 돕고, 그리스도와 교회에 대해 결정을 내리는데 영향을 주어 교회에 대한 인식을 조절하고 통제하는 능력이 바로 마케팅이다. 마케팅 영역에는 사역 스타일, 건물 미학, 광고, 표지판, 새신자를 맞아들이는 것, 안내, 환영, 광고, 교회 이름, 위치, 커뮤니케이션, 그 밖의 많은 주제와 노력이 포함된다.

인식을 관리하는 것이 진리를 조작하는 것이 아님을 명심해야 한다. 이것은 진리를 효과적으로 전달하기 위한 것이다. 당신이 전달하고자 하는 메시지는 먼저 바로 당신이 되어야 한다.

이 정의를 온전히 활용하기 위해서, '인식' perception이라는 말을 정의해보자. 인식은 어떤 것에 대해 사람들이 느끼는 감정이다. 마음속으로부터 자신과의 관계 속에서, 그리고 다른 것과의 관계 속에서 그 사물을 보는 방식이다.

내가 만약 '타바스코'라고 말하면 당신은 '맵다'는 생각이 떠오를 것이다(루이지애나 사람을 제외하고는 '화장수'를 생각할지도 모른다). '파프리카'와 '할라삐뇨'(jalapenos, 멕시코 양념용 식물-옮긴이)에 대해서도 무엇인가 떠오르는 이미지가 있을 것이다. 가령 내가 '침례교' 혹은 '그리스도의 교회'라고 말한다면 그에 대한 이미지는 어디에 저장되어 있을까? 마음 속 어떤 범주 안에 들어 있을까? 사람들의 인식은 매우 강력하기 때문에 일반적으로 "인식되는 것이 진실이다"perception is reality라고 말하기도 한다. 경험을 통해 어떤 인식을 가지게 된 사람들에게는 '인식'은 말 그대로 '실제' real이다. 사람들은 여러분의 교회를 지루하다고 생각하는가? 흥미로운 곳이라고? 이상한 곳이라고? 단조롭다고? 숨 막히는 곳이라고? 하류계층이라고? 상류계층이라고? 사람들이 교회를 어떻게 생각하는지 모르고 있는가? 걱정할 필요 없다. 그것을 알 수 있는 방법에 대해 이야기하려고 한다. 사람들의 인식을 바꿀 수 없다고 생각하는가? 당신은 할 수 있다. 이것이 바로 마케팅이다. 진리에 기초한 마케팅 전략은 교회에 대한 새로운 인식을 심어줄 수 있도록 당신에게 날개를 달아줄 것이다. 어떤 경우에는, 교회에 대한 사람들의 인식을 바꾸기 위해서 교회가 실제로 변화되어야 할 때도 있을 것이다. 그리고 과거의 잘못된 인식을 극복하기 위해 더 노력해야 할 것이다.

마케팅이 인식을 관리하고 경영하는 것management이라면, '관리하고 경영하는 것' management의 정의는 무엇인가? 관리, 경영이란 현재 자신의 모습을 알고, 미래에 어떤 모습이 되고 싶은지를 알고, 그 목표를 이루기 위해 조절해나가는 능력을 말한다. 그래서 회사에 훌륭한 매니저가 있다면, (1) 현재 상황을 잘 알고 있고, (2) 미래 목표를 바라보고 있으면서, (3) 그 목표를 이루는데 필요한 것을 분석하고 조정할 수 있는 사람을 두고 있는 것이다. 그런 매니저는 얼마나 귀한 존재인가!

마케팅을 잘 이해하기 위해 다시 뒤로 돌아가 보자. 마케팅이란 인식을 관리하고 경영하는 것이며, 관리 · 경영이란 현재 위치와 미래 목표를 알고 그에 따라 조절해나가는 것이다. 따라서 마케팅의 핵심은 (1) 현재 사람들이 당신을 어떻게 인식하고 있는지를 이해할 수 있는 능력, (2) 사람들이 당신을 어떻게 인식해 주었으면 좋겠는지에 대한 비전을 갖는 것(그들의 기준으로), (3) 결국에는 당신이 원하는 대로 사람들이 인식하고 있다는 것을 확신할 수 있도록, 행동과 커뮤니케이션 방식에서 명확한 행동을 취하고 조절해나가는 것, 이 세 가지이다.

바로 이것이다. 그러나 우선 두 가지를 확인할 수 있는 능력을 갖추고 시작해야 한다. (1) 사람들이(교인들과 지역사회) 교회에 대해서 어떻게 생각하는지(적어도 생각한다면), (2) 사람들이 교회를 어떻게 생각해주기를 원하는지에 대해 분명하게 설정된 목표(사실에 기초하여). 여러분의 교회를 다른 교회와 어떻게 차별화 하고 싶은가? 지역사회의 구체적인 필요를 어떤 독창적인 방법으로 만족시키고 있는가? 어떤 유형의 사람들이 교회를 가장 편안하게 생각하고 있는가? 어떤 유형의 사람들이 교회를 가장 편안하게 생각했으면 좋겠는가?

효과적이고 정확하기 위해서는, 진실한 커뮤니케이션이 있어야 한다. 교회로서의 정체성과도 일치되어야 한다. 교회를 "사랑이 충만한 곳"으로 알리고자 한다면, 실제로 사랑이 풍성한 곳이어야 한다는 뜻이다. 사랑이 이웃에게로 흘러넘쳐야 한다. 그렇지 않다면 거짓 광고를 하는 셈이며 결국에는 힘들게 그에 대한 대가를 지불해야 할 것이다. 마케팅은 우리가 대상으로 삼고 있는 사람들에게 영향을 주기 이전에 우리가 어떤 존재가 되어야 하는지에 먼저 영향을 주어야 한다. 그렇지 않다면, 위선을 홍보하는 것이며 사람들을 더 멀리 내어쫓을 뿐이다.

> 마케팅은 우리가 대상으로 삼고 있는 사람들에게 영향을 주기 이전에
> 우리가 어떤 존재가 되어야 하는지에 먼저 영향을 주어야 한다.

마케팅은 인식을 관리하고 경영하는 것이다. 이 개념이 성경적인 근거가 있는 것인지 궁금할 것이다. 계속해서 살펴보자.

마케팅에 대한 성경적 근거

하나님이 마케팅에 대해 어떻게 말씀하고 계신지 궁금한가? 마

케팅이 인식을 관리하고 경영하는 것이라는 전제를 이해한다면, 하나님의 말씀이 새로운 빛 가운데 드러나는 것을 경험할 수 있다. 하나님께서 수천 년 동안 인생 가운데 어떻게 인식을 관리하고 경영해 오셨는지를 이해하게 되고 마찬가지로 오늘날에도 그렇게 행하고 계심을 알게 될 것이다. 2천 년 전에 하나님은 그리스도를 통해 그렇게 행하셨고, 오늘날에는 교회를 통해 일하고 계신다.

예수님께서 사람들의 생각을 아시고 사역의 방향을 바꾸시거나, 다시 말씀하시거나, 말씀하시는 것을 멈추셨던 일이 성경에는 30번 이상 언급되어 있다.

이것을 생각해보라. "예수께서 그들의 생각을 아시고Jesus perceived their thoughts 말씀하셨다."라는 구절이 얼마나 많은지를 기억할 수 있는가? 예수님께서 사람들의 생각을 아시고 사역의 방향을 바꾸시거나, 다시 말씀하시거나, 말씀하시는 것을 멈추셨던 일이 성경에는 30번 이상 언급되어 있다. 예수님께서는 예수님에 대한 사람들의 생각과 인식thoughts, perception을 아시고(perceive: 이것은 마케팅 용어이다), 사람들이 자신을 올바르게 생각할 수 있도록 말씀을 전하시거나 구체적인 일들을 행하셨다. 예수님께서 행하신 사역은 우리가 정의내린 마케팅과 굉장히 잘 맞아떨어진다. 5천 명을 먹이신 후에, 예수님은 마가단 지경으로 가셨다. 그곳에서 예수님을 만난 제자들은 떡을 가져오는 것을 잊었다. 마태복음 16장

8~9절은 이렇게 말씀한다.

> "예수께서 아시고 가라사대 믿음이 적은 자들아 어찌 떡이 없음으로 서로 의논
> 하느냐 너희가 아직도 깨닫지 못하느냐 떡 다섯 개로 오천 명을 먹이고 주운
> 것이 몇 바구니며."

예수님은 제자들의 생각을 바꾸고자 하셨다. 제자들은 자기들이
한 일 때문에 예수님께서 제한을 받으신다고 생각했다. 예수님께서
는 자신이 그 이상으로 능력 있는 분임을 제자들이 알기를 원하셨
다. 예수님은 제자들에게 과거의 기적을 다시 말씀하셨다. 커뮤니
케이션이 너무 단순한 것처럼 생각되는가? 마케팅의 기초는 사람
들이 당신을 어떻게 생각하는지와 사람들이 당신을 어떻게 생각해
주기를 원하는가를 아는 것, 그리고 당신과 당신의 상품에 대해 사
람들이 생각하는 방식을 만들어가기 위한 방법으로 의사를 전달하
는 것이다.

예수님은 복음을 듣는 사람에 따라 적절한 커뮤니케이션 방법을
사용하셨다. 베드로도 마찬가지였다. 오순절 성령이 제자들에게 임
하신 후에 군중들은 제자들이 술에 취했다고 생각했다. 이것을 '깨
달은' perceived 베드로는 마케팅을 하고 있다. "때가 제 삼시니 너
희 생각과 같이 이 사람들이 취한 것이 아니라 이는 곧 선지자 요엘
로 말씀하신 것이니 일렀으되"(행 2:15~16). 베드로는 군중들이 어
디 출신인지를 알고 있었다. 군중들이 목격한 것이 제자들이 술에

취해서가 아니라 성경에 기록된 것이 이루어진 것임을 이해시키는 것이 중요하다고 베드로는 생각했다. 사람들이 어떻게 생각하기를 원하는지 베드로는 알고 있었고, 사람들에게 올바른 시각을 제공하기 위해 '섬김'이라는 커뮤니케이션 방식을 택했다. 훌륭한 마케팅이었다.

성경과 관련해서 '마케팅'이라는 용어를 사용하는 것이 다소 귀에 거슬릴지도 모르겠다. 그러나 성경 전체를 통틀어 예수님과 베드로, 그 밖의 많은 사람들이 다른 사람들의 생각에 관심을 가지고 긍정적인 방향으로 이끌기 위해 적절하거나 관련 있는 이야기로 이끌어갔다는 것에는 이견이 없을 것이다. 사실, 마케팅을 반대하는 사람들은 대부분 의미론적인 문제에 집착하는 것뿐이다. 그런 사람들은 마케팅을 상업적인 거래로만 보는데, 사실상 마케팅은 인식을 형성하는 행동인 것이다. 만약 내가 당신에게 어떤 아이디어에 대해 확신을 준다면, 당신은 내 아이디어를 "받아들였다, 사들였다" bought in라고 말하지 않겠는가? 물론 당신이 산 것이다. 어떤 아이디어나 상품이 당신에게 필요한 이유를 더 잘 설명해줄수록 점점 더 즐거운 거래가 되는 것과 같다. 이 경우에, 이것은 상품 그 이상이다. 우리가 전하는 것은 우주의 하나님이며, 하나님은 그분의 몸인 교회(롬 10:14)를 통해 사람들에게 말씀하시며 성령과 함께 일하신다. 하나님에게는 그분의 사역을 돕는 제삼자인 '마케팅 담당자'가 있는데 바로 성령이시다. 그리고 성령님은 사람들을 그리스도에게로 인도하기 위해 삶 가운데 역사하신다. 우리에게는 돕는 분이 있다는 뜻이다. 그러므로 용어에 대한 오해는 그만두고 원리를 이해하도록 하자.

예수님은 사람들이 예수님을 잘 이해할 수 있도록 특별한 일(마케팅-인식을 바로잡기 위한 노력)을 행하셨다. 나사로가 죽었을 때 예수님께서 무덤 앞에서 기도했던 것을 기억하는가? "돌을 옮겨 놓으니 예수께서 눈을 들어 우러러 보시고 가라사대 아버지여 내 말을 들으신 것을 감사하나이다 항상 내 말을 들으시는 줄을 내가 알았나이다 그러나 이 말씀하옵는 것은 둘러선 무리를 위함이니 곧 아버지께서 나를 보내신 것을 저희로 믿게 하려 함이니이다"(요 11:41~42, 저자의 강조). 예수님이 어떠한 분이시며 어떤 일을 하시는지를 사람들이 알고 이해할 수 있도록, 예수님은 오직 그 이유만으로 불필요하다고 생각하셨던 기도를 드리셨다. 그 기도의 목적은 하나님의 손을 움직이기 위한 것이라기보다는 사람들이 이해할 수 있도록 돕기 위한 것이었다.

이런 경우는 어떠한가? 교회 가운데 50퍼센트는 오히려 자기 교회를 알리면 안 된다고 했던 터무니없는 이야기를 기억할 것이다. 잠시라도 교회를 알리고 싶어 하지 않는 교회가 어리석다고 생각되는가? 예수님도 때로는 자신을 알리는 것이 좋지 못하다고 생각하셨다. 마가복음에는 10회 이상, 예수님은 병을 고쳐주신 사람들에게 누구에게도 이 일을 알리지 말라고 말씀하셨다. 때로는 널리 알려지는 것이 적절하지 않을 때가 있다. 적절한 시기를 아는 것이 중요하다(이 주제에 대해서는 곧 다룰 것이다).

예수님께서는 항상 바람직한 반응을 유도하는 방향으로 커뮤니케이션을 하셨다. 예수님께서는 사람들이 듣고 싶어 하는 것이 무엇인지를 깊이 이해하셨기 때문이다. 실제로, 예수님께서는 서로 다른 무리들에게 서로 다른 방법으로 말씀하셨다는 것을 알고 있을 것이다. 예수님께서 죄인들을 비난하시는 것을 본 적이 있는가? 절대로 없다. 반면에 예수님께서는 위선적인 종교 지도자들을 맹렬히 비난하셨다. 예수님은 죄인들을 사랑하시고, 구하는 자에게 비유로 가르치셨으며, 제자들에게 그 당시로서는 매우 엄격한 삶의 방식을 가르치셨다. 각 경우에, 예수님께서는 사람들이 그분을 어떻게 생각하는지를 알고 계셨다. 그리고 그들이 처한 삶의 현실에 맞게 그들을 대하셨다. 그렇게 적합한 방식으로 메시지를 마케팅하셨기 때문에 예수님은 그들의 삶에 영향력을 미칠 수 있었다.

> 죄인들에게는 은혜를 주시고, 갈급한 사람들에게는 말씀을 주시고, 헌신한 사람들에게는 도전을 주시고, 마음이 강퍅한 사람들에게는 강력한 진리의 말씀을 주셨다. 예수님은 여러 수준의 사람들을 대상으로 목회를 하셨다. 우리는 어떠한가?

죄인들에게는 은혜를 주시고, 갈급한 사람들에게는 말씀을 주시고, 헌신한 사람들에게는 도전을 주시고, 마음이 강퍅한 사람들에게는 강력한 진리의 말씀을 주셨다. 예수님은 여러 수준의 사람들을 대상으로 목회를 하셨다. 우리는 어떠한가?

이러한 몇 가지 경우를 볼 때, 예수님은 영적인 통찰력을 가지고 계셨기 때문에 다른 사람들의 생각을 아실 수 있었다. 우리는 사람들이 어떠한 배경을 가지고 있는지를 이해하기 위해 더 열심히 노력해야 한다. 그러나 우리는 여전히 논리적으로 생각하고 인지할 수 없는 것일까? 우리가 예수님의 본을 따를 수는 없을까? 그리고 웹사이트, 인쇄물, 설교, 또는 표지판 등 다양한 커뮤니케이션 수단을 통해 올바른 인식을 심어줄 수 없는 것일까? 우리 교회에 한번 들어온 사람들이 다양한 삶의 배경을 가지고 있음을 이해할 수는 없을까? 그들과 관계를 맺는 것은 그들의 수준에 맞게 하나님의 말씀을 전하는 것에서 시작된다. 이때 우리 교회에 대한 올바른 인식을 심어주기 위해서, 그리고 잃어버린 영혼을 애타게 찾으시는 사랑의 하나님에 대한 인식을 가질 수 있도록 행해야 할 것이다.

마케팅에 대한 성경적 명령

그리스도의 대위임령은 가장 전통적인 의미에서 일종의 마케팅이다. 예수님께서는 "또 가라사대 너희는 온 천하에 다니며 만민에게 복음을 전파하라"(막 16:15)고 말씀하셨다. "복음을 전파하라" preach는 말은 복음을 선포하고, 공표하고, 널리 알리고, 증명해야 한다는 뜻이다. 이 단어의 정의야말로 마케팅의 중요한 요소인 '홍보, 광고' promotion를 뜻하고 있다. 홍보promotion는 대위임령과 함께하고 있다. 예수님은 대위임령과 그에 따르는 '표적'signs을 함께 말씀하셨다. 예수님은 인식을 정당화하고 강화시키기 위해 하나님의 말씀을 증거하고 싶은 마음을 내보이셨다.

신약시대의 교회로서 해야 할 일은 마케팅이다. 세상으로 하여금 우리가 어떤 사람인지에 대해서가 아니라 예수님이 어떤 분이신지에 대해 알도록 돕는 것이다. 서로 사랑하라는 예수님의 명령도 대중들의 인식에 영향을 주고자 한 것이었다. "너희가 서로 사랑하면 이로써 모든 사람이 너희가 내 제자인줄 알리라"(요 13:35). 하나님은 우리가 하나님을 드러내는 방법에 큰 관심을 가지고 계신다. 그것이 바로 예수님께서 제자들을 따로 불러내어 그런 어려운 일을 명령하신 이유이다. 심판이 하나님의 집에서부터 시작되는 것은(벧전 4:17), 우리의 행동을 보고 세상이 하나님에 대한 인식을 갖게 된다는 것을 하나님이 알고 계시기 때문이 아니겠는가? 그러므로 세상이 그리스도인을 바라보는 방식을 변화시키자. 성령님을 마음에 품고 그들의 삶의 수준에 맞게 관계를 맺는 것으로 그들의 생각을 변화시키자.

우리에게는 다른 명령도 주셨다. 내가 개인적으로 좋아하는 말씀 중 하나는 고린도전서 9장 19~23절의 바울의 말씀이다.

"내가 모든 사람에게 자유하였으나 스스로 모든 사람에게 종이 된 것은 더 많은 사람을 얻고자 함이라 유대인들에게는 내가 유대인과 같이 된 것은 유대인들을 얻고자 함이요 율법 아래 있는 자들에게는 내가 율법 아래 있지 아니하나 율법 아래 있는 자같이 된 것은 율법 아래 있는 자들을 얻고자 함이요 율법 없는 자에게는 내가 하나님께는 율법 없는 자가 아니요 도리어 그리스도의 율법 아래 있는 자나 율법 없는 자와 같이 된 것은 율법 없는 자들을 얻고자 함이라 약한 자들에게는 내가 약한 자와 같이 된 것은 약한 자들을 얻고자 함이요 여러 사람에게 내가 여러 모양이 된 것은 아무쪼록 몇몇 사람들을 구원코자 함이니 내가 복음을 위하여 모든 것을 행함은 복음에 참예하고자 함이라.”

마케팅의 기초는 우리가 복음을 전하고자 하는 사람들의 상황에 있다. 바울은 전도 대상자들과 얼마나 연관성을 가지는가에 따라 자신의 목회 성공이 달라질 수 있다는 것을 알았다. 사람들의 인식을 관리하고 경영하는 바울의 능력은 다양한 유형의 사람들이 다양한 지역에서 왔으며 “한 사람을 얻기” 위해서는 “그 사람처럼” 되려는 노력이 있어야 한다는 것을 아는 것에서 시작되었다. 바울은 “내가 여러 모양이 되었다.”라고 까지 표현한다. 모든 것을 포기한 사람에게서 행하시는 분은 바로 하나님이심을 보여준다. 복음을 위해 연관성을 가지려고 자기를 포기하는 것은 헌신의 행동이다.

바울은 식인종을 얻기 위해 식인종처럼 되라고 말하지 않는다. 다만 그들이 마음과 생각으로 예수님을 구주로 영접할 수 있도록, 그들이 어떻게 ‘생각하는지’ perceive를 알아야 한다고 말한다.

이것은 우리에게 무엇을 의미하는가? 예수님은 우리에게 복음 전할 것을 명령하시고, 바울은 마케팅 조사를 하도록 도전을 주고, 예수님과 바울은 모두 다른 유형의 사람들에게 다른 방법으로 커뮤니케이션할 수 있는 방법을 보여주었다. 십자가를 지고, 우리 자신을 부인하고, 그리스도에 합당한 삶을 사는 것, 즉 우리가 행하는 모든 일에서 예수님을 드러내고 열정적이고 적합한 방법으로 마케팅하는 것은 우리의 의무이다. 사무엘상 16장 7절에서 사람은 그 본성상 외모를 본다는 것을 하나님께서도 직접 말씀하셨다. 하나님이 '중심을 보시는 하나님'임을 아는 것만큼, 마음이 새로워지지 않은 사람들은 하나님께서 마음으로부터 그들을 깨끗하게 하시기 전까지는 외적인 모습을 보고 판단한다는 것을 인정해야 한다.

사람들의 상황에 따라 복음을 전하고 사람들이 갈망하고 있는 사랑과 기쁨의 분위기를 만드는 것이 교회인 우리에게 주어진 과제이다. 사람들이 어떠한 삶에 처해있든지 그들을 그리스도와 하나님 나라에 적절한 방법으로 연결시키는 것이 교회에 주어진 도전 과제이다.

▶요약및적용◀

　지금까지 매우 (지루한) '학문적인' 내용을 다루었는데, 이것은 전혀 내 스타일이 아니다. 그러나 집을 지을 때 견고한 기초 위에 세워야 하는 것처럼, 교회 마케팅도 마찬가지이다. 이미 그 기초를 놓았고 언제 속력을 내야할지 궁금하다면, 그 방향을 유지하라고 말하고 싶다. 1, 2장을 베이스캠프base camp로 생각하라. 1, 2장에서 내가 하는 말을 놓치지 않기를 바란다. 3, 4장에서는 흥미로운 조사방법exploration을 소개할 것이다. 지역사회와 교회를 들여다볼 수 있는 통찰력의 비결을 알게 된다. 5, 6장에서는 준비preparation, 즉 교회성장을 위해 이미 하고 있는 일을 평가하여 조정하는 것에 초점을 맞춘다. 7, 8장에서는 효과적인 전략을 적용하는 문제 strategic application, 즉 의도적인 목적을 가지고 교회를 차별화하는 전략에 대해 다룰 것이다. 9, 10장에서는 비전을 추구하는 일 visionary pursuit에 대해 설명할 텐데 비전은 모든 상황을 변화시킬 수 있다. 각 장은 앞 장에 기초하고 있다. 이 책을 읽게 되면 교회를 변화시키고 지역사회가 영원한 생명을 얻도록 영향력을 발휘할 수 있는 힘을 얻게 될 것이다.

각 장의 끝부분에서는, 목회자, 지도자, 교회사역자로서 깊이 생각해보고 그 생각을 적어두기를 바란다. 여러분이 기록한 것을 계속 기억해야 한다. 그 기록은 마케팅을 위한 기본구조, 다시 말하면 교회의 현재 위치, 교회가 부르심 받아 나아가야 할 곳, 교회가 변화되어야 할 부분을 이해하는데 필요할 것이다.

　　여러분이 생각했던 마케팅과 다를 수도 있다. 여러분과 나처럼 생각해본 적이 없는 많은 사람들은 마케팅을 단지 홍보하는 것이라고 생각한다. 우리는 마케팅이 그 이상이라는 것을 알고 있다. 마케팅은 인식을 관리하고 경영하는 일이다. 미국의 모든 마케팅 부서들과 마케팅 회사들은 회사가 어떻게 평가받고 있는지를 냉혹하게 분석하고 그 이미지를 바꿀 수 있는 방법을 연구하고 있다. 상품, 유통(장소), 가격, 홍보와 같은 요소들을 고려하고, 좋은 이미지를 주기 위해서 마케팅 조사, 인구통계, 포커스 그룹(테스트할 상품에 대해서 토의하는 소비자 그룹-옮긴이), 광고, 홍보, 대중과의 관계 등과 같은 방법을 사용한다.

　　우리는 교회 안에서의 마케팅을 이해하고, 이 개념이 성경적인 개념일 뿐만 아니라 예수님 당시처럼 사람들이 편견을 극복하고 진리와 만날 수 있도록 하는 것이 거룩한 의무임을 알고 있다. 이것은 기독교의 근본적인 목적이기도 하다. 우리가 창조하고자 하는 인식이 거룩하고 실제에 근거해 있을 때 진리에 기초한 커뮤니케이션을 할 수 있다. 그릇된 사실에 기초하고 있다면, 인식을 관리하고 경영하는 일은 속임수가 된다. 이것은 아무도 원하지 않는 일이다.

마케팅이란 (1) 사람들이 현재 교회에 대해 어떻게 생각하는지를 아는 것, (2) 사람들이 교회를 어떻게 생각해주기를 바라는지에 대한 비전을 갖는 것(그들의 기준으로), (3) 결국 당신이 원하는 대로 사람들이 교회를 생각하게 된 것을 확신하기까지, 행동과 홍보활동, 설교에 이르기까지 모든 커뮤니케이션 방식에서 성장하는 것임을 우리는 확신하게 되었다.

잠깐 생각해보자. 이 지역 사람들은 교회를 어떻게 생각하고 있는가? 교회 안에 있는 서로 다른 유형의 사람들은 교회를 어떻게 생각하고 있는가? 당신은 그들이 교회를 어떻게 생각하기를 원하는가? 그 인식을 바꾸기 위해 올바르게 행동하고 있는가? 사람들이 교회를 보는 인식을 바꾸기 위해 무슨 일을 해야 할 것인가? 잠시 시간을 가지고 당신의 생각을 기록해보라. 틀에 박힌 정답은 없음을 기억하라. 당신이 기록한 대답들은 교회로서의 정체성을 이해하는데 도움이 되고, 하나님께서 원하시는 교회로 성장하는데 서로 연결되면서 각자 제 역할을 할 것이다.

02

마케팅은 교회의 각 영역에
어떤 영향을 주는가?

Church Marketing 101

마케팅 담당 교수가 물건 하나를 들어 보이며 학생들에게 질문했다. "이 물건은 어느 정도의 가치가 있을까?" 학생들은 1달러, 10달러, 3백 달러, 그리고 그 이상의 가격을 이구동성으로 외쳤다. 많은 토의 끝에, 교수는 간단히 "모두 틀렸습니다."라고 말했다. 학생들이 실망하는 모습을 보이자 교수가 이렇게 설명했다. "물건은 누군가 나에게 지불하는 그 가격만큼의 가치가 있습니다." 교수는 이 말이 보편적인 진리임을 계속해서 설명했다.

이런 경우는 항상 있는 일이다. 이런 말을 들은 적이 있을 것이다. "당신이 값을 지불한 것은 그 이름(상표)에 대한 가격이다." 더 비싼 자동차, 스테레오, 골프클럽 세트, 지갑, 화장품 등 우리는 비싼 물건을 구입하고 그 이유를 정당화하려고 하지만, 많은 경우에 사실은 상표나 스타일을 구입하는 것이다. 물론 진짜 다른 물건이거나 합리적으로 더 가치 있는 물건일 때도 있다. 반면에 단지 겉포장만을 파는 경우도 있는데, 그것은 소속감일 때가 많다.

매장에서 파는 샴푸를 살펴본 적이 있는가? 2달러짜리와 24달러짜리의 차이는 무엇인가? 정확하게 같은 성분으로 만들어진 샴푸라는 것을 확인했을 것이다. 자신에게 물어보라. "똑같은 자동차 두 대가 있는데, 하나는 메르세데스 브랜드를 달고 있다. 나는 어떤 자동차를 사겠는가?" 사소한 차이 하나 때문에 그 사물이 전혀 다르게 보일 수 있다.

한 사람당 회비가 95달러였던 세미나를 주최한 재정 컨설턴트의 이야기를 읽은 적이 있다. 열 명도 채 안 되는 사람들이 참석하자, 실망한 그는 다른 방법을 쓰기로 했다. 다른 도시에서 세미나를 열면서 이번에는 995달러를 회비로 받았다. 300명이 넘는 사람들이 몰려들었다. 차이가 무엇일까? 세미나 내용은 같았지만, 사람들은 95달러짜리 세미나보다 995달러짜리 세미나에서 더 많은 것을 배울 수 있다고 기대한 것이다.

인식은 어떻게 이루어지는가

우리의 인식을 형성하는 데는 많은 요인이 작용한다. 어떤 색깔인가에 따라 위로, 고급스러움, 싸구려, 기쁨, 소속감 등을 암시할 수 있다. 건물의 구조는 개방성, 폐쇄성, 환영하는 정도, 지위 등을 뜻할 수 있다. 사람들이 우리 교회를 생각할 때 이런 사소한 요인들이 영향을 주지 않는다고는 생각할 수 없다. 인식은 중요한 두 가지 요소, 즉 (1) 사람들이 우리에 대해 보고 듣는 것, (2) 그 사람들이 처한 상황으로 이루어진다.

교회 마케팅을 구성하는 주요 요소, 즉 사람들의 생각을 결정짓는 중요한 요소에 대해 생각해보자. 시작하면서, 교회가 복음을 전하려는 사람들이 누구인지, 그리고 사람들이 어떤 경로로 교회에 대한 인식을 갖게 되는지에 초점을 맞춰야 한다. 이것을 대략적으로 살펴보면서 여러분의 마음과 정신이 도전을 받고, 여러분 자신과 교인과 지역 주민들의 눈으로, 기도를 통해 하나님의 눈으로 교회를 정확하게 볼 수 있기를 나는 기도한다.

그렇게 할 때 교회를 변화시키고 교회를 담대하게 알리기 위한 준비를 할 수 있다. 우리 교회만이 전도하도록 하나님이 맡기신 사람들을 전도대상으로 올바르게 정하고 있는지 알아야 한다. 그리고 교회에 처음 온 새신자들이 하나님의 사랑을 개인적으로 체험할 수 있도록 교회 안에서 경험하게 될 내용을 최대한 활용해야 한다. 이를 위해서는 새신자들이 여러 가지 일로 방해를 받아 주의가 산만해지면 안 되는데, "기존의 신실한 신자"들은 이미 익숙해져 어떤 것이 방해가 되는지 잘 모를 수도 있다. 사람은 원래 외모를 보고 판단하는 존재임을 항상 기억해야 한다(삼상 16:7). 따라서 처음부터 불신자들이 우리 마음속에 무엇이 있는지 알아주기를 기대할 수는 없다.

내가 즐겨 쓰는 마케팅 예화가 있다. "한 여자가 인적이 드물고 캄캄한 밤길을 운전하고 있었다. 그리고 자동차 가스가 거의 다 떨어진 것을 알았다. 하지만 바로 앞에 가스 충전소 두 곳이 있는 것을 보고 두려운 마음이 다소 누그러졌다. 만약 가스 충전소 두 곳이 같은 거리에 있고 가격도 같다면, 이 여자는 어떤 곳을 선택할까?" 매우 간단한 문제이다. 아마 불이 더 환하게 밝혀진 가스 충전소를 선택할 것이다. 왜 그럴까? 그 상황에서 그녀에게 가장 필요한 것은 안전이다. 더 환한 곳이 안전하게 느껴질 것이다. 그녀의 반응이 당연한 것처럼, 사람들이 일반적으로 교회에 대해 처음 내리는 결론도 당연하다.

이 예화를 교회와 관련지어 생각해보자. 사람들이 교회에 한번 나가보기로 결정하는 이유는 무엇일까? 교회가 자기 삶의 문제에 대한 해답을 가지고 있으며, 교회가 자신을 환영하고 있다고 생각하게 되는 이유는 교회의 어떤 점 때문일까? 이 교회가 다른 교회와 구별되는 점은 무엇일까?

이 지역에 사는 사람들이 우리 교회를 어떻게 생각하는지 궁금할 때, 그러한 생각을 가지게 된 모든 이유를 알고 나면 실망할 수도 있다. 사람들은 교회의 주변 모양새와 같이 아주 사소한 것을 보고서 이 교회가 어떤 교회일 것이라고 짐작해버리기도 한다. 순전히 추측이나 다른 사람에게 들은 내용, 홈페이지에서 본 것, 심지어는 교단에 대한 선입견에 근거할 때도 있다.

우선 우리가 바꿀 수 있는 사항, 즉 불신자들과 잘 연결되지 못하고 있는 교회 생활 부분에 대해 생각해보자. 마케팅 노력이 교회 전반적으로 필요한 것임을 알게 될 것이다. 우선은 교회 리더십이 뛰어나야 하지만, 그와 함께 안내위원, 교사, 어린이 사역자, 환영위원, 그리고 교회를 대표하여 불신자와 만나게 되는 사람들에 따라서 불신자의 인식은 달라진다.

다음은 교회에 대한 인식을 갖게 하는 요인들이다. 사람들이 직접 경험하는 것도 있고 미디어, 친구 등을 통해 간접 경험하는 것도 있다.

- 교회에 대한 일반적인 개념
- 교회의 교단(또는 교단이 없는 것)
- 교회의 구체적인 요소들
  - 교회 이름
  - 교회 주변
  - 외부 홍보활동
  - 교회 위치
  - 웹사이트
  - 예배 스타일
  - 설교 스타일
  - 목회 방향
  - 용어
  - 표지판
  - 실내 장식
  - 사역자들이나 교인들의 옷차림새
  - 주차장에 있는 자동차의 종류와 수량
  - 교리
  - 교회의 역사
  - 인쇄물
  - 리더십 팀
  - 환영위원
  - 어린이 사역
  - 청년 사역
  - 목회자/사역자
  - 현재 교인들
  - 과거 교인들

- 다른 교회에 다니는 사람들이 이 교회에 대해 하는 말
- 그 외 수많은 요소

교회 마케팅은 전체 팀이 함께 노력해야 하는 일임을 알 수 있을 것이다. 목회자나 사역자들이 이 일을 혼자서 할 수 없다. 그들이 마케팅의 무거운 책임을 전적으로 감당해야 한다면, 교회는 아마 사역자들이 마땅히 해야 할 일을 하지 못해 어려움을 겪게 될 것이다. 담임목회자의 부재로 출석 교인 수가 감소하는 교회를 본 적이 있는가? 효과적인 가르침의 기술이나 목회영성을 훈련받은 적이 없거나, 아니면 지도자들과 성도들에게 그들이 해야 할 일을 전체적으로 잘 위임하지 못해서 교회성장이 정체될 때도 있다. 이것은 모두 '사람'에 대한 문제이다. 반면에 당신이 마케팅(인식을 관리하고 경영하는 것)을 잘 아는 사람이라면, 리더십 팀에 의해 권한을 위임받고 사역자들과 봉사자들이 정책과 커뮤니케이션의 기준으로 당신을 인정한다면 어떻게 하겠는가? 분명하고 강력하게 사람들의 삶에 영향을 미칠 수 있도록 교회 문화를 창출해 나가는 능력을 가지고 싶지 않은가?

행간의 의미를 파악하라

마치 연극을 하는 것처럼, 교회에 속한 모든 사람들은 교회에 처음 온 사람들이 겪게 되는 일에 이모저모로 관여하게 된다. 새신자

들이 용기를 얻었다거나, 냉대를 받았다거나, 환영을 받았다거나, 사랑받는 기분이었다거나, 홀대받는 기분이었다거나 한다면, 그러한 인상은 새신자들이 경험한 상황에서 비롯된 것이다. 새신자들은 교회에서 보게 되는 일을 모두 자신의 성향에 따라 받아들인다. 제1장에서 사람들의 인식을 구성하는 몇 가지 요소를 구체적으로 살펴보았다. 이제 그 요소들 때문에 새신자들이 우리 교회를 어떻게 생각하게 되는지 그 과정을 살펴보자. 사람들은 자신이 받은 여러 가지 인상을 근거로 결론을 이끌어내는 "행간의 숨겨진 의미를 읽어내는" 방법을 가지고 있다. 다음 내용을 읽으면서 교회가 지역사회 사람들에게 어떤 모습을 보여주고 있었는지 생각해보라. 당신은 "뭇사람이 알고 읽는"(고후 3:2) 살아 있는 편지이다.

앞장에서 사용했던 목록과 비슷하게 시작해보자. 각각의 요소는 외부 사람들이 교회에 대한 이미지를 생각할 때 구체적으로 영향을 미친다.

1) 교회에 대한 일반적 개념

이것은 우리가 가장 영향력을 미치기 어려운 요소이다. 오랜 시간에 걸쳐 사람들의 마음에 새겨진 교회에 대한 심리적인 이미지이다. '교회'라는 말을 들으면, 죄책감, 향수, 하찮음, 또는 "교인들은 다 위선자"라는 일반적인 생각을 떠올릴지 모른다. 교회를 어떻게 생각하든지 간에, 대부분 교회와 교인에 대한 과거의 경험이나 다른 사람들의 의견으로 그런 생각을 갖게 되었을 것이다.

2) 교단 또는 교단이 없는 경우

많은 사람들이 각 교단의 특성이 무엇인지를 어렴풋이나마 알고 있고, 교단에 대해 일반적인 고정관념을 가지고 있다. 당신이 알고 있는 교단들을 생각해보라. 각 교단의 교리나 생활양식에 대해 알고 있는 것과 들은 내용에 근거하여 마음속으로 그 교단에 대한 그림을 그릴 수 있는가? 불신자들도 각 교단의 차이가 무엇인지에 대해 일반적인 상식을 가지고 있을 것이다. 지역에 따라, 교단을 서로 다르게 인식하는 경향도 있다. 그러므로 이것에 정면대응하자. 교단에 관한 문제를 다뤄야만 할 것이다. 교회에 처음 온 사람들은 교단 이름만 보고 이 교회를 안다고 생각할지도 모른다. 만약 우리 교회의 교단이 다른 교회에 비해 덜 '대중적인' 교단이라면 어떻게 할 것인가? 사람들이 교회를 긍정적으로 생각할 수 있도록 더 노력해야 한다. 친숙하지 않은 교단이라면 사람들은 우리 교회를 '비주류 교회'로 생각할지 모른다. 사람들은 다소 오만한 태도를 취하면서 "이 교회는 어떤 교회인지 모르겠어."라고 말할지도 모른다. 잘 알려지지 않은 교단이라는 이유만으로 외부 사람들의 주목을 받지 못한다면, 당황스러운 일이다.

교단이 없다 해도 이 문제를 피해 갈 수는 없다. 특정 교단이 없으면 오히려 일반적인 범주로 분류된다. 문제는 매우 광범위한 시각 차이가 존재한다는 것이다. 우리 교회와 전혀 다른 스타일과 교리를 가지고 있는 교회와 한 가지로 여겨질 수 있다.

사람들이 즉각적으로 교회를 판단하면서 교단을 고려할 때, 많은 지역에서는 여전히 교단에 대한 뿌리 깊은 편견이 작용한다는 것을 알아야 한다. 당신의 속마음을 알지도 못하고 교회에 들어와 본 적도 없는데, 교단 이름만 보고 이 교회를 절대적으로 거부하거나 그 교단의 교회만은 가지 않을 것이라고 굳게 결심하는 등 매우 적대적인 반응을 보이는 경우도 있을지 모른다. 이런 편견은 때로 너무나 깊이 작용하기도 한다.

3) 교회 이름

교회 이름에는 수많은 유래가 있다. 어떤 교회 이름은 해마다 바뀌는 반면, 수세기에 걸쳐 지속되는 이름도 있다. 성경에서 인용하여 교회 이름을 짓기도 한다. 교회의 구체적인 비전을 반영하는 이름도 있고, 특정하게 불신자를 전도하기 위한 이름으로 짓는 경우도 있다. 그 유래가 어떤 것이든지, 또는 얼마나 오랫동안 그 이름을 쓰고 있는지에 상관없이, 교회의 이름은 새신자에게 많은 것을 의미한다. 교회 이름이 포용적인 느낌 혹은 배타적인 느낌을 줄 수 있다. 전통이 있는 교회라든지, 분열된 교회라든지, 아니면 분위기가 밝은 교회라든지 그런 느낌을 줄 수도 있다. 편안하게 발음하기 좋은 이름이 있는가 하면, 설명이 필요할 정도로 발음하기 어려운 이름도 있다. 이름만 들어서는 어떤 교회인지 거의 알 수 없는 경우도 있고, 교회에 대한 많은 정보를 알려주는 이름도 있다. 경제적인 지위, 인종적 특징, 사회적 위치를 암시할 수도 있으며, 요구하는 헌신의 수준을 짐작하게 할 수도 있다. 이름에는 많은 의미가 내포

되어 있다.

4) 교회 주변

이것은 교회에 다니지 않는 사람들의 마음을 끄는 기회가 되기도 한다. 말하자면, 교회 주변 모습을 보면 사람들을 정중하게 맞이할 준비가 되어 있는지를 알 수 있다. 사람들의 생활양식에 잘 어울리는 교회라는 이미지를 잘 전달할수록, 사람들이 교회를 정하려고 할 때 이 교회를 우선순위에 두게 될 것이다. 교회 주변의 모습을 보면 교회의 우선순위, 사회적인 유대관계, 재정 상태에 대해 많은 것을 알 수 있다. 교회 뜰의 모양새와 건물의 겉모양에 관심을 기울이는 모습은 분명한 메시지를 전달한다. 교회 뜰이 너무 엉망이어서 사람들이 교회에 들어올 때 부끄러워하지는 않는가? 아니면 정반대로, 교회가 외적인 모습에 너무 지나친 관심을 보이고 있어 사람들에게 위화감을 조성하고 겉치레와 부유함을 자랑하는 것은 아닌지?

5) 외부 홍보 활동

지난 10년 동안 교회가 관심을 가졌던 마케팅 방법은 외부 홍보 활동이었다. 외부 홍보 활동이란 교회에 대해 말을 꺼내는 것이다. 직접적인 우편물 발송, 광고 게시판, 전화번호부, 신문, 극장 등을 활용하여 홍보하는 교회가 많아질수록, 사실 "광고하는 교회"의 매력은 점점 감소하고 있다. 너무 많은 교회가 똑같은 방법을 쓰고 있기 때문이다. 사람들의 마음을 끌기 위해서는 다른 교회와 비교하여 우리 교회를 차별화할 수 있어야 한다. 교회의 문을 개방해서 사람들이 교회 안을 들여다 볼 수 있게 하는 것도 좋은 방법이다. 그렇게 하는 것은 그 교회만의 특징을 드러내어 보여줄 수 있는 기회가 되기도 한다(별다른 특징이 없음을 보여줄 수도 있다).

그 교회가 어떤 교회인지를 즉각적으로 알 수 있는 몇 가지 요인들이 있다. 분위기, 디자인 스타일, 불신자에게 효과적으로 의사전달을 할 수 있는 능력, 가치관에 대한 인식, 삶의 방식이 어떤 수준인지 등. 어떤 일을 반복적으로 하게 되면(지속적인 홍보, 디자인과 커뮤니케이션 스타일의 일관성 모두) 분명한 자아정체성을 보여주게 된다는 것을 기억해야 한다. 계획을 세우지 않고 우발적으로 행하는 홍보는 어쩌다 한번 무심코 인사하는 것과 같다. 반면에 지속적인 홍보는 정기적으로 인사하기 위해 일부러 들르는 것과 같다. 교회를 정하려고 할 때 어떤 교회가 더 편안하게 느껴지겠는가? 일관성을 가지기 위해 노력하면 그 보상을 받게 된다.

홍보 활동은 교회 주변에서 하던 전도를 사람들의 집 앞에 가서 하는 것이다. 물론, 디자인과 커뮤니케이션 관점에서 볼 때 불신자들의 마음에 잘 읽고 있다는 것을 가정할 때 그렇다. 열심히 홍보를 하고 있지만, 오히려 교회가 얼마나 그들과 단절되어 있는가를 더 강조해서 보여주기 때문에 실패하는 경우가 있다. 지금은 미디어에 중독된 세상이기 때문에, 사람들은 규칙적으로 이루어지는 전문적인 커뮤니케이션에 익숙하다. 비전문적인 커뮤니케이션은 더 도드

라져 보인다. 교회가 불신자를 잘 이해하고 있다는 것을 전하기 위해서는, 교회로서의 정체성과 교회가 전도대상으로 삼은 사람들의 가치와 스타일이 연결되는 홍보 활동을 해야 한다. 무엇으로 불신자들에게 호소할 것인가?

6) 교회 위치

"위치가 제일 중요하다", "첫째도 위치, 둘째도 위치, 셋째도 위치"라는 말을 들어보았을 것이다. 가게나 식당이 성공하는데도 위치는 정말 중요하다. 집의 가치를 결정할 때도 위치를 고려하게 된다. 위치는 그곳에 도착하는데 시간이 얼마나 걸리느냐 하는 것 이상의 의미가 있다. 사람들은 위치에 따른 주변 환경을 보고 즉각적으로 어떤 범주로 분류해버린다.

물론, 위치는 중요하다. 그러나 그것이 '전부'는 아니다. 예수님도 지역적인 편견에 도전하시고 이를 극복하셨다. "나다나엘이(예수님에 대해서) 가로되 나사렛에서 무슨 선한 것이 날 수 있느냐 빌립이 가로되 와 보라 하니라"(요 1:46). 우리 교회 위치에 대한 찬반양론을 객관적으로 고려해본 적이 있는가? 교회를 이전할 수 없다면 마케팅을 통해 그 단점을 극복해야 할 것이다.

7) 주차장에 있는 자동차의 종류와 수

이것을 통해서도 많은 것을 알 수 있다. 어떤 유형의 사람들이 이 교회에 출석하는지, 교인들이 무엇을 가치 있게 여기는지, 심지어는 일반적인 의미에서 교인들의 재정 상황이 어떤지를 사람들은 알 수 있다. 현재 교회에 필요한 것이 무엇인지를 빠르게 알 수 있는 기준이 되기도 한다. 넓은 주차장에 차 몇 대만이 주차되어 있다면, 다른 사람들도 교회가 무슨 일인가 해야 한다고 생각한다.

8) 웹사이트

교회의 웹사이트는 외부 홍보 활동의 연장이다. 어떤 지역에서 가볼 만한 교회를 찾고 있는 사람이 있다면, 대부분 먼저 인터넷을 검색할 것이라고 말해도 틀리지는 않을 것이다. 인터넷을 검색하면서, 사람들은 자기가 중요하게 생각하는 것을 먼저 찾아볼 것이다. 교단일 수도 있고, 어린이 프로그램이나 전반적으로 교회가 제공하는 프로그램일 수도 있다. 사람들은 무엇인가를 결정하기 전에 여섯 개에서 열두 개 정도의 웹사이트를 찾아본다고 한다. 인터넷이 있음으로 해서 인터넷은 사람들이 교회를 평가하는 중요한 방법이 되었다. 말하자면, 정작 단 한 교회만 방문하는데도 열 개의 웹사이트를 찾아보면서 열 개의 교회를 모두 평가한다는 것이다. 따라서 교회 웹사이트를 개설하는 것이 얼마나 중요한가? 웹사이트는 잘 준비가 되어 있는가? 방문자를 염두에 두고 웹사이트를 운영하고 있는가? 아니면 방문자들은 밖에서 들여다보는 외부인이라는 것을 확인시켜줄 뿐인가? 업데이트가 지속적으로 되고 있는가? 아니면 벌써 3월인데 아직도 크리스마스 프로그램을 광고하고 있는가? 교회의 가장 좋은 모습을 보여주고 있는가? 새신자들이 교회의 내부

생활을 볼 수 있으며, 그들이 편안하게 방문하는데 걸림돌이 되는 것은 없는가? 새신자들이 이미 교회를 알고 있는 것처럼 느낄 수 있고, 자기와 비슷한 사람들이 이 교회에 다니고 있다고 생각할 수 있는가?

사실 사람들은 웹사이트를 자세히 보지도 않으면서 항상 평가를 내린다.

기억해야 할 것이 있다. 사실 사람들은 웹사이트를 자세히 보지도 않으면서 항상 평가를 내린다. 교회가 웹사이트를 통해 사람들에게 보여주는 것은, 웹사이트에 실제로 기록된 세부사항 그 이상의 내용이다. 교회로서의 생활양식에 대해 많은 것을 알려준다. 사실상, 웹사이트를 방문하는 것은 교회에 와보는 것과 가장 비슷한 일인데 새신자가 쉽게 해볼 수 있는 일이기도 하다. 효과적인 웹사이트가 되려면, 교회가 일반적인 생활양식과 가치를 가지고 있음을 보여주는 시각적인 자료를 제공하여 방문자들이 실제로 교회를 찾아오게 하는 다리 역할을 해야 한다. 다시 말하면, 웹사이트를 보고 이 교회가 자신에게 맞는 교회인지를 알 수 있어야 한다. 사람들은 대개 열 개 혹은 그 이상의 웹사이트를 찾아본다는 것을 기억하라. 그 중에서 자신에게 가장 잘 맞는다고 생각되는 교회를 정해서 한두 교회에 가볼 것이다. 웹사이트가 '찬성 표'를 얻을 정도로 잘 되어 있다면, 다른 중요한 분야에서도 좋은 점수를 받을 가능성이 높다. 교인들이 친구들에게 교회를 소개하려고 할 때 교회 웹사이트를 추천할 정도로 매력적인 웹사이트가 되어야 한다.

9) 환영위원, 안내자, 리더십 팀 구성원들

새신자들은 교회를 공식적으로 대표하여 눈에 띄는 사람들을 보고 이 교회를 평가하는 기준으로 삼는다. 환영위원이 새신자를 대하는 태도는 새신자들이 앞으로 교회와 어떤 관계를 맺게 되는가를 결정하는데 아주 중요한 요소이다. 어쨌든 새신자는 환영위원인 이 사람이 왜 여기에 있으며 그에게 무엇을 기대해도 되는지를 알고 있다. 환영위원이 악수를 청하고 미소를 지을 때마다 새신자들은 좋은 인상을 받게 된다. 그 기회를 놓치게 되면 그 새신자를 전도할 수 있는 가능성은 줄어든다. 더구나, 이러한 사람들의 나이, 인종, 옷차림새 등은 새신자에게 이 교회가 "나에게 맞는 교회인지"를 결정하는데 도움이 된다. "처음에 좋은 인상을 주지 못하면 두 번째 기회를 얻을 수 없다."는 말은 자명한 이치이다. 교회에 대한 첫인상을 누가 심어주고 있는가? 그 첫인상은 교회가 원하는 것인가?

10) 표지판

표지판을 보면 교회가 새신자를 얼마나 중요하게 생각하는지를 알 수 있다. 안내 표시가 분명하지 않으면, 새신자를 환영하는 교회가 아니라는 생각을 갖게 한다. 또한 새신자들은 "교회를 알고 있는 사람들"에게서 일부러 소외당하는 것처럼 느낄 수도 있다. 표지판이 얼마나 오래되었는지, 또 그 상태가 어떤지를 통해서도 많은 것을 알게 된다.

교회를 한번 둘러보자. 주차장이 어디인지 알 수 있는가? 출입문이 어디인지 알 수 있는가? 예배실이 어디인지 알 수 있는가? 물어보지 않고도 화장실을 찾을 수 있는가? 자녀가 있다면, 길을 잃지 않고 주일학교에 있는 아이들을 데리러 갈 수 있겠는가? 궁금한 점이 있을 때 물어볼 사람이 있는가?

11) 로고(logo)

문자적인 로고는 의미하는 것을 말하고, 말하고 있는 것을 의미한다. 상징적인 로고는 감정이나 분위기를 전달한다. 같은 로고인데도 성도들과 외부 사람들에게 각기 다른 의미를 전달할 수 있다. 우리는 십자가가 상징하는 의미를 사랑하지만, 새신자들은 십자가의 의미를 희미하게 알고 있을 뿐이다. 어떤 로고는 우리 자신에 대해서 자부심을 느끼게 한다. 어떤 로고는 외부 사람들이 볼 때도 스스로에 대해 긍정적인 느낌을 갖게 한다. 로고는 긍정적이거나 부정적일 수 있고, 그 중간에서 그저 그럴 수도 있다. 로고를 일관성 있게 자주 사용하면 교회가 자신의 정체성을 잘 알고 있다는 의미를 전달하게 된다.

최근에 로고 문제로 고민하는 한 교회와 대화를 나눈 적이 있다. 그 교회의 로고는 복잡하고 너무 여러 가지 색상을 쓰고 있었다. 목사님이 많은 의미를 담아서 만든 로고였다. 목사님이 특별히 감동받은 메시지를 시각적으로 표현한 것이었다. 그 메시지를 듣고 나면 그 로고를 정말 잘 이해할 수 있다. 그래서 목사님은 모든 사람들이 그 메시지의 요점을 기억할 수 있도록 그 로고를 빠르게 언급하고 지나가는 것을 좋아했다. 그런데 문제는 그 메시지를 듣는데 45분이나 걸린다는 것이다.

교회 안에서는 효과적인 로고라 해도, 교회 밖의 사람들에게는 애매모호할 수 있다. 애매모호한 것은 절대로 좋지 않다. 사람들은 교회가 하는 말을 이해할 수 없으면, 교회가 그들과 대화할 의도가 없다고 생각할 수 있다. 교회는 교회만의 세계에 갇혀 있는 것이다. 로고와 같은 중요한 문제를 생각할 때, 자신에게 물어보라. "로고의 목적은 무엇인가?" 다양한 대답이 있을 수 있다. 하지만 나는 이렇게 도전을 주고 싶다. 로고는 어떤 이야기를 한다거나 성도들을 격려하는 것이기보다는, 지역사회 속에서 교회의 정체성을 드러내고 차별화된 교회의 모습을 나타내는 것이다. 우리 교회가 어떤 교회인가를 성도들에게 상기시킬 로고가 필요하다면, 교인과의 커뮤니케이션에 문제가 있는 것이다.

12) 예배 스타일

그리스도인으로서 우리들은 매우 다양한 스타일의 예배를 드리고 있다. 그리고 대부분의 사람들이 각자 좋아하는 스타일과 좋아하지 않는 스타일에 대해서 상대적으로 강한 선호도를 가지고 있다. 우리의 기준대로 불신자들도 '좋고 나쁜 것'을 분별하기를 기대할 수는 없다. 그러나 불신자들도 그들 나름의 방식대로 깨닫고 반응하는 부분이 있을 것이다. 찬양할 때 성도들이 참여하는 모습, 그들이 "일반적인 교회 음악"이라고 알고 있는 것과 다른 찬양, 목소리와 악기가 조화를 이루는 모습, 그리고 "지루한", "감정이 고조되는", "우울한" 또는 "극적인" 등과 같은 전체적인 분위기가 바로 그런 것들이다.

나는 저절로 잠이 오는 예배를 드린 적도 있고, 어떤 여자 성도가 코를 골면서 자고 있는 것을 본 적도 있다(절대 과장이 아니다). 지휘자 없이도 아주 뛰어난 성가대가 찬양하는 것을 본 적이 있고, 마치 유명 가수인 닐 다이아몬드Neil Diamond처럼 노래하는 음악 목사도 본 적이 있다. 민족에 따라 좋아하는 곡조가 서로 다르겠지만, 새신자가 듣기에 이상야릇한 음악이거나 감정이 전혀 없는 음악 등 너무 지나치다고 생각한다면 문제가 될 수 있다.

13) 설교 스타일과 초점

교회를 정하기 위해 적극적으로 교회를 찾아다니는 새신자가 아니라면, 아마 이 교회 목사님의 설교가 다른 교회에 비해 얼마나 좋은지를 판단할 만한 배경지식이 없을 것이다. 새신자는 설교가 실제적인지 아니면 "전형적인 목회자의 음성"인지에 관심을 가진다. 새신자들이 이해할 수 있는 주제를 다루고 있고 실제 삶의 문제를 언급하고 있는가? 아니면 난해하고 학문적인 주제에 초점을 맞추고 있는가? 음성이 귀에 거슬리지는 않은가? 부드럽거나, 대담하거나, 아니면 힘이 없는가? 새신자라도 모두 알아차릴 수 있다. 스타일(음조)은 사람들이 일반적으로 알 수 있으며, 주제의 초점(연관성)은 상대적이다.

14) 용어

새신자들이 모든 교회 용어를 다 이해하리라 기대할 수는 없다. 새신자들이 알고 있는 것 한 가지는 자신이 무엇을 모르는가 하는 것이다. 새신자들이 언뜻 이해하기 어려운 말을 들을 때 일어나는 상황은 대개 두 가지 중 하나이다. 그 말이 무슨 뜻인지 설명해준다면, 자신도 그 대화에 참여한 것으로 생각한다. 그러나 설명해주지 않는다면, 새신자들은 그 말이 무슨 뜻인지 어리둥절해지고 소외당하거나 무시당했다고 느끼게 된다.

같은 공동체 안에서 사람들은 서로 통하는 그들만의 언어를 사용하기 마련이다. 그렇게 하면 시간도 절약하고 공동체 의식과 소속감도 강해진다. 불행히도, 이런 그들만의 용어는 외부 사람들에게는 벽이 되기도 한다. 교회가 사용하는 용어에 대해 생각해보라. 그 말을 이해하기 위해 신학 학위가 필요하지는 않겠는가? 설명해주지 않으면 교회에 다녀본 적이 없는 사람들이 이해할 수 없는 말들을 얼마나 많이 사용하고 있는가? 대부분의 불신자는 우리에게는 너무나 익숙한 '은혜'grace라는 단어도 정확하게 모르고 있다.

어떤 교회가 우리에게 광고 인쇄물의 디자인을 의뢰한 일이 있었는데, 그 일을 잊을 수가 없다. 특별히 불신자를 대상으로 하는 인쇄물이었는데, 그 표어가 "기쁨의 축제 – 와서 기름부음을 경험하라"Jubilee Celebration - Come Experience the Anointing 하는 것이었다. 작은 문제가 있다. 불신자들은 'jubilee'(기쁨)이라는 단어가 무슨 뜻인지 모를 것이며, '기름부음'anointing이라는 단어도 잘 모른다. 처음 시작이 잘못되었다. 이런 상황이라면, 사람들은 교회에 와 보지도 않고 교회로부터 소외감을 느낄지 모른다.

15) 내부 실내장식

내부 실내장식은 분위기를 만든다. 따뜻할 수도 있고 차가울 수도 있다. 전통적이거나 현대적일 수 있고, 시대에 뒤떨어진 구식(몇년 전에 현대적인 것으로 바꾸었는데 이제 그 스타일의 유행이 지난 것)일 수 있다. 내부 실내장식은 보수적이거나 전통적일 수 있고, 색다르거나 사치스러울 수 있다. 실내장식을 보면 교회 문화가 어떤지를 알 수 있다.

주의사항이 있다. 지나치게 현시적이고 화려한 실내장식을 너무 강조하면, 대부분의 사람들은 교회가 다소 이상하다고 생각할지 모른다. 교회 분위기가 지나치게 세속적이어서, 그 분위기에 맞는 실내장식을 하게 되면 교회가 마치 커다란 무덤처럼 느껴질 것이다. 교회 스타일이 지역 사람들이 생각하는 일반적인 분위기에서 벗어나 있다면, 실내장식을 보완하되 강조하지 않도록 하라.

16) 인쇄물

웹사이트와 마찬가지로 사람들은 교회의 인쇄물을 자세히 읽지도 않으면서 항상 평가를 내린다. 일반적으로 주보는 잘 읽히는데, 그 이유는 큰 제목과 날짜, 강조하는 점을 잘 표시하고 있기 때문이다. 남자든 여자든 주보는 모두 다 잘 읽는다. 대개 남자는 주요 제목을 읽고 여자는 세부사항을 읽는다는 것이 마케팅의 오래된 진리이다. 주요 제목만 읽는 사람도 그 내용의 요점을 파악할 수 있고, 세부사항에 관심이 있는 사람들은 마음껏 읽을 수 있게 하여 그 두 가지 유형의 사람들의 필요를 다 채울 수 있으면 좋은 소책자 또는 인쇄물이라고 할 수 있다.

교회의 핵심적인 사항을 전달하려고 사용하는 모든 인쇄매체는 교회의 특성을 인쇄된 형태로 고정시켜 버린다.

교회의 핵심적인 사항을 전달하려고 사용하는 모든 인쇄매체는 교회의 특성을 인쇄된 형태로 고정시켜 버린다. 인쇄물의 형식과 품질에 일관성이 없으면, 사람들은 의식적이든 무의식적이든 교회에 대해 평가절하하게 될 것이다. 그리고 인쇄물이 진부하거나 시대에 뒤떨어진 오래된 사진이 실려 있다면, 교회 자체도 그렇다고 말하는 셈이다. 반면에, '멋있는' 교회로 감동을 주고자 할 때도 인쇄물을 사용할 수 있다. 멋있는 교회가 되어 진심으로 호소한다면 효력이 있다. 그렇지 않으면, 어색하게 단절될 수도 있다. 사실 멋있지도 않으면서 멋있게 보이려고 하는 사람, 실제로 행복하지 않은 자신의 모습에 대해 보상받으려는 젠체하는 사람처럼 보일 수도 있다. 다시 말하면, 현대적이고 관련성 있는 인쇄물을 만들 수 있어야 하고 또 만들어야 하는데, 이런 인쇄물은 교회의 스타일과 가치, 그리고 전도대상인 지역사회 안에서 같은 모습으로 살고 있는 사람들 간에 다리를 놓을 수 있는 것을 말한다(이 책의 후반부에서 다루게 될). 일관성 있는 디자인, 또는 브랜드는 교회의 정체성을 더 강하게 인식하게 하는 촉매제가 된다. 목표 대상을 올바르게 정했다면, 처음 시작할 때부터 전도대상자들과의 유대감을 강화할 수 있을 것이다.

17) 목회자, 성도들의 옷차림새

주차장에 서 있는 차와 마찬가지로, 성도들의 옷차림새만 보아도 여러 가지를 알 수 있다. 눈에 보이는 교회 문화는 성도들이 가치 있게 여기는 것이 무엇인지를 생생하게 보여준다. 옷차림새에 대해서는 대수롭지 않게 생각할 수도 있고 대단한 것으로 강조할 수도 있다. 교회에 처음 온 사람들은 성도들의 모습을 눈여겨 볼 것이다. 왜냐하면 자기 옷차림이 성도들과 너무 다르지 않은지를 살펴보기 때문이다. 그후에 자기 취향인지 아닌지를 판단할 것이다.

18) 교리

교회에 대해서는 아는 것이 별로 없어도 교리에 대해서는 많은 것을 들어 알고 있는 사람들이 있다. 교회가 밀집된 지역에 사는 사람들은 교회를 정할 때 교리를 조금 더 중요하게 생각하고, 교회가 별로 없는 지역에 사는 사람들은 덜 중요하게 생각할 수도 있다. "Got Milk?"(우유 드셨어요?)라는 유명한 광고 메시지를 한번 생각해 보자. 우유를 마시지 않는 사람이 있다면, 모든 광고주들은 그 사람이 우유를 마시도록 하는 일에 관심을 가진다. 이미 우유를 마시는 사람이라면, 광고주들은 "자기네 상표"의 우유를 팔려고 한다. 그러나 교리적인 차이를 지나치게 강조하면, 사람들은 "하나님의 선하심을 맛보아 알기"(시 34:8)도 전에 교회에 나오는 것을 포기할 수도 있다.

교리를 공개적으로 드러내는 교회에 긍정적인 반응을 보이는 사람들은 이미 같은 생각을 가지고 있는 사람들 뿐이다. 모든 사람들이 다 같은 생각을 하는 것은 아니다.

19) 목회자/사역자

새신자가 그 다음 주에도 교회에 나오게 되는 대부분의 이유는 목회자와 그 메시지에 감동을 받았기 때문이다. 목회자가 그들의 상황이나 생각을 직접적으로 언급해주었다고 느낀다면 목회자의 모든 설교에 다 동의하지 않는다 해도 그 목회자에게 호감을 갖게 된다. 목회자의 옷차림새, 생활 방식, 자녀의 수에 이르기까지 자기와 비슷한 부분이 많을수록 더 친밀감을 느낄 것이다. 그러나 목회자의 삶과 행동이 영적인 기초 위에서 거룩해 보이지 않는다면, 그 비슷한 부분들은 중요하게 생각되지 않는다.

20) 지원 사역(어린이, 청소년, 유아실 등)

이런 부문의 사역에 있어서 새신자들이 바라는 것 두 가지는 안전과 성실한 돌봄이다. 재미는 그 위에 덤으로 얹어지면 된다. 자녀를 맡기면서 부모들은 자녀가 안전하게 보호받고, 따뜻하고 진실된 분위기에서 한 개인으로 그 시간에 인정받으리라는 강한 확신을 갖고 싶어한다. 부모들은 교사가 자녀의 이름을 불러주고 그 자녀가 그룹의 일원으로 참여할 수 있도록 도와주기를 바란다. 아이는 새신자에게 그저 한 명의 어린아이가 아니라, 바로 그들의 자녀이다. 부모는 사람들이 자기 자녀를 특별한 존재로 대우해주기를 원한다. 교회가 그렇게 한다면 그것으로 많은 메시지를 전달할 수 있고, 그렇지 않다면 부정적인 메시지를 더 많이 전달하게 된다.

몇 주 전에, 친구에게 교회를 정했는지를 물었다. 그 친구가 가족들과 함께 등록할만한 교회를 찾고 있었기 때문이다. 친구의 아내가 대답하기를 한 교회가 마음에 들기는 하는데, 어린 자녀들을 주일학교에 맡기는 일이 불안하다고 했다. 몇 주 동안, 아이들을 데리고 가면 선생님은 다른 일을 하고 있고, 내 친구는 그 선생님을 불러서 아이들을 내려놓아도 되는지를 물어야 했다. 그 선생님은 무표정한 얼굴로 아이들의 이름을 기록하고 다른 아이들 속으로 들여보냈다. 같은 일이 반복되자, 선생님만 무표정한 것이 아니라 아이들도 똑같이 불만스러운 표정이었다. 목사님의 설교는 감동적이었지만, 내 친구는 자녀들을 이런 환경을 가진 교회에서 자라게 할 수 없었다. 이 교회에서 사역자가 되기로 결심했던 그들은 교회를 떠났다. 그 교회는 그 가족이 떠난 이유를 알 길이 없을 것이다.

21) 다른 교회에 다니는 사람들이 하는 말

사람들은 남의 말을 잘한다. 교회 사람들은 더 잘한다. 어떤 말을 옮기는데 있어서 세상에서 가장 빠른 두 가지 매체가 CNN과 교회 사람들이라고 생각하곤 했었다. 그러므로 우리 교회에 대해서도 사람들이 지금도 무슨 말인가를 하고 있으며 예전부터 그래왔다는 것을 알아야 한다. 과거에 공공연한 문제가 있었다면, 그 문제를 솔직하게 처리하고 가능한 한 공개적으로 나아가야 한다. 사람들은 교회가 그 일이 없었던 것처럼 꾸미는 것보다는 사람들에게 솔직하게 고백하기를 원할 것이다.

우리 교회에 대해 말하고 다니는 다른 교회 사람들을 어떻게 대해야 하는가의 문제가 있다. 교회의 행동으로 그들이 옳은지 틀렸는지를 증명해주어야 한다. 교회에 대해 무슨 소문이 돌고 있는지를 알고, 좋은 소문이라면 더 소문나게 하고, 나쁜 소문이라면 사실과 다름을 증명해야 할 것이다.

교회의 태도나 문화에 대한 오래된 인식에서 벗어나고자 한다면, 사람들의 고정관념을 극복하는 것이 실제적인 문제가 될 수 있다. 약 10년 전에, 온갖 방탕과 도박으로 유명했던 라스베이거스는 새로운 이미지로 거듭나려고 시도했었다. "가족 관광객을 위한 도시"임을 강조하는 광고와 프로그램, 그리고 가족 관광객을 유치하기 위한 수많은 다양한 프로그램들을 시작했다. 어느 정도는 효과가 있었다. 그러나 몇 년 간 이렇게 광고하던 라스베이거스는 다시 예전의 모습으로 되돌아갔다. 가족 관광객을 유치하는 일을 그만 두고, 과거의 이미지에 근거한 마케팅으로 후퇴했다. 최근에는 "라스베이거스에서 벌어진 일은 라스베이거스에 두고 가라"What happens in Vegas stays in Vegas라는 슬로건을 내걸었다. 결국, 자신의 본래 모습 그대로 그것을 원하는 사람들에게 파는 것이 훨씬 쉽다. 라스베이거스가 가족 중심의 참된 관광명소가 되기 위해서는 상상하기 어려울 정도로 근본적인 변화가 필요했을 것이다.

오랫동안 지속되어온 인식을 바꾸기 위해서는, 실제적으로 변화해야 하고 지속적인 커뮤니케이션을 통해 그 변화를 알리는 일을 헌신적으로 감당해야 한다.

오랫동안 지속되어온 인식을 바꾸기 위해서는, 실제적으로 변화해야 하고 지속적인 커뮤니케이션을 통해 그 변화를 알리는 일을 헌신적으로 감당해야 한다. 교회가 이런 노력을 감당해야 할 상황에 있다면, 실제적인 변화로 시작하는 것이 필수사항임을 명심하라. 교회가 변화에 대해 말만 하고 그런 모습을 실제로 보이지 않는다면, 사람들은 교회를 신뢰하지 않는다.

22) 현재 성도들

많은 문화권에서, 그 사람이 다니는 교회를 보면 그 사람이 어떤 사람인지를 알 수 있다. 교인들 중에 영향력 있는 사람들이 많이 있기 때문에 성장하는 교회들도 있다. 이런저런 유명한 사람들이 그 교회에 다닌다고 하면 사람들은 그 교회가 좋은 교회일 것이라고 추측한다. 성도들이 어떤 옷을 입는지, 어떤 차를 타는지, 어떤 직업을 가지고 있는지, 어디에 사는지, 그리고 어떻게 행동하는지 이 모든 것이 외부 사람들에게 인상을 남길 것이다. 그 인상은 긍정적일 수도 있고 부정적일 수도 있다. 사람들을 끌어당길 수도 있고 밀쳐낼 수도 있다. 때로는 이런 문제를 가장 중요하게 생각하는 사람들이 있다. 평판이 좋은 교회를 좋아해서 그럴 수도 있고, 그런 교회에 소속되고 싶기 때문일 수도 있다. 어느 쪽이든, 교회에 가서 주위에 앉은 사람들을 쳐다보지 않는 사람은 없다(그렇지 않은 척 할지라도).

이 모든 요소를 고려할 때 핵심적인 사항은, 사람들은 무의식적으로 주위 환경을 연구한다는 것이다. 옳든지 그르든지 간에, 사람들은 주차공간에서부터 강대상까지 그들을 둘러싼 환경을 관찰하고 처리하고 평가한다. 그리고 사람들이 항상 상류층 사람들과 교제하고 싶어한다고 생각하면 안 된다. 그 반대인 경우도 있다. 사람들은 '겉모습'이 중요하지 않은 곳을 찾고 있을지도 모른다. 교회는 교회가 하는 일과 하지 않는 일을 통해, 교회가 무엇을 중요하게 생각하는지 그리고 얼마나 중요하게 생각하는지를 다른 사람들에게 보여주고 있다.

실패한 교회 마케팅

제1장에서 우리는 안타깝게도 "아무도 우리에게 마이크로칩을 맡기지 않을 것"이라고 생각하게 된 최첨단 기술회사에 대해 토론했었다. 이처럼 실패한 마케팅은 세상에서나 교회에서나 모두 흔히 볼 수 있는 일이다. 전에 말한 것처럼, "좋은 첫인상을 주기 위해서는 한 번의 기회밖에 없다." 이 말은 기업이나 교회 모두에게 정말 진리이다.

잘 알려져 있고 자주 논의되는 마케팅 천재들의 실수담을 재미로 한번 살펴보자.

1928년에 코카콜라Coca-Cola가 중국에서 판매를 시작했을 때, 처음에는 'Ko-Ka-ko-la' (코카콜라)라는 이름을 사용하려고 했었다. 그러나 그 이름을 중국어로 하면 "밀랍 올챙이를 삼키다." 지방 사투리로 하면 "왁스로 가득 채운 말"horse이라는 뜻으로 번역된다는 것을 늦게서야 알았다.

쿠어스(Coors, 미국의 맥주 브랜드)는 스페인 시장에서 "Turn it loose"(자유하게 하라)는 광고 문구를 사용하려 했지만, 잠재 고객들은 그 말을 "설사로 고생하다."라는 뜻으로 읽을 수도 있었다.

클레어롤(Clairol, 염색약 회사)은 독일에서 "Mist Stick"이라는 이름으로 헤어 아이론을 소개하려 했지만, "mist"(영어로는 '안개'라는 뜻)가 독일어로는 '배설물'의 속어임을 알게 되었다.

이와 같이 각 나라의 특성과 관련된 예화들은 그 나라의 언어, 생활양식, 문화에 대한 얄팍한 지식만으로 그 나라 사람들에게 접근하려 할 때 일어나는 문제를 다루고 있다. 교회도 이와 다르지 않다. 교회도 불신자들이 이해할 수 있는 적당한 용어로 바꾸어 설명하는 일을 잘 하지 못할 때가 있다.

다음의 예는 교회를 관찰하거나 컨설팅하면서 경험했던 일의 일부분이다. 나를 "건방지다"고 생각하지 않기를 바란다. 사실 "재미있는" 이야기도 아니다(어떤 예화를 보면 웃음이 나는 경우도 있지만 말이다). 우리는 이 교회들을 사랑하고 이 교회들이 그리스도를 위해 지역사회를 복음화 할 수 있기를 바란다. 우리가 무슨 말을 하는지 알지도 못하면서 그렇게 말할 때가 있다는 것을 살펴보고자 할 뿐이다. 이 예화 중에 혹시 당신이 경험한 일은 없는지 살펴보라.

성도들이 꾸준히 늘지 않는 문제로 고민하는 교회가 있었다. 예배당은 분홍색 벽지, 분홍색 카펫, 금색 리본으로 장식되어 있다.

사소한 문제 〉〉 많은 사람들이 마치 딸의 침실처럼 꾸며진 교회에 헌신하거나 친구들을 데려오는 일을 어려워 할 수도 있다.

2천 명 이상 되는 교인이 출석하는 교회에서, 목사님이 이런 말로 주일 설교를 시작했다. "지난 주에 드린 말씀을 기억하시죠? 좋습니다. 그 부분부터 시작하겠습니다."

사소한 문제 》〉 교회에 처음 온 사람이라면 어떨까? 확실히 이 방인인 것처럼 느껴질 것이다. 더욱이, 배경 지식 없이 설교를 이해하기는 힘들다.

　복음전도 집회에서 사회자가 말했다. "목사님께서 강단에 나오실 때, 성경책이 없으신 분들은 자리에서 일어나 주십시오."

　사소한 문제 》〉 이 행사는 불신자를 전도하기 위한 목적으로 마련한 공식적인 행사였다. 그런데도 이미 위축되어 있고 자기가 이 자리에 어울리지 않는다고 생각하는 많은 사람들에게 자리에서 일어나 성경책을 가지고 오는 것도 몰랐다는 것을(성경책을 한 권 정도는 가지고 있음에도) 공식적으로 인정하라는 요청에 그들은 더 당황했을 것이다. 이들을 전도한 사람들도 그렇게 느꼈을 것이다.

　고속도로에 서 있는 교회 광고판에 이런 메시지가 기록되어 있다. "죄인들을 환영합니다!"

　사소한 문제 》〉 대부분의 사람들은 자기 자신을 죄인이라고 생각하지 않는다. 이런 식으로 초청하게 되면 불신자는 이런 의미로 받아들일 수 있다. "정말 걱정이 되신다면, 이곳에 오십시오." 만약 당신이 정말로 "걱정이 되는 사람들"을 전도대상자로 생각한다면 그것은 나쁜 생각이 아닐 것이다. 그러나 우리 모두는 하나님이 필요한 죄인이라는 것을 깨닫지 못한 사람들을 쫓아버릴지도 모른다. 이런 광고판에 긍정적으로 응답하라는 것은, 메시지를 전하지 않고 강단으로의 구원 초청에 응답하라는 것과 같다.

'잃어버린' 사람들을 전도하기 위한 교회 게시판에 "불 가운데 들어 올린 손" 그림을 로고로 사용하는 교회가 있다. 이 그림은 예배 중에 우리에게 임하시는 성령님을 주제로 한 것이다.

사소한 문제 >> 대부분의 불신자들에게(대부분의 그리스도인들에게도 마찬가지로), "불 가운데 들어 올린 손"은 마치 지옥에서 불타고 있는 사람들을 뜻하는 것처럼 보인다. 이런 로고는 불신자를 초청하기 위한 일반적인 메시지로 적합하지 않다.

예배 중에 아이들이 버릇없는 행동을 하자 안내위원이 그 엄마를 꾸짖었다. 그 엄마가 대답했다. "정말 죄송합니다. 저는 오늘 처음 교회에 왔는데, 남편이 없어서요." 그러자 안내위원은 "왜 아이들을 유아실로 데려가지 않으셨습니까?"라고 물었다. 그 엄마는 유아실이 있는지도 몰랐다고 대답했다.

사소한 문제 >> 이 새신자는 자기 아이들이 소란을 피우고 안내위원의 질책을 받자 당황했을 것이다. 유아실이 있는 줄 알았다면 유아실을 이용했을 것이다. 예배당 안에서, 그리고 예배드리는 시간에 아이들을 어떻게 관리해야 하는지 알 수 없었다. 이 경우에, 8천 명 이상의 성도들이 다니는 교회에 어린이를 위한 공간이 별도로 있음을 안내하는 표시가 하나도 없었다. 이 새신자는 "우리 교회의 내부 구조를 미리 알아두지 못한 사람들은 별로 중요하게 생각하지 않는다."라는 인상을 분명하게 받았을 것이다.

출석 교인이 40명 이상 넘은 적이 없는 교회가 예배당에 300개의 의자를 배열해 놓았다.

사소한 문제 〉〉 시내 중심가에서 차를 타고 내려가는데, 그중 여덟 개의 식당에는 손님이 가득한데, 한 식당에는 차 두 대만이 주차되어 있다. 그렇다면, 그 비어 있는 식당을 보고 어떻게 생각하겠는가? 아마도 "저 식당에는 뭔가 문제가 있는 것이 틀림없어."라고 생각할 것이다. 이것은 상식적이고 정상적인 인지작용이다. 수백 개의 의자가 놓여 있는 예배당에 소수의 사람들만 모인 것을 보면 "이 교회에는 뭔가 문제가 있는 것이 틀림없어."라고 생각할지도 모른다.

한 작은 교회가 시내에 있는 큰 교회와 비슷한 광고 우편물을 보내고 있다.

사소한 문제 〉〉 큰 교회가 보낸 우편물을 받아본 적이 있다면,

작은 교회가 보낸 우편물도 큰 교회가 보낸 줄 알고 읽어보지 않을지 모른다. 그렇다면 다른 교회를 홍보하는데 자기 교회의 재정을 쓴 셈이 된다. 광고 우편물을 보내는 것은 별로 좋은 생각이 아니다. 특히 작은 교회의 경우에는 더욱 그렇다. 차별화하기 위해서는 자기 교회만의 특징과 일관성이 필요하다. 자기 교회만의 표식을 만들라.

예배가 끝나면서 목사님이 강단으로 구원초청을 했다. "산제물이신 어린양의 언약으로 죄사함을 받기 원하시는 분으로 앞으로 나오십시오."

사소한 문제 〉〉 설명해주지 않으면, 그 초청을 "그리스도가 우리를 위해 행하신 구원사역을 인정하십시오."라는 의미로 해석할 수 있는 불신자는 별로 없을 것이다. 지금 무슨 말인지 이해하지 못한 사람들 중에도 기꺼이 그렇게 하려는 사람들이 있었을 것이다.

안내위원들이 자기들끼리 이야기하느라 처음 온 새신자에게 인사할 기회를 놓쳤다.

사소한 문제 〉〉 내가 새신자인데 '안내위원'이라고 서 있는 사람들이 나를 보고 인사하지 않으면, 아마도 별 볼일 없는 사람 취급하거나 환영하지 않는다고 생각할 것이다.

이런 예들은 얼마든지 더 들 수 있다. 예를 들면, 교사가 어린이를 가혹하게 대하는 모습을 우연히 본다든지, 교회 지도자의 심각한 죄에 대한 나쁜 소문이라든지, 이렇게 좋지 못한 인식을 심어주는 일은 더 이야기할 수 있다. 여러분도 아마 이와 비슷한 이야기를 떠올릴 수 있을 것이다.

실생활의 사례를 살펴볼 때, 처음에는 모두 좋은 의도로 시작된 일이었다. 새신자를 소외시키고 당황하게 만들려고 했던 사람은 아무도 없었다. 이러한 사례들을 보면, 사람들과 만나는 모든 과정에서 교회가 다른 사람들에게 어떤 느낌을 주는지, 다른 사람들은 어떤 방식으로 교회를 인식하게 되는지 알아야 한다는 생각을 하게 된다. 어떤 인식을 가지게 될 때 거기에는 많은 요소들이 작용한다. 교회는 그 요소를 알고 있어야 하며, 커뮤니케이션을 통해 두 가지 목적을 이루어야 한다. (1) 그리스도의 성품을 드러내는 것과 (2) 교회가 전도하도록 부르심 받은 지역사회와 관계를 맺는 것이다.

부딪히는 돌과 모퉁이 돌

전 세계 교회를 대상으로 목회 컨설팅을 하면서, 교회 마케팅을 방해하는 수없이 많은 장애물을 보게 된다. 이 장애물 때문에 사람들이 교회 안에서도 그리스도의 복음을 분명하게 듣지 못하는 경우가 있다. 교회가 의도적으로 이런 장애물을 만들지는 않는다. 그러나 교회에 어떤 장애물이 있는지 관심도 갖지 않고, 외부 사람들이 교회를 어떻게 보는가에 신경쓰지 않을 정도로(부정적인 의미에서) '교회다울' 때가 있다.

잃어버린 영혼에게 다가가고자 하는 나의 목적과 열정을 혹시라도 복음을 약화시키려는 의도로 오해하지 않기를 바란다. 그리스도는 우리에게 모퉁이 돌이 되거나 부딪히는 돌이 된다고 성경에 기록되어 있다. 그리스도의 진리가 우리 삶의 기초인 것을 깨닫든가, 아니면 그 진리로 인해 넘어지게 된다(벧전 2:7~8). 분명히 어떤 사람에게는 그리스도가 부딪히는 돌이 될 것이다. 따라서 사람들이 모두 다 찬양을 부르면서 교회 밖으로 걸어 나오지는 않을 것이다. 모든 사람을 기쁘게 할 수 없다는 것은 정말 성경적이다. 그러나 (바울이 말한 것처럼) 불신자들의 생각과 필요에 우리 자신을 맞추지 못하고 그들과 관계를 맺지 못하는 무능력 때문에 부딪히는 돌이 되어서는 안 된다는 것 또한 확실하다.

바울의 말을 기억하자. "유대인들에게는 내가 유대인과 같이 된 것은 유대인들을 얻고자 함이요 율법 아래 있는 자들에게는 내가 율법 아래 있지 아니하나 율법 아래 있는 자같이 된 것은 율법 아래 있는 자들을 얻고자 함이요"(고전 9:20). 우리는 복음을 전하기 위해서 우리의 삶과 우리의 접근방법을 그들에게 맞춰야 한다. 그들이 어떻게 생각하고 어떻게 커뮤니케이션을 하고 어떻게 사물을 인식하게 되는지를 이해해야 한다. 상대방의 이해능력에 맞게 커뮤니케이션 할 수 있는 능력이 없다면 그 사람과 관계를 맺기란 불가능하다.

그리고 불신자들이 처음 교회에 나왔을 때만큼 그들 삶을 통틀어 상처받기 쉬운 때도 없다는 것을 기억하라. 마치 "나를 봐, 나는 이 곳에 맞지 않아!"라는 커다란 표지판이 자기 머리 위에 있는 것처럼 그들은 강한 소외감을 느끼기 마련이다. 잘 모르는 교회에 들어가 보는 것도 어려운 일일 수 있다고 생각한다면, 전도를 받아 교회에 온 새신자의 기분은 어떠할지 생각해보라. 상처받기 쉬울 것이다. 사실 나는 친구에게 식당을 추천해줄 때도 신경이 쓰인다. "그 식당이 마음에 들지 않으면, 그 친구는 내 입맛이 형편없다고 생각할 텐데."라며 걱정한다. 하물며 교회를 추천하는 일은 얼마나 더 힘들겠는가? 교회가 마음에 들지 않으면, 그 사람은 나를 어릿광대나 이상한 종파의 교인이거나 아니면 다소 모자란 사람으로 생각할지도 모른다. 사실 이런 걱정 뒤에는 "사람들은 그리스도를 부끄러워하는 것이 아니라, 자기 교회를 부끄러워한다."는 의미가 숨겨져 있다.

사람들은 그리스도를 부끄러워하는 것이 아니라, 자기 교회를 부끄러워한다.

새신자들과 잘 관계를 맺지 못하면, 교회에 들어온 새신자를 붙잡지 못하는 것보다 더 큰 문제가 생길 수 있다. 다시 말하면 성도들이 더 이상 사람들을 교회로 데리고 오지 않을 수도 있다. 자신의 경험으로 볼 때 새신자를 데리고 와도 교회에 잘 정착하지 못할 것이라고 예상하기 때문이다. 수많은 교회가 단지 이 문제 하나 때문에 교회가 성장할 수 있는 능력을 잃어버리고 있다. 당신도 그렇다면, 걱정하지 말라. 다시 제자리로 돌아갈 수 있는 방법을 이 책에서 다룰 것이다. 하나님께서 모든 방해물을 제거하시고 그 대신 그리스도를 아는 지식으로 나아가는 길을 열어주실 것이다.

▶ 요약 및 적용 ◀

 우리는 이제 어디로 가야 하는가? 사람들이 교회에 대한 인식을 가지게 될 때 영향을 주는 요소들은 많이 있다. 그 중에는 우리가 통제할 수 있는 것도 있고 그렇지 않은 것도 있다. 사소한 일에서부터 우리가 "그들에게 무엇을 보여주고 있는지"를 생각할 때, 다른 사람들이 우리와 똑같은 시각으로 우리 교회를 보지 못하는 이유를 이해할 수 있다. 우리는 우리 자신의 의도를 알고 있지만, 사람들은 결과만을 볼 뿐이다. 우리가 이야기했던 마케팅 실수 중에서 여러분의 교회가 어떤 실수를 했는지는 곧바로 알 수 없을지 모른다. 그러나 실패와 성공이 어떻게 일어나는지는 깨닫기 시작했을 것이다. 참된 마케팅 성공을 위해 계획을 세우기 전에 잠시 정리를 해보자.

 사소한 일에서부터 우리가 "그들에게 무엇을 보여주고 있는지"를 생각할 때, 다른 사람들이 우리와 똑같은 시각으로 우리 교회를 보지 못하는 이유를 이해할 수 있다. 우리는 우리 자신의 의도를 알고 있지만, 사람들은 결과만을 볼 뿐이다.

1. 마케팅은 막대한 단체전임을 깨달으라.

교회 전체의 헌신이 필요한 교회 전반에 걸친 사역이다. 같은 메시지, 같은 생각을 전하는 일에 많은 사람이 참여할수록, 교회가 전달하고자 하는 메시지가 효과적으로 전달될 가능성은 더 높아진다. 다른 사람들에게 교회를 알리기 위해 필요한 시간과 물질을 헌신할 준비가 되어 있는가? 당신은 어떻게 노력할 것인가? 그 일에 누가 참여할 것인가? 팀 구성원들을 어떻게 가르치고 훈련할 것인가? 자원봉사자들은? 현재 하고 있는 일에서 마케팅을 어떻게 실천할 것인가?

2. 우리가 무심코 행하는 사소한 일이 크게 중요할 수 있다는 것을 깨달으라.

잘 모르겠다면, "행간의 의미를 파악하라." 부분으로 돌아가서, 교회가 미처 깨닫지 못하고 사람들에게 보여주었을 모습 중에서 좋은 것과 나쁜 것을 나누어 기록하라. 시간을 가지고, 외부인의 입장에서 교회에서 겪게 되는 일들을 기록해보라. 구체적으로 기록하고, 리더십 팀과 함께 당신의 생각을 나누어라. 그리고 평가된 사항을 요약하고 정리하라. 이 평가된 내용은 사람들이 현재 교회를 어떻게 생각하고 있는가에 대한 것이다. 필요하다면, 외부 전문가의 도움을 받으라.

3. 청중의 관점에 따라 메시지를 전하라고 했던 바울의 말을 기

억하라.

우리 자신이 중심이 되어서는 안 된다는 뜻이다. 다른 교회가 보기에 우리 교회를 대단한 것처럼 만드는 것이 목적이 되면 안 된다. 이것을 일반적인 목적으로 삼는 교회도 있지만 말이다. 교회 안에서 인기 있는 것이 세상에 복음을 전하는 데는 아무 상관이 없을 때가 있다. 불신자를 대상으로 하는 메시지를 전해야 한다. 그리스도를 모르는 잃어버린 영혼들, 교회 밖에 있는 사람들을 위해 전하는 메시지가 되어야 한다. 우리의 노력은 자기중심적인 것이 아니라 다른 사람들에게 초점을 맞춘 것이어야 한다. 결국, 훌륭한 마케팅이란 우리 주변에 있는 사람들의 삶 속에서 그리스도의 목적이 이루어질 수 있도록 돌보는 것을 최종 목적으로 한다.

이것을 생각하면서 다음 질문을 해보라. 사람들은 왜 이 교회에 나와 보기로 결정했을까? 사람들이 이 교회에 끌리는 이유는 무엇인가? 성도들에게 물어보라. 그들이 왜 이 교회에 나오는지, 왜 이 교회에 계속 다니고 있는지를 물어보라. 교회의 어떤 모습을 보고 사람들은 교회가 삶의 문제에 대한 해답을 가지고 있으며 그들을 환영해준다고 생각하는가? 이 교회가 다른 교회와 구별되는 점은 무엇인가?

이에 대한 해답을 어떻게 하면 더 잘 전달할 수 있을까?
예배드릴 때 불신자들에게 '부딪히는 돌'이 있다면 무엇일까?
불신자들이 그리스도의 복음을 들을 수 있는 기회를 놓치지 않도록 도울 수 있는 방법은 무엇일까?

마음을 열라. 과거에 교회가 새신자들을 놓친 적이 있다면, 지금이 바로 변화를 위한 좋은 시점이다. 자신의 생각을 기록하라. 복음을 전하고 싶은 사람들에게 교회가 다가갈 수 있는 방법을 생각하라. 우리는 계속해서 이런 주제를 깊이 있게 다룰 것이다.

03

사람들의 인식(생각)을
이해하라

제1장에서 우리는 마케팅이란 인식을 관리하고 경영하는 것이라고 정의했다. 또한 관리하고 경영하기 위해서는 우리가 현재 어디에 있는지를 알고, 우리가 어디로 가야 하는지를 알아야 하며, 그 목표를 향해 나아가도록 조정해야 한다고 말했다. 우리가 해야 할 첫 번째 일은 사람들이 우리를 어떻게 생각하고 있는가와 관련해서 우리의 현재 모습을 아는 것이다. 이것은 쉬운 일이 아니다. 연구 조사와 자기 반성, 그리고 통찰력이 필요하다. 사람들이 실제로 우리를 어떻게 생각하는지, 즉 그리스도의 몸으로서, 개별적인 교회로서, 그리스도 안에 있는 개인적인 성도로서 어떻게 보고 있는가 하는 문제를 다루는 일은 중요하다.

이런 일을 진행할 때, 교회 또는 리더십에 대해 비판적인 태도를 갖는 것은 옳지 못하다. 나는 파괴적인 방법으로 자기 의견을 말하는 사람들을 묵과하거나 옹호하지 않는다. 교회를 분석하면서, 사람들이 장애물로 여겨진다면 당신은 실수하고 있는 것이다. 하나님의 백성들에게 무엇인가를 드러내어 보여주시는 것은 성령의 사역이며, 불필요한 충고는 환영받지 못하며 영적으로 얇은 얼음 위를 걷는 것과 같다.

첫 번째 규칙은 이것이다. 관심 분야에서 당신이 직접적인 책임자가 아니라면, 책임자의 요청이 있을 때만 당신의 생각을 이야기하라. 불협화음을 일으키면 역효과를 낳게 되고, 이것은 하나님께서 미워하시는 것이다(잠 6:19). 질서를 깨뜨리지 않고 영향력을 줄 수 있는 간단한 방법은 지도자들에게 이 책을 권하는 것이다. 지도자들이 이미 이 책을 읽었거나 읽는 중이라면, 편안한 마음으로 하나님이 일하시도록 하라. 하나님께서 책임지신다. 하나님이 영광을 받으실 것이다. 이 부분에 더 관심이 있다면, 진 에드워즈의 「세 왕 이야기」를 권한다. 이 책에서 하나님께서 정하신 리더십 아래에서 당신의 의견을 전달하는 방법을 배울 수 있을 것이다.

내 생각으로는, 지금까지 이 책을 읽고 있는 사람이라면 올바른 길에 자신의 마음을 드리고 사물을 객관적으로 보기 원하는 사람일 것이다. 그리고 영적으로 정확하게 통찰력을 사용하고, 주위 사람들을 돕기 원하는 사람일 것이다.

사람은 외모를 본다

"나의 보는 것은 사람과 같지 아니하니 사람은 외모를 보거니와 나 여호와는 중심을 보느니라"(삼상 16:7). 인간의 본성을 설명하면서 이 말씀을 언급한 적이 있다. 우리의 마음은 육체적이고 정욕적이다. 결과적으로, 사람들은 우리가 우리 자신을 보는 것처럼 우리를 보지 않을 때가 있다. 우리가 마음으로 의도한 것과 그 의도를 실천했을 때 바라보는 사람들의 관점에는 많은 차이가 있다는 것을 교회들이 이해할 수 있도록 나는 수년 동안 노력해 왔다. 그런데 시간이 지날수록 하나님께서는 이 원리를 나 스스로 시험해 보게 하셨다.

무조건적인 믿음과 순종으로 마케팅 회사를 시작한 초기에, 일을 제대로 하고 싶고 우리의 메시지를 알리고 싶다는 열정 때문에 나는 종종 야만인처럼 행동하고는 했다. 나의 표어는 항상 "내 마음을 알자." 였다. 그러나 정직하게 말해서, 내 목소리와 행동이 정말 포악해져서 직원들이 울면서 내 방을 나갈 때면, "선한 의도였던 내 마음을 아는 것"은 힘든 일이었다. 나는 개인적으로 마케팅적인 문제를 가지고 있었다. 내 마음보다는 내 행동으로 더 강한 인식을 심어 주고 있었다. 사람들은 겉모습을 보기 때문에 이런 일은 항상 있을 것이다. 우리의 행동과 겉모양을 꿰뚫어 마음을 보는 것은 오직 하나님 한 분만의 성품이다. 어떤 형태로든 지도자의 위치에 있는 사람이라면, "내 마음을 알아주리라" 기대했던 사람들이 계속 내 마음을 알아주지 못하는 것을 여러 번 경험했을 것이다.

우리 주위의 성숙한 그리스도인들도 우리 행동 이면에 있는 우리의 마음을 알기가 힘든데, 교회 밖에 있는 외부 사람들을 위해서는 우리가 얼마나 더 의도적으로 행동해야 하겠는가? 다른 사람들은 우리 마음을 알지 못한다. 설상가상으로, 처음부터 우리를 불신하고 우리에 대해 회의적인 사람들이 있다. 사람들은 수많은 경험을 통해 그리스도인들과 교회에 대한 나름대로의 생각을 정립해왔다. 이러한 인식을 바꾸려면 더욱 더 노력해야 한다.

인식을 창조하는 몇 가지 요소를 다시 생각해보자. 앞장에서, 우리는 교단, 웹사이트, 교회 주변 모습, 교회 실내장식, 홍보용 자료, 안내위원, 과거에 있었던 사건, 설교 등을 살펴보았다. 이러한 요소들을 잘 관리해서 유리한 인상을 만드는 일이 거의 불가능하다고 생각할지 모른다. 그렇지 않다. 막대한 공동의 노력이 필요하기는 하지만 불가능한 일은 아니다. 역사적으로, 매우 특별하고 재물이 많은 새신자에게 깊은 첫인상을 심어준 예배 장소가 있었다.

그 예배 장소는 솔로몬의 성전이었고, 새신자는 바로 스바의 여왕이었다. 열왕기상 10장은 스바 여왕이 솔로몬의 지혜에 대한 소문을 듣고 멀리서 왔다고 말씀한다. 의문투성이인 삶에 대한 솔로몬의 지혜가 어떠한지를 시험하기 위해 신하들을 데리고 온 것이다. 단순하게 말하면, 스바 여왕은 하나님의 말씀이 자신의 삶과 무슨 관련이 있는지를 알고 싶었다. 처음 교회를 찾아온 새신자와 비슷하지 않은가?

"스바 여왕이 솔로몬의 모든 지혜와 그 건축한 궁과 그 상의 식물과 그 신복들의 좌석과 그 신하들의 시립한 것과 그들의 공복과 술 관원들과 여호와의 전에 올라가는 층계를 보고 정신이 현황하여 왕께 고하되 내가 내 나라에서 당신의 행위와 당신의 지혜에 대하여 들은 소문이 진실하도다" (왕상 10:4~6).

성전으로 올라가는 층계가 얼마나 중요했는가? 여왕이 보기에, 이 모든 것은 하나님께서 솔로몬의 성전에서 실제로 역사하고 계심을 증명하는 증거였다.

이런! 솔로몬의 신복들의 옷차림새가 얼마나 중요했는가? 궁궐의 모습이 얼마나 중요했는가? 신하들이 맞이하는 모습이 얼마나 중요했는가? 성전으로 올라가는 층계가 얼마나 중요했는가? 이것을 믿는 편이 좋을 것이다. 여왕이 보기에, 이 모든 것은 하나님께서 솔로몬의 성전에서 실제로 역사하고 계심을 증명하는 증거였다. "솔로몬의 모든 지혜를 보고"라는 말에 주목하라. 어떻게 지혜를 '볼 수' 있는가? 성전과 성전에 모인 사람들의 모든 모양새가 이러한 인상을 심어주었다. 여왕은 솔로몬이 말문을 열기도 전에 이를 확신했다. 여왕은 계속해서 말한다.

"내가 그 말들을 믿지 아니하였더니 이제 와서 목도한즉 내게 말한 것은 절반도 못되니 당신의 지혜와 복이 나의 들은 소문에 지나도다 복되도다 당신의 사람들이여 복되도다 당신의 이 신복들이여 항상 당신의 앞에 서서 당신의 지혜를 들음이로다 당신의 하나님 여호와를 송축할지로다 여호와께서 당신을 기뻐하사 이스라엘 위에 올리셨고 여호와께서 영영히 이스라엘을 사랑하시므로 당신을 세워 왕을 삼아 공과 의를 행하게 하셨도다 하고 이에 저가 금 일백 이십 달란트와 심히 많은 향품과 보석을 왕께 드렸으니 스바 여왕이 솔로몬 왕께 드린 것처럼 많은 향품이 다시 오지 아니하였더라"(왕상 10:7~10).

매우 인상적인 말씀이다. 여왕은 와서 보기까지는 소문을 믿지 못했다. 이 새신자는 모든 세부사항(외적인 모습)을 보고 다음의 결론에 도달했다. (1) 나는 내적으로 공허하다. (2) 하나님은 실제로 계신 분이다. (3) 솔로몬(목회자)은 지혜롭다. (4) 성전은 소문으로 들은 것보다 훨씬 훌륭하다. (5) 성전에 있는 사람들은 솔로몬 왕을 자랑스러워하고 성전에 거하는 것을 행복하게 생각한다. 여왕은 교회 역사상 가장 큰 예물을 드리고 영적으로도 회심했다.

여왕은 와서 보기까지는 소문을 믿지 못했다.

지금 당신은 "하나님, 그런 일이 우리 교회에도 일어나게 하옵소서"라고 말하거나, "글쎄요, 그것은 하나님이 솔로몬을 지혜롭게 하셨고, 막대한 재물이 있었기 때문에…"라고 말할지도 모르겠다.

솔로몬의 지혜가 대단하기는 하지만, 우리가 그리스도 안에서 발견할 수 있는 지혜에 비하면 솔로몬의 지혜는 빛을 잃는다. 교회가 솔로몬처럼 큰 재물은 가질 수 없을지 모르지만, 교회가 지금 가지고 있는 것을 하나님을 영화롭게 하는 도구로 다듬을 수는 있다. 결국 지혜, 섬김, 탁월함, 기쁨 등은 가장 초라한 교회건물 안에서도 빛날 수 있다.

이런 말을 하는 교회는 많이 있다. "낡은 건물은 눈감아 주십시오. 이제 굉장한 예배를 드릴 것입니다." 이렇게 말하는 교회는 보지 못했다. "음이 맞지 않는 찬양은 못 들은 척 해주십시오. 교회건물은 멋있으니까요." 건물은 그 건물 안에서 무엇인가를 할 때에만 의미가 있는 것이다. 그렇지 않다면, 건물은 중요하지 않다. 세상에서 위대한 교회들 중에는 정말 형편없는 곳에 세워진 교회도 있다. 당신이 잘 할 수 있는 일을 갈고 닦아라. 그리고 결과는 하나님께 맡겨라.

스바 여왕은 영적인 것, 하나님이 임재하신 결과를 보았다. 조금이라도 성장하기 위해 고군분투하는 교회가 있는 반면에, 양적으로 배가 성장하는 교회들도 있다. 그 성장의 주된 요인은 영적인 에너지(시너지)이다. 영적인 에너지는 교회의 여러 측면들이 어우러져 이 교회에는 이 세상 너머에 있는 무엇인가로 인해 살아 있는 교회라는 인식을 심어줄 때 생겨난다. 즉 사람들의 인식에 의한 결과이다.

나는 온갖 유형의 급성장한 교회를 옹호하지는 않는다. 나는 그리스도인들이 다른 교회로 이동하는 교회성장이 아니라, 삶을 변화시킴으로서 일어나는 교회성장을 높이 평가한다. 인식을 관리하고 경영하는 것은 참되고 유효한 원리이다. 세상에서는 이 방법을 항상 이용한다. 어떤 종류의 차를 사는지, 어떤 스포츠 팀을 응원하는지, 어떤 이웃과 살고 있는지, 심지어는 어떤 이웃과는 살고 싶지 않는지, 이 모든 일에 영향을 주는 것이 바로 이 원리이다. 인식을 관리하고 경영하는 것은 강력한 행동방식이다. 이 원리를 하나님을 영화롭게 하고, 사람들이 하나님을 올바로 인식할 수 있도록 하는 데 사용하라.

"저희가 베드로와 요한이 기탄없이 말함을 보고 그 본래 학문 없는 범인으로 알았다가perceived 이상히 여기며 또 그 전에 예수와 함께 있던 줄도 알고"(행 4:13)라는 말씀처럼 하나님과 동행하는 모습은 저절로 드러나야 한다. 이 말씀에 또 다시 'perceived'(알았다)라는 단어가 사용되고 있다. 재미있는 일이다. 성령의 충만을 받은 베드로와 요한은 그들을 무식하게 생각했던 사람들의 인식을 극복했다. 인식에 대한 일종의 관리, 경영이 이루어진 것이다.

세상은 외모를 본다는 것을 기억하라.
그렇다면 교회는 세상 사람들에게 무엇을 보여주고 있는가?

세상은 외모를 본다는 것을 기억하라. 그렇다면 교회는 세상 사람들에게 무엇을 보여주고 있는가?

교회에 대한 인식이 바뀌는 과정

불신자가 어떻게 교회에 들어와서 적응하게 되는 과정을 설명하는 좋은 예화가 있다. 내가 이 예화를 이야기하는 이유는, 선하신 하나님 때문에 하나님 안에서 새로운 삶을 살게 된 우리가 교회 밖에서 교회를 보는 사람들이 어떤 마음인지를 잊어버렸기 때문이다. 이 예화를 처음에 누가 이야기했는지는 모르겠다. 나도 들은 이야기이기 때문에 약간 과장된 부분이 있음을 인정한다. 하지만 멀리 아프리카의 목회자들에게도 이 예화가 맞는지 시험해보고, 정말 보편적 상황임을 알게 되었다.

이런 이야기이다.

나와 친한 친구가 있다고 가정해보자. 친구는 정말 대단한 야구광이다. 반면에 나는 야구야말로 마음이 멍해질 정도로 지루한 운동이라고 생각한다. 그러나 친구는 단지 세 가지 행동(타자가 공을 놓치고, 몇 번은 공을 치기도 하고, 아니면 잘 치기도 하는 것)으로 이루어진 경기를 보면서 얼마나 재미있어 하는지 모른다. 나에게는 다른 동작이 보이지 않는다. 나는 야구 경기에 한 번도 가본 적이 없지만, 내가 야구를 좋아하지 않으리라는 것은 확실하다. 친구는 항상 나에게 야구장에 함께 가자고 사정한다. 나는 정말 그 친구가 그만 요구했으면 좋겠다. 그런데 어느 날, 마음이 약해져서 친구의 요구를 한번 들어주기로 한다.

내가 친구와 함께 야구장에 간다고 하면, 친구는 나에게 값이 싼 2달러짜리 표와 핫도그를 사줄 것이다. 우리는 뜨거운 오후에 2층 좌석에 앉았다. 친구는 더없이 기분이 좋을 것이고, 나는 그저 어리둥절하고 고민스럽다. 핫도그를 먹으면서 음료수를 마시고 있는데, 갑자기 우리 팀이 홈런을 친다. 우리는 뛰어 일어나서 서로 하이파이브를 한다. 나는 긴장이 풀어졌다. 홈런 때문에 흥분된 것이다. 아마도 나는 이제 야구를 좋아하게 될 것 같다. 내가 정말 야구 게임을 즐기고 있는 것일까? 내가 예상했던 일은 아니다.

친구는 나에게 한 번 더 야구장에 가자고 하고 나는 받아들인다. 이번에는 내가 2층 좌석 표와 핫도그를 산다. 나는 약간은 돈을 쓸 생각은 있지만, 야구광들이 앉아 있는 80달러짜리 1층 좌석 표를 구입할 정도는 아니다. 그렇게 하는 것은 아직까지는 나에게 너무

나 큰 헌신이다. 나는 야구를 좋아한다고 생각하지만, 헌신의 정도는 아직 수준이 낮다.

값이 싼 2층 좌석에서 여러 번 경기를 관람하고 우리 팀이 홈런을 쳐서 공이 구장을 벗어나는 것을 보면서, 야구에 대한 나의 열정은 점점 커진다. 이제 80달러짜리 좌석이 비싸게 생각되지 않는다. 결국, 나는 1층 좌석에서 파울볼을 잡는다. 야구복과 모자, 가죽 글러브까지 구입했다. 열광적인 팬이 된 것이다. 한 이닝도 놓치지 않기 위해 시즌 티켓을 구입할 정도로 내 열정은 대단해진다. 직장 동료들은 내가 야구광임을 알고 있다. 나는 야구에 대해서 많은 이야기를 한다. 하루는 소프트볼 리그에 가입하기로 결심한다. 야구 경기를 해볼 수 있는 좋은 방법이다. 언제라도 경기를 했으면 좋겠다. 내 아이들에게도 경기하는 방법을 가르치고 싶다.

각 단계를 거치면서 나는 점점 더 많은 것을 헌신하고 있다. 처음에는 회의적이었지만, 지금은 모든 것을 바칠 정도로 헌신적이다. 하룻밤 사이에 그 단계에 도달한 것은 아니다. 단계별로 지금까지 온 것이다.

많은 사람들이 그리스도를 영접하게 되고 교회의 일원이 되면서 이와 똑같은 단계를 거치게 된다. 바로 당신의 경우도 그렇지 않은가? 나는 내가 교회에 절대로 발을 들여놓지 않을 것이라고 생각했었다. 한 친구가 간청을 하면서 그리스도에 대한 열정을 나에게 말해주었다. 나는 결국 교회에 한번 가보기로 동의했고, 교회에 가서 앉아있는데 마치 스바 여왕처럼 온전히 비워졌다가 온전히 채워지는 것을 동시에 경험했다. 교회에 무엇인가가 있음을 보았다. 목사님의 말씀은 내 안에서 마치 홈런을 치는 것과 같았다. 말씀은 나에게 영감을 주었다. 나는 회심했다. 나는 내 삶을 그리스도에게 드렸다. 나는 비싼 값을 지불하고 '헌신과 책임감의 자리'에 앉았다. 기독교 티셔츠와 가죽 성경도 구입했다. 하나님은 내 삶에서 일하고 계셨다. 직장 동료들이 내 변화를 알아차리기 시작했다. 그들은 내가 그리스도인이 되었다는 것을 알았다. 나는 교회에 등록함으로 내 헌신을 굳혔다. 나는 이제 사람들을 교회로 초청하기 시작했다. 하루는 하나님께서 나를 현장에서 사역하도록 부르셨다. 자리에만 앉아 있지 말고 참여하라고 도전을 주셨다. 내가 할 수 있는 것이라면 언제라도 봉사할 수 있도록 준비하고 있다. 내 친구들, 가족들, 어린이들이 그리스도 앞에 나오는 것을 보고 싶다.

구장 밖에서 관심을 갖지 않는 것, 2층 좌석에 앉아 평가하는 것, 1층 좌석에서 헌신하는 것, 운동장에서 활동하는 것, 이렇게 네 단계로 진행된다. 사도 바울에게 그러셨던 것처럼 하나님은 초자연적인 방법으로 우리를 놀라게 하셔서 마치 야구장 밖에서 운동장 안으로 빨리 뛰어 들어오는 것처럼 하기도 하신다. 그러나 대부분의 사람들은 오랜 시간 동안 이와 비슷한 성장과정을 겪게 된다. 하나님은 우리의 인식을 바꾸기 위해 우리와 함께 일하신다.

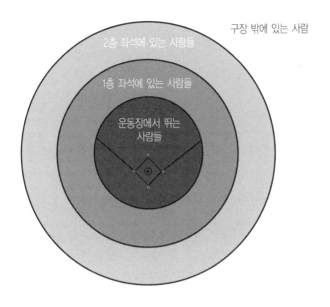

구장 밖에 있는 사람

2층 좌석에 있는 사람들

1층 좌석에 있는 사람들

운동장에서 뛰는
사람들

이제 하나님께서 이 일을 하신다는 것을 알았으므로 야구장 밖에 있는 사람들이 2층 좌석으로 들어올 수 있도록 우리가 할 수 있는 일은 무엇일까? 하나님과 함께 일하면서, 2층 좌석에 있는 사람들이 1층 좌석으로 내려와 헌신하도록 하려면 그들에게 무슨 말을 해야 할까? 1층 좌석에 있는 사람들이 운동장으로 내려와 팀을 위해 일하도록 도전을 주려면 우리는 어떻게 해야 할까?

앞서 말한 비유를 여러분도 경험한 적이 있을 것이다. 그리고 이런 야구 예화로 하나님 나라를 비하시키려는 의도가 전혀 없음도 이해할 것이다. 나는 다만 사람들의 인식이 다양한 시각에서 비롯된다는 것을 이해하기를 바랄 뿐이다. 불신자이든 헌신자이든 사람들이 처한 위치에서 그들을 올바로 도울 수 있는 방법을 안다면 성공 가능성은 커질 것이다. 항상 사람들이 다음 단계로 성장하도록 도전을 주어야 한다. 마케팅 계획을 세울 때, 설교를 준비할 때, 각 단계에 있는 사람들의 관점, 감정, 느낌을 고려해야 한다. 예를 들어, 설교가 이제 막 야구장 밖에서 들어온 사람들에게 적합한 것인가? 2층 좌석에 있는 사람의 경우에는 어떠한가? 하나님은 2층 좌석에 있는 사람들을 사랑하신다. 1층 좌석에 있는 사람들에 대해서는 어떠한가? 아마도 목회자들은 실제로 운동장에서 뛰고 있는 사람들을 위해서만 설교를 준비할지도 모른다. 그것이 제일 쉽기 때문이다. 그들의 목소리가 가장 크게 들리기 때문이다.

용어 정의

구장 밖에 있는 사람 outsiders : '구장 밖에 있는 사람들'은 현재 교회를 다니지 않는 지역사회 사람들이다. 교회에 대해 전혀 들어본 적이 없는 사람들부터, 교회에 와본 적은 있지만 자신과 관련이 있음을 전혀 느끼지 못한 사람들, 교회 일에 참여해보지 않은 사람들까지 포함한다. 이 단계에서 우리의 목표는, 이 사람들과 관계를 맺고, 교회 안에서 그들이 가치 있는 것을 발견하도록 돕는 것이다. 기본적으로 그들이 구장 안에 들어와 '2층 좌석'에 앉았을 때 감동적인 예배를 드릴 수 있도록 해야 한다. 그럴 수 있을 때 성도들도 편안한 마음으로 이들을 초청할 수 있다.

2층 좌석에 있는 사람들 Upper-deckers : '2층 좌석에 있는 사람들'은 교회를 처음 방문한 새신자 뿐만 아니라 교회를 평가하고 있는 사람들을 말한다. 이 사람들은 헌신하기를 주저하고 있고, 이 교회가 일반적으로 괜찮은 교회인지, 구체적으로는 바로 나에게 맞는 교회인지를 판단할 수 있는 근거를 찾고 있다. 성도들과 사회적으로도 대등하다는 느낌을 받기 원하고, 자신의 삶과 관련이 있으면서 그 너머 무엇인가에 대한 열쇠를 가지고 있다는 확신을 원한다. 이렇게 판단할 수 있는 과정을 갖게 하고 더 깊은 영적 성숙으로 나아가도록 도전을 주는 것이 중요하다. 1층 좌석에 내려가 헌신하지 않는다면 결국에는 교회를 떠날 수 있기 때문이다. 2층 좌석에 있는 사람들에게 다가갈 때는 인내하되 수동적이 되어서는 안 된다는 규칙을 지켜야 한다.

1층 좌석에 있는 사람들 Lower-deckers : '1층 좌석에 있는 사람들'은 그리스도와 교회에 헌신한 사람들이다. 책임감 있게 교회에 등록을 했거나 교회 출석과 헌금 등을 통해서 성도로 활동하고 있다. 그들에게 가장 필요한 것은 기초를 견고히 할 수 있는 제자훈련, 가르침, 성도 간의 교제이다. 2층 좌석에 있는 사람들처럼, 더 헌신적인 삶으로 들어가기 위해서는 상당한 시간이 필요하다. 그들을 대할 때도 인내하되 수동적으로 대해서는 안 된다. 운동장으로 내려가지 않고(자원봉사, 리더십 훈련 등) 1층 좌석에 너무 오래 머물러 있다면, 그리스도인으로서 깊이 있는 부분까지 영적으로 성장하지 못한다. 그리고 교회는 사역자가 부족하여 어려움을 겪게 된다.

운동장에서 뛰는 사람들 Players on the Field : 이 선수들은 참여하라는 부르심을 받아들인 사람이다. 변화되어 새로운 훈련을 받아서 다른 사람의 삶에 자신의 삶을 드리기로 헌신한 사람들이다. 건강한 교회는 이 사람들이 성장할 수 있도록 돕고 각자의 은사를 잘 개발할 수 있도록 다양한 단계별로 헌신할 수 있는 기회를 제공할 것이다.

상대방의 입장에서 생각하라

이제 이 예화를 마무리 지으려 한다. 몇 년 동안 야구를 하면서 자기에게 뛰어난 재능이 있음을 알게 된 사람이 있다. 소년 야구 리그에서부터 대학을 거쳐 이제는 메이저 리그 경기에서 뛰게 되었다. 이 떠오르는 스타를 상상해보자. 그는 놀란 라이언Nolan Ryan이다. 그는 로저 클레멘스Roger Clemens이다. 그는 랜디 존슨Landy Johnson이다. 일곱 경기로 치루어지는 월드 시리즈 경기장이다. 경기를 시작하기에 앞서 미국 대통령이 시구를 한다. 그래미 상을 받은 가수가 장엄하게 국가를 부른다. 경기는 막상막하였다. 9회 말이다. 양팀이 팽팽하게 대립하고 있다. 랜디 존슨이 마운드에 오른다. 일생일대의 순간이다. 그는 있는 힘을 다해 공 하나하나를 던지고, 팬들은 그를 응원한다. 이렇게 되기까지 수십 년이 걸렸다. 그는 야구와 더불어 먹고 마시고 잠을 잤다. 친구들은 모두 야구를 좋아하는 사람들 뿐이고 그가 경기하는 모습을 좋아하고 존경한다. 이제 풀 카운트(3볼, 2스트라이크)이다. 투 아웃이다. 스트라이크 하나면 이긴다. 다른 공은 실패를 의미할 뿐이다. 세계 모든 사람들이 이 투구를 보기 위해 집중하고 있다.

지금, 랜디 존슨은 자기가 야구를 시작하기 전에 자신의 모습이 어떠했는지 기억할 수 있을까? 경기에 가본 적도 없고, 야구 방망이에 공이 맞는 소리를 들어본 적도 없고, 야구공의 가죽 냄새를 맡아본 적이 없는 사람들과 랜디 존슨이 친구가 될 수 있을까? 이와 비슷하게, 영적인 세상에서만 살아온 목회자, 교회와 더불어 먹고 마시고 잠을 자는 목회자, 하나님을 사랑하고 그가 설교하는 모습을 사랑하고 존경하는 친구들만 있는 목회자, 말 한마디로 박수 갈채를 받는 설교를 하는 목회자, 그들이 교회에 처음 온 새신자들이 어떠한 상황에 있는지, 하나님을 모른다는 것이 어떠한 것인지를 기억할 수 있을까? 처음으로 생명의 말씀을 들었을 때 어떤 기분이었는지 기억할 수 있을까?

교회 안에서 저 멀리 한쪽 구석에 앉아 있는 사람들의 삶에서 일어나는 일을 절대 잊지 않도록 나는 항상 기도한다. 주일이면 이러한 새신자들은 가장 주목을 받지 못하고 무관심하게 지나치기 쉬운 사람들이다. 우리는 운동장 가까이에 있는 사람들이 보내주는 박수를 보고 움직이는 경향이 있다. 그러나 좋은 투수는 모든 수준에 있는 사람들이 다 즐길 수 있는 좋은 경기를 할 줄 아는 사람이다.

예수님은 이것을 이해하셨다. 예수님은 다른 사람의 입장에서 복음을 전하면서도, 항상 사람들에게 더 성숙하도록 도전을 주시는데 전문가셨다. 요한복음 5~6장에 기록된 대중들에 대한 예수님의 사역을 기억하는가? 예수님은 비유와 이야기로 사람들에게 도전을 주셨다. 예수님은 그들을 먹이기도 하셨다. 예수님을 보고 있는 모든 사람들에게 기적은 마치 홈런을 치는 것과 같았다. 예수님은 2층 좌석에 앉아 있는 사람들을 영적으로 격려하셨다. 예수님은 갈릴리 바다를 건너가셨다. 모든 사람이 예수님을 따른 것은 아니지만 큰 무리가 그분을 따랐다. 그들은 다음 단계로 나아갔다. 그들은 더 헌신하여 1층 좌석으로 나아갔다. 예수님은 그곳에서 그들을 가르치셨다. 예수님은 사역의 깊이와 강도를 높이셨다. 많은 사람들이 주저했다. 1층 좌석에 남아 있으려는 사람들과 운동장으로 나아가려는 사람들을 알아볼 수 있는 시기였다. 예수님의 다음 설교 주제는 살을 먹고 피를 마시는 것이었다. 어려운 말씀이었다. 영적으로 분별해야 하는 말씀이었다. 오직 예수님께 인생을 건 제자들만이 예수님의 말씀을 이해할 수 있었다.

예수님은 청중에 따라 설교 주제와 방법을 다르게 조정하셨다. 예수님은 사람들의 입장에 서서 그들의 수준에 맞게 말씀하셨다. 예수님은 그들의 입장을 이해하셨다.

예수님은 자신이 상대하는 사람에 따라 목회 스타일을 달리 하셨다. 예수님은 사람들의 상황에 맞게 목회를 하셨다. 그러면서도 항상 그들이 믿음의 다음 단계로 나아가도록 도전을 주셨다. 청중에 따라 설교 주제와 방법을 다르게 조정하셨다. 예수님은 사람들의 입장에 서서 그들의 수준에 맞게 말씀하셨다. 예수님은 그들의 입장을 이해하셨다.

성도들의 영적 성장 과정을 재설계하라

고등학교를 졸업하고 대학에 입학하기 전까지 나는 교회 친구와 함께 사무실 청소하는 일을 했었다. 우리는 밤에 청소를 했는데, 대개 오후 8시에 시작해서 새벽 2~3시가 되어야 끝이 났다. 청소는 세상에서 가장 재미없는 일 중의 하나이다. 사실, 내가 18년 동안 하기 싫어했던 일을 다른 사람을 위해 하려고 하는 생각에 어머니가 기절하지 않으신 것이 이상했다. 재미있는 일은 내가 청소를 아주 잘했다는 것이다. 사람들에게 많은 칭찬을 듣지는 않았지만, 내 생각에 나는 청소 전문가였다.

나는 나만의 청소 방법을 개발했다. 다소 무례할 수 있지만, 내 생각을 잘 전달하기 위해 잠시 화장실 청소에 대해 이야기하려고 한다. 화장실 변기를 청소하려고 사무실에 왔을 때, 나는 내가 최고라는 것을 확신했다. 그 이유는 간단하다. 다른 사람들이 화장실 청소하는 것을 보았는데 대개 이런 식으로 청소를 한다. 화장실 문을 열고, 문을 닦고, 변기에 물을 뿌려 닦고, 그렇게 하면 끝이다.

나만의 '뛰어난' 방법은 이것이다. 화장실 문을 열고 들어가 변기 뚜껑 위에 앉아본다. 그 자리에서 나는 화장실 안에서 고려해야 할 가장 중요한 관점이 있다는 것을 깨달았다. 그것은 바로 변기에 앉아 있는 사람의 관점이다. 변기에 앉아 있는 사람은 대개 벽을 보면서 시간을 보내기 마련이다. 내가 하루 종일 청소를 하더라도 그곳에 앉아 있는 사람의 시각에서 화장실이 깨끗하지 않으면 문제가 있는 것이다. 사실 다른 관점은 별로 중요하지 않다. 나는 변기를 닦고 벽을 닦는 것으로 청소를 끝낸다. 가장 깨끗한 화장실로 말이다.

이것을 생각해 본다면, 우리도 목회를 하면서 상대방의 자리에 앉아볼 필요가 있다. 교회를 처음 방문한 사람의 관점에서 교회 전체를 둘러볼 필요가 있다. 문에 서 있을 때, 강대상 뒤에서, 유아실에서 보면 모든 것이 다 좋아보일지 모른다. 그러나 교회에서 가장 중요한 것은 그 자리에 앉아 있는 사람들에게 다가가는 방법이다.

사람들은 외모를 본다. 사람들이 무엇을 보고 있는가를 이해하기 위해서 우리도 외적인 모습을 살펴보아야 한다.

교회 앞 길거리에서 구걸하는 노숙자처럼 옷을 입은 목사님들에 대해 들어본 적이 있다. 목사님인줄 모르고 성도들과 직원들이 그들을 하찮게 대하는 모습을 보고 그 목사님들은 정말 놀랐다. 입장을 바꾸어 보는 것으로 배운 것이다.

사람들은 외모를 본다. 사람들이 무엇을 보고 있는가를 이해하기 위해서 우리도 외적인 모습을 살펴보아야 한다.

교회가 완벽한 슬로건을 만들기 위해 수년 간 노력한다는 이야기를 들은 적이 있다. 마치 그 슬로건이 교회성장의 열쇠가 될 것처럼 말이다. 이런 말을 들은 적이 있다. "오랫동안 우리가 누구인지, 핵심 성경구절을 무엇으로 할 것인지, 지역사회에 대한 우리의 정체성을 어떻게 정의할 것인지를 의논하고 있습니다." "소망의 교회", "능력의 교회", "타협하지 않는 말씀이 있는 교회"라는 이미지를 알리기 위해 호화로운 소책자를 만들고 공들인 홍보활동을 하는데 수천 달러를 소비하기도 한다. 그러나 교회 밖에 있는 사람들은 그런 슬로건을 듣고 "그래? 그것이 나와 무슨 상관이 있는데?"라고 말할 뿐이다.

그런 교회들이 지역사회의 잃어버린 영혼들을 이해하기 위해서는 얼마나 많은 시간을 투자하고 있을까? 불신자들의 필요, 소망, 기쁨, 고통을 알기 위해 얼마나 시간을 드리고 있을까? 불신자들이 교회에서 무엇을 필요로 하는지 알고 있을까? 예수님께서 그러셨던 것처럼 그들과 함께 먹고 있을까? 불신자들의 시각에서 교회를 보기 위해 교회 밖을 나가보았을까? 그들에게 중요한 것을 중심으로 교제해본 적이 있을까? 일반적으로 지역사회는 교회가 자기 자신을 어떻게 생각하는지에 별로 관심이 없다. 이것도 알지 못한 채 자기가 어떤 교회인지에 대해서만 정신없이 홍보활동을 하고 있는 교회들이 이 세상에는 많이 있다. 그것은 불신자들의 필요와는 상관이 없다. 이런 교회는 마치 무도회를 위해 잘 차려입고도 사랑을 호소하고 데이트를 신청하는 일은 잊어버린 것과 같다.

오해하지 않기를 바란다. 교회로서의 정체성을 아는 것은 중요한 일이다. 그러나 우리가 누구인가 하는 것은, 다른 사람들이 처한 상황에서 그들과 관계를 맺는데 도움이 될 때에만 효력이 있을 뿐이다. 한 사람을 얻기 위해 그 사람처럼 되라. 교회와 사람들 사이를 선으로 연결하라.

성도들의 영적 성장을 위한 과정church promotion process 어떻게 재설계할 수 있을까? 교회 지도자로서, 사람들이 처한 자리에서부터 시작하라. 사람들의 수준에 맞추라. 그들의 자리에 앉아보라. "여러 사람에게 내가 여러 모양이 된 것은 아무쪼록 몇몇 사람들을 구원코자 함이니"(고전 9:22).

"사람은 외모를 본다."는 말을 먼저 이해해야 사람들과 관계를 맺을 수 있는 능력을 실제로 갖출 수 있다. 우리는 솔로몬의 성전과 그의 새신자인 스바 여왕에 대한 이야기를 앞서 살펴보았다.

다양한 영적 단계에 있는 사람들을 목회하는 문제에 대해서도 이야기했다. 2층 좌석에 앉은 사람들이 평가하고, 1층 좌석에 있는 사람이 헌신하고, 운동장의 선수로서 활동하는 것은 당연한 일이다. 사람들이 이와 다르게 행동하기를 기대할 수는 없다. 각 단계에서 할 수 있는 경험을 최대한으로 누릴 수 있도록 이 지식을 어떻게 사용하면 좋을까?

사람들이 보는 것을 우리도 보기 위해서, 우리는 자리를 바꿔서 앉아보아야 한다. 잠시 교회 밖으로 나가서 마치 처음 온 새신자처럼 교회를 둘러보기를 바란다. 이 지역에 사는 불신자가 되어보라. 잠시 동안 그들이 가진 삶의 문제와 선입견이 무엇인지 생각해 보라.

이제 교회가 어떻게 보이는가? 어떤 느낌이 드는가? 그것을 기록하라.

교회가 호감을 주고 있는가 아니면 겁을 주고 있는가? 사회적으로 낮은 계층에 있는 사람이라면 어떤 느낌을 받겠는가? 높은 계층에 있는 사람이라면? 주차한 곳이 어디인지 알 수 있겠는가? 옷은 어떻게 입어야 하는가? 자녀들은 어디로 데려다주어야 하는가? VIP처럼 환대받고 있는가 아니면 이방인처럼 대우받고 있는가? 교회를 방문한 사람들을 편안하게 해줄 수 있는 방법을 기록해보라. 더 나아가 보자. 마치 새신자만을 위해 모든 일을 준비한 것처럼 느끼게 하려면 어떻게 하면 될까? 스바 여왕이 메시지를 듣기 전에 많은 것을 느꼈던 것처럼 교회도 그렇게 할 수 있을까?

교회 안에서 하는 말들을 이해할 수 있는가? 2층 좌석에 앉아 있는 사람들에게 영감을 줄 수 있는 목회가 이루어지고 있는가? 1층 좌석에 앉은 사람들에게, 아니면 운동장의 선수로 뛰고 있는 사람들에게 도전을 주고 있는가? "공이 방망이에 맞는 소리"가 들리고, 교회가 당신이 기대한 것 이상임을 보고 있는가? 교회 안에는 모든 사람들의 삶을 변화시킬 만한 지혜가 있는가?

방문자들이 교회에 대해 생각할 수 있는 것을 모두 기록해보라. 팀과 함께 이야기해보라.

이제 사람들이 교회를 어떻게 생각해주기를 바라는지를 기록하라.

각 단계별로 이것을 이룰 수 있는 방법에 대해 의견을 나누어보라.

04

목표 대상을
이해하라

몇 년 전에, 한 교회가 우리 마케팅 회사에 전화를 해서 기독교 고등학교를 세우려고 하는데, 젊은 십대들이 이 새로운 학교에 대해 흥미를 가질 수 있도록 '멋진' 티셔츠를 디자인해줄 수 있는지 물어왔다. 다소 특이한 제안이었다. 흥미를 끌기위해 티셔츠를 활용한다는 아이디어에 나도 금방 관심을 가졌던 기억이 난다.

학교 설립을 주도하는 부목사와 의견을 나누었다. 그 교회는 다른 대행사를 통해 학교 설립 마케팅에 이미 15만 불 이상의 돈을 쓰고 있었다. 그러나 개교하기까지는 두 달 밖에 남지 않았는데, 관심을 보이는 학생은 두 명 뿐이었다. 학교를 시작하려면 적어도 32명의 학생이 필요했다. 그 부목사의 목소리에서 절망감을 느낄 수 있었다. 5천 명 이상의 교인이 모이는 교회가 고등학교 설립이라는 진심어린 비전을 이루기 위해 위험을 자초한 것이다. 매우 영리해 보이는 부목사에게 광고를 위해 사용하고 있는 자료들의 견본을 보내달라고 요청했다.

그 자료를 받아 보았을 때, 문제가 무엇인지를 알았다. 나는 부목사에게 전화해서, 우리는 티셔츠를 디자인하는 일에는 관심이 없다고 말했다. 부목사는 당황했다. 나는 부목사에게 이 문제는 티셔츠로 해결될 수 없으며 마케팅 계획이 필요하다고 말했다. 부목사는 이전의 계획대로 예산을 다 소비했지만 효과가 없었다고 말했다. 나는 믿음과 끈기로 다시 시작해보자고 제안했다. 여러 개의 대상그룹focus group을 만들어 그들을 상대로 계획을 실행해보자고 제안했다. 우리의 제안과 시행 방향이 가치가 있다고 생각한다면 교회가 우리에게 비용을 지불하고, 그렇지 않다면 그 비용은 우리가 떠맡기로 했다. 그러니 교회가 거절할 수 있었겠는가?

긴 이야기를 짧게 요약하면, 우리는 하루하고도 반나절을 중학생(새로운 고등학교에 들어올 잠재 학생들)에 대해 연구하고 그들의 세계를 이해하는데 보냈다. 우리는 우리가 연구한 것을 토대로 그 학생들에게 학교를 선명하게 보여줄 수 있는 계획을 세웠고, 계약을 체결했다.

우리의 도움으로 그 교회는 그들의 관심 대상인 그리스도인 십대들이 어느 고등학교로 진학할 것인지를 결정할 때 일반적으로 부모에게 영향력을 행사할 수 있음을 알게 되었다. 우리는 커뮤니케이션 전략, 구체적인 '디자인', 그리고 구체적인 홍보 방법에 대해 전반적인 계획을 세웠다. 교회가 꿈꾸고 있는 새로운 학교에 대해 학생들과 부모들의 관심을 끄는 전략적 커뮤니케이션을 실행하기 위해서는 적어도 1만 달러가 필요했다.

우리는 그 계획을 실행했다. 학교는 두 달이 지나기 전에 36명의 학생들을 모집하게 되었다. 교장은 학교를 시작할 수 있도록 도와준 것에 감사하는 편지를 보내왔다.

마케팅 대상을 이해하는 것을 대신할 수 있는 방법은 없다.

이해하지 못하면 큰 손실이 따르게 된다.

지금 그 학교는 기독교 교육에 대한 훌륭한 본보기가 되고 있다. 나는 최근에 그 학교를 방문하여 우리가 계획한 디자인과 커뮤니케이션 전략이 학교의 거의 모든 분야에서 잘 이루어지고 있음을 보았다. 에너지가 느껴졌다. 학생들은 학교에 대해 자부심을 가지고 있었다. 나는 학교를 멋지게 만든 회사의 사장으로 스페인어 수업시간에 소개되었다. 학생들은 기립 박수를 보내주었다. 나는 눈물이 났다. 마케팅 대상을 이해하는 것을 대신할 수 있는 방법은 없다. 이해하지 못하면 큰 손실이 따르게 된다.

대상 마케팅(Target Marketing)에 대한 성경적 기초

마케팅이 인식을 관리하고 경영하는 것이라면, '대상 마케팅' target marketing이란 무엇일까? 웹스터 사전에 의하면, '대상' target은 "행동이나 사건에 의해 영향을 받거나 변화되는 사람"을 말한다. 이 두 단어를 조합하면, '대상 마케팅'이란 한 사람 또는 어떤 그룹의 인식을 관리하고 경영하기 위해 구체적인 대상을 목표로 삼는 것을 말한다. 이것이 성경적으로 맞는지 궁금할 것이다.

바울의 말씀을 다시 한 번 살펴보자. "유대인들에게는 내가 유대인과 같이 된 것은 유대인들을 얻고자 함이요 율법 아래 있는 자들에게는 내가 율법 아래 있지 아니하나 율법 아래 있는 자같이 된 것은 율법 아래 있는 자들을 얻고자 함이요 율법 없는 자에게는 내가 하나님께는 율법 없는 자가 아니요 도리어 그리스도의 율법 아래 있는 자나 율법 없는 자와 같이 된 것은 율법 없는 자들을 얻고자 함이라 약한 자들에게는 내가 약한 자와 같이 된 것은 약한 자들을 얻고자 함이요 여러 사람에게 내가 여러 모양이 된 것은 아무쪼록 몇몇 사람들을 구원코자 함이니"(고전 9:20~22).

왜 바울은 모든 설명을 생략하고 "여러 사람에게 여러 모양이 되었다."라고 말하지 않았을까? 바울은 시간이 걸려도 일부러 사람들을 분류하고 있는 것처럼 보인다. 공통적인 성향에 따라 사람들을 그룹별로 나누고 있다. 유대인이라고 다 똑같은 유대인이 아니다. 약한 사람들이라고 모두 다 같은 약점을 가지고 있지는 않다. 바울은 두 가지 사항을 말하고 있다. ⑴ 모든 사람들이 같은 관점에서 복음을 보는 것이 아니다. ⑵ 어떤 유형의 사람들은 비슷하게 생각하거나 비슷한 관점을 가지는 경향이 있다.

바울이 사람들에 대해 편견을 가진 것이 아니다. 부정적으로 전형적인 틀에 맞추어 넣는 것이 아니다. 사람들의 관점과 생활양식에 근거하여 그들을 분류하고 있을 뿐이다. 내가 이런 말을 하다니 믿을 수가 없다! 그러나 여러분 자신을 위해서 계속 읽어 나가기를 바란다. 이것은 사실이다. 바울은 민족적 배경(유대인), 영적인 헌신(율법 아래 있는 자), 영적인 무지(율법 없는 자), 그리고 정신적인 또는 경제적인 필요(약한 자)에 따라 사람들을 나누었다. 사람들이 어떤 모습으로 살고 있는지를 아는 것은 그들의 수준에 맞춰 복음을 전하는데 도움이 되었다.

바울의 사역을 생각할 때, 각기 다른 배경의 여러 사람들에게 복음을 능숙하게 전했다는 사실이 놀랍지 않은가? 사도행전에 나타난 바울의 행적을 살펴보면, 여러 다양한 지역의 사람들과 만나면서 행했던 커뮤니케이션이 수정처럼 명확하다는 것을 알 수 있다. 아덴에서 행했던 바울의 사역을 살펴보자.

> "바울이 아레오바고 가운데 서서 말하되 아덴 사람들아 너희를 보니 범사에 종교성이 많도다(I perceive) 내가 두루 다니며 너희의 위하는 것들을 보다가 알지 못하는 신에게라고 새긴 단도 보았으니 그런즉 너희가 알지 못하고 위하는 그것을 내가 너희에게 알게 하리라 우주와 그 가운데 있는 만유를 지으신 신께서는 천지의 주재시니 손으로 지은 전에 계시지 아니하시고" (행 17:22~24).

이 말씀에 "바울이 알았다"I perceive는 문장이 있다. 정말 놀라운 일이다. 많은 우상과 거짓 신을 섬기고 있는 사람들을 바울이 호되게 꾸짖지 않았다는 사실에 주목하라. 단 한 분이신 참 하나님을 소개하기 위해 첫머리를 시작하면서, 바울은 실제로 그들의 많은 신에 대해 칭찬하고 있다. 충격적이지 않은가? 바울의 사역에는 열매가 있었고, 바울은 계속해서 고린도로 나아갔다.

> "업이 같으므로 함께 거하여 일을 하니 그 업은 장막을 만드는 것이더라 안식일마다 바울이 회당에서 강론하고 유대인과 헬라인을 권면하니라" (행 18:3~4).

이 말씀을 믿을 수 있는가? 신약의 3분의 2를 기록한 위대한 목회자인 바울이 사람들의 수준에 맞게 제자훈련하기 위해 장막 만드는 일을 하고 있다. 설교할 때도 유대교의 사고방식을 가지고 있는 사람들에게는 그에 맞게 목회했으며, 헬라의 사고방식을 가진 사람들에게는 상황에 따라 목회의 일부분을 수정했다.

바울은 여러 다양한 방법으로 목회하면서, 접근방법을 바꾸면서, 청중이 누군가에 따라 이론적으로 설득하면서 이 도시에서 저 도시로 선교여행을 다녔다. 예루살렘에서 바울은 대중에 대한 발전된 인식과 발 빠른 반응을 보여준다.

"바울을 데리고 영문으로 들어가려 할 그때에 바울이 천부장더러 이르되 내가 당신에게 말할 수 있느뇨 가로되 네가 헬라말을 아느냐 그러면 네가 이전에 난을 일으켜 사천의 자객을 거느리고 광야로 가던 애굽인이 아니냐 바울이 가로되 나는 유대인이라 소읍이 아닌 길리기아 다소성의 시민이니 청컨대 백성에게 말하기를 허락하라 하니" (행 21:37~39).

더 나아가서 바울은 말한다.

"바울이 그 한 부분은 사두개인이요 한 부분은 바리새인인 줄 알고 공회에서 외쳐 가로되 여러분 형제들아 나는 바리새인이요 또 바리새인의 아들이라 죽은 자의 소망 곧 부활을 인하여 내가 심문을 받노라" (행 23:6).

부활이라는 주제에 대해 서로 반대 의견을 가지고 있는 대중들에게 바울은 통찰력을 발휘하였고 사람들은 당황했다. 그리고 바울은 헬라어를 사용하여 기회를 얻어 자기 자신이 누구인지에 대한 천부장의 인식을 바꾸고 있다. 바울은 그때부터 히브리 방언으로 사람들에게 설교하면서 완전히 주목을 받았다. 게다가 사도행전 22장 28절에서 바울은 죄를 추궁하는 천부장에게 자신이 로마 시민임을 밝힘으로서 기소당하는 것을 유예시키고 자신의 사명을 이룰 수 있는 기회를 얻는다.

바울은 전도 대상에 따라 계속해서 자신의 메시지를 바꾸었다. 방언, 사고방식, 민감한 주제에 상관없이 그들의 언어로 말하는데 능숙했다.

바울의 이야기를 하다보니 PBS 방송에서 보았던 "Merchants of Cool"(최고의 상인들)이라는 탁월한 프로그램이 생각난다. 이 다큐멘터리는 십대들을 대상으로 마케팅하는 미국 최고의 브랜드가 상품을 팔기 위해 "근사한 청소년들"cool kids의 호감을 얻으려고 사용한 방법에 대한 그들의 철학을 다루었다. MTV 마케팅 담당 이사는 이렇게 말했다. "성공하는 회사는 아이들의 언어로 최상의 것을 말하는 방법을 아는 회사라는 것을 배웠습니다." 이제 바울에 대해 다시 생각해보자. 바울은 전도 대상에 따라 계속해서 자신의 메시지를 바꾸었다. 방언, 사고방식, 민감한 주제에 상관없이 그들의 언어로 말하는데 능숙했다. 주위의 모든 사람들에게 인식을 심어주고, 사람들을 회심시키고, 주의를 끌고, 관심을 이끌어내기 위해 그렇게 한 것이었다. 바울은 대상 마케팅의 대가였다.

더 나아가, 바울은 자신이 목회했던 사람들에게 계속해서 편지를 보냈다. 신약 전체의 균형을 유지하면서도 각 편지마다 다양성이 있음을 주목해보라. 바울은 같은 편지를 똑같이 복사해서 자신이 알고 있는 모든 사람들에게 보내지 않았다. 사람들이 영적으로 어떠한지, 그리고 어떠한 삶을 살고 있는지에 기초해서 편지를 썼다. 영적으로 어린 사람들을 비웃지 않고, 믿음의 다음 단계로 나아가도록 교회와 사람들에게 도전을 주었다. 고린도 교회에 보내는 메시지는 로마 교회나 빌립보 교회에 보내는 편지와 전혀 다르다. 바울은 대상에 따라 다른 마케팅을 했기 때문이다. 바울은 개인이나 교회가 처한 상황에 따라 그들의 인식을 관리하고 경영하는 것을 구체적인 목적으로 삼았다.

인구통계(demographics)의 활용

지금 우리는 바울이 아시아를 여행하면서 경험했던 그 상황과 동일한 시대에 살고 있다. 라디오 채널 네 개와 텔레비전 채널 세 개만 있던 시대는 지나갔다. 마치 바울이 경험했던 것처럼, 사고방식과 생활양식이 예전과는 비교할 수 없을 정도로 다양해졌다. 바울의 선교대상은 민족적으로, 정신적으로, 경제적으로, 종교적으로,

문화적으로 아주 세분화되어 있었다. 지역사회 안에 존재하는 생활 양식에 대한 통찰력을 갖는 것은 교회 밖에 있는 사람들을 효과적으로 전도하는데 아주 탁월한 방법이다. 이 방법은 성도들을 섬기는데도 큰 도움이 된다.

> 지역사회 안에 존재하는 생활양식에 대한 통찰력을 갖는 것은 교회 밖에 있는 사람들을 효과적으로 전도하는데 아주 탁월한 방법이다.

(바울이 했던 것처럼) 사람들을 일정한 범주로 분류하는 이유는 우리가 전도하려고 하는 사람들을 더 깊이 이해하기 위한 노력임을 기억해야 한다. 다른 사람의 시각에서 삶과 교회를 바라보기 위한 것이다. 우리는 그들의 행동과 판단을 지배하는 준거(準據) 기준을 이해해야 한다. 예를 들어, 자녀가 있는 부부는 자녀가 없는 사람과는 다르게 인생을 바라본다. 부유한 가정에서 성장한 사람들과 저소득층 가정에서 성장한 사람들은 일반적으로 서로 다른 세계관을 가지고 있다. 이사를 자주 다니는 군인 가족들은, 자신이 성장한 바로 그 집에서 자기 자녀를 기르는 사람들과는 다르게 사물을 바라본다.

이러한 생활양식의 다양성을 어떻게 하면 더 잘 이해할 수 있을까? 한 가지 방법은 '인구통계' demographics이다. 웹스터 사전에 따르면, 인구통계는 "인구와 인구 분포의 특성, 특히 소비자 시장을 파악할 때 사용된다." 인구통계는 숫자이다. 공부를 해보면 이

숫자로 많은 사실을 알 수 있다. 문화를 이해하지 못한 채 외국어만을 배운다고 해서 유창해질 수 없는 것처럼, 통계적인 숫자도 개인적인 상호작용을 대신할 수는 없다. 그러나 흥미로운 역동성을 파악할 수 있는 통찰력을 가지게 된다. 인구통계를 조사해보면, 지역사회가 재정적으로 무일푼인지, 부유한지, 많은 빚을 지고 있는지, 또는 경제활동이 소극적인지를 알 수 있다. 인구통계로 사람들의 필요, 생활양식, 사고방식에 대한 통찰력을 얻을 수 있다.

전형적인 인구통계 자료에 대한 몇 가지 예가 있다. 이러한 자료들은 우편번호 밑으로 구분되어 있거나 일정한 모양이나 관습대로 이웃들의 수준을 뜻하고 있음을 알 수 있을 것이다.

- 가구 소득
- 인구 성장
- 연령 분포
- 노동 산업
- 인종 분포
- 가구 크기
- 자동차 수
- 전세 혹은 자기 소유
- 한 해에 새로 생긴 가구의 수
- 생활비
- 직장까지의 거리
- 학력 수준
- 주택에 대한 보유 기간

- 이주 형태
- 수입의 한 부분으로서의 융자
- 위의 자료에 있어서 오랜 기간에 걸친 경향 또는 변화

셀 수 없을 정도로 많은 범주의 자료가 있을 수 있다. 그러나 대부분의 경우에, 이런 목록은 좋은 출발점이 될 것이며, 비용을 지불하지 않고도 지역의 상공회의소와 미국 정부가 제공하는 인구센서스 자료를 이용할 수 있다. 인터넷에서 '인구통계'와 지역 이름을 함께 검색하기만 해도 귀중한 정보를 얻을 수 있다. 자료를 수집하고 검토해서 깊이 생각해본다면, 일정한 유행과 경향이 있음을 알 수 있을 것이다. 이 일은 가치 있는 일이며 상대적으로 좋은 정보를 얻을 수 있다. 선거 여론조사와 비슷하다고 생각하면 되는데, 근접하기는 하지만 정확하지는 않음을 염두에 두기 바란다.

인간의 기본적인 필요

인간의 본질을 이해하는데 가장 핵심적인 측면 중 하나는 사람들이 진짜로 원하는 것을 판단하는 일이다. 우리는 모든 사람들이 궁극적으로 하나님을 가장 '필요로' 하고 있음을 알고 있다. 그러나 한편으로 사람들은 기본적인 생리적, 심리적 필요를 가지고 있다. 인간의 욕구를 이해하는데 필수적인 중요한 자료가 1930년대에 아브라함 매슬로우Abraham Maslow에 의해 정리되었다. 이 자료는

'영적인 필요'의 목록이 아니다. 기본적인 인간의 필요(욕구)에 대한 목록이며, 사람들이 무슨 문제로 씨름하고 있는지를 범주화하는데 매우 유용하다. 이 목록은 사람들이 기본적인 욕구의 단계를 가지는 경향이 있다고 가정한다. 각각의 단계는 그 전 단계를 기반으로 한다. 이 목록이 원칙이나 교리가 아님을 기억하라. 사람들의 필요를 범주화하는데 도움이 되는 한 가지 방법일 뿐이다. 영적인 목록은 아니지만, 새로운 안목을 갖게 한다.

매슬로우의 욕구 5단계

1단계 – 생리적 욕구(음식/의복)

    갈증, 배고픔 해소에 대한 욕구

    잠에 대한 욕구

    고통 해소에 대한 욕구

    생물학적, 정신적, 사회적 균형에 대한 욕구

2단계 – 안전의 욕구(보호/안전)

    안전에 대한 욕구

    보호에 대한 욕구

    위험으로부터의 보호에 대한 욕구

    질서에 대한 욕구

예측 가능한 미래에 대한 욕구

3단계 – 사랑과 소속감에 대한 욕구(애정)

　　친구에 대한 욕구

　　동료에 대한 욕구

　　가족에 대한 욕구

　　그룹과의 동일시에 대한 욕구

　　친밀감에 대한 욕구

4단계 – 자존심의 욕구(신분/지위)

　　존중에 대한 욕구

　　타인의 좋은 의견에 근거한 확신에 대한 욕구

　　존경에 대한 욕구

　　자기 확신에 대한 욕구

　　자기 가치에 대한 욕구

　　자기 용납에 대한 욕구

5단계 – 자아실현의 욕구

　　개인의 능력 실현에 대한 욕구

　　개인의 잠재력 개발에 대한 욕구

　　자신이 가장 적합하다고 생각하는 일을 하는 것에 대

　　한 욕구

성장하고, 성장욕구meta-need를 확장시키는 것에 대한 욕구: 진리를 발견하고, 아름다움을 창조하고, 질서를 만들고, 정의를 실현하는 것.

이 이론이 대상 마케팅에 어떻게 영향을 미칠까? 이것을 상황에 적용시켜보자. 다음 끼니를 어떻게 해결해야 할지 모르는 사람들을 대상으로 목회할 때, 하나님께서 그들의 삶에 위대한 계획을 가지고 계신다는 것을 설명하는 것으로는 그들을 전도하기 어렵다. "당신의 삶에 대한 위대한 계획"과 같은 메시지를 가르치는 것은, 1단계 욕구를 5단계 욕구의 해결책으로 채워주려는 것과 같다. 반대로, 강한 소속감을 가지고 있고(3단계 욕구), 정말 자기 확신에 찬 사람들(4단계 욕구)로 이루어진 능력있는 사람들의 모임에서, "하나님은 여러분의 가난의 문제를 해결해 주십니다."라고 말해서는 그들의 마음을 얻지 못한다. 1단계, 혹은 2단계 욕구에 근거한 목회는 그들과 상관이 없다. 이 두 가지 경우에, 사람들은 그런 정보를 받아들일 만한 처지에 있지 않다. 마치 길가에 떨어진 씨와 같거나 토양이 준비되지 않아서 다른 씨들과 같이 자라게 된다(막 4장). 지혜로운 농부는 다양한 토양의 특성을 이해하고 뿌리를 잘 내릴 수 있는 가장 좋은 때에 씨를 뿌릴 줄 안다.

지혜로운 농부는 다양한 토양의 특성을 이해하고 뿌리를 잘 내릴 수 있는 가장 좋은 때에 씨를 뿌릴 줄 안다.

잠시 다음 사항을 곰곰이 생각해보자. 성도들의 필요는 무엇인가? 그들은 1단계, 2단계, 3단계, 4단계, 아니면 5단계 욕구를 가지고 있는가? 성도들이 다섯 단계에 모두 골고루 분포되어 있지는 않을 것이다. 4단계 욕구를 가진 사람들은 대개 1단계 욕구를 가진 사람들과 같이 있으려 하지 않고 그 반대도 마찬가지이기 때문이다. 심지어 교회 안에서도 그렇다. 전형적인 상황은 아니다.

사이코그래픽스(Psychographics)를 이용하라

우리가 이전에 논의했던 인구통계 자료와 기본적인 인간의 욕구를 평가하여 함께 결합시켜 활용하면 생활양식의 특성을 판단할 수 있는 한 가지 방법이 되는데 이것을 '사이코그래픽스'라고 한다. 웹스터 사전은 사이코그래픽스를 "마케팅을 목적으로 태도, 가치관, 생활양식, 의견 등을 연구하고 측정하기 위해 인구통계(데모그래픽스, demographics)를 사용하는 것"이라고 정의한다. 간단히 말하면, 사이코그래픽스는 인구통계 수치가 개인의 생활양식에 어떻게 표현되고 있는가 하는 것이다. 연봉 3만 달러를 받는 사람들이 모두 같은 방식으로 살지는 않는다. 당신과 내가 같은 연봉을 받는다고 하자. 당신은 상속받은 적당한 집에서 혼자 살면서 매달 월급의 30퍼센트를 저축한다. 반면에 나는 내 수입의 80퍼센트를 쏟아부어야 하는 4천 평방피트의 집을 소유하고 있고, 아내와 네 명의 자녀들과 함께 살고 있으며 자동차 세 대를 가지고 있다. 우리는 서로 다른 삶을 살고 있다고 충분히 말할 수 있다. 인구통계학적으로는 서로 비슷한 부분이 있을지 몰라도, 사이코그래픽스(생활방식)로 볼 때는 아주 다르다.

인구통계와 사이코그래픽스를 살펴보면, 대부분의 사람들이 일정한 생활양식의 틀에 맞추어 살려는 경향이 있음을 알 수 있다. 당신도 그 중 한 사람일 것이다. 일류 마케팅 회사들은 사람들이 좋아하는 음악, 먹는 음식, 신고 다니는 신발 사이에 상관관계가 있음을 알고 있다. 자기 자신은 모든 정해진 틀을 거부하는 사람이라고 생각한다고 해도, 미안하지만, 당신은 또 하나의 틀을 가지고 있을 뿐이다. 당신은 "어떤 틀에도 구속받지 않기로 결심한 사람"인 것이다. 불순응주의자가 되기 위한 불순응 조차도 단지 불순응에 자신을 순응시키는 것일 뿐이다. 다소 말장난하는 것 같겠지만, 이것은 사실이다.

내가 최첨단 기술회사에서 근무하고 있었을 때, 세계적인 판매원과 이야기했던 일이 기억난다. 나는 그에게 내가 커피를 좋아한다고 말했다. 그는 실리콘 밸리에 어울리지 않는 자신만만한 '텍사스 보이'였다. 그는 커피를 마시게 하는 것은 마음 약한 사람들에게 들어 먹히는 일종의 속임수라고 말했다. 자신이 똑똑하고 '소속되어' 있다고 믿게 만드는 책략이라는 것이다. 커피를 마시면서 앉아 있는 사람들은 자신이 점잖고 부유한 엘리트 계층이라는 생각 속에 빠져 있는 것처럼 보인다고 했다. 커피가 항상 맛있는 것도 아닌데 말이다. 그 사람은 자신이 그러한 '추종자'가 아닌 것을 자랑스러워했다. 나는 그런 사람들이 가지고 있는 "나는 당신보다 우월하다."라는 태도를 포기하게 할 수 있는 방법을 잘 알고 있다. 그래서 그에게 시가cigar를 좋아하는지를 물었다. 그는 시가를 너무 좋아한다고 대답했다. 여러 친구들과 함께 앉아서 새로운 시가를 뜯는 것보다 더 좋은 일은 없다는 것이다. 시가는 그에게 이런 느낌을 주고 있었다. 시가에 관해서라면 누구하고도 친해질 수 있다고 말했다. 나는 그냥 웃었다. 나의 커피가 그의 시가였다. 내가 추종자라면, 그도 추종자였다. 그는 곧 그 사실을 깨달았다.

소속되고 싶은 것은 인간의 기본적인 욕구이기 때문에, 보다 높은 욕구의 범주 속에 살고 있는 사람들도 이미 자신의 소속을 정해놓고 있으며 그 일정한 생활양식에 맞추려는 경향이 있다. 일상적인 생활양식의 유형을 보면 사람들을 생활양식 일람표대로 범주화할 수 있다.

한 부유하고 큰 교회를 컨설팅하면서, 그 교회에 출석하는 사람들의 일반적인 공통점이 인종적인 의미가 아니라 삶의 질에 있어서 구별되고 있다는 것을 주장한 적이 있다. 그 교회는 숲이 많은 지역에 위치하고 있었다. 나는 교인들이 '등산화'가 아닌 '팀버랜드'(유명 등산용품 브랜드) 제품만을 신는 사람들이라는 것을 언급했다. 그들은 '선글라스'가 아닌 '오클리'(유명 선글라스 브랜드) 제품만을 쓰는 사람들이다. 내 의견에 기분이 상한 운영위원이 나에게 반박했다. "사실이 아닙니다. 우리는 그런 사람들이 아닙니다." 한 동료

운영위원이 재빨리 그 사람은 '에비앙'(유명 생수 브랜드)이 아니면 다른 물은 마시지 않는다는 것을 그에게 상기시켰다.

이러한 생활양식의 유형에 관심을 갖게 되면, 지역사회 사람들과 상관있는 언어로 의사소통하는 방법을 배우는데 도움이 된다. 이것은 이런 말로 요약할 수 있다. "지역사회 사람들의 언어로 잘 말하는 교회가 가장 빠르게 성장한다." 그들의 언어로 말한다는 것은 그들과 개인적으로나 영적으로 연결된다는 것을 의미한다. 구체적인 실례를 들기 위해 비디오의 한 장면을 보여준다거나 가장 최근에 인기를 끌고 있는 설교 시리즈의 제목을 빌리는 것을 뜻하지 않는다. 교회가 사람들과 관련이 없다면, 비디오 장면, 멀티미디어 상영, 또는 매력적인 설교 제목도 교회의 문제를 해결할 수 없다. 많은 교회가 비디오를 사용하여 지역사회에 다가갈 수 있으면 좋은 일이다. 비디오 상영을 반대하지는 않는다. 그러나 비디오를 보여주면서도 홈런을 치듯 좋은 성과를 거두지 못하는 수많은 교회들이 있다. 그 이유는 비디오를 상영하는 것에만 의존하여 지역의 사람들과 접촉하지 않는 근본적인 문제를 숨기고 있기 때문이다.

교회가 사람들과 관련이 없다면, 비디오 장면, 멀티미디어 상영, 또는 매력적인 설교 제목도 교회의 문제를 해결할 수 없다.

실상 우리 모두는 소속되고 싶어 한다. 스포츠 팀에서부터 소형 오픈트럭, 컨트리클럽, 디자이너 옷까지, 대부분의 사람들은 자기에게 소속감을 주는 무엇인가에 집착한다. 자기는 그렇지 않다고 생각할 때도 실상은 그렇다. 이것은 본질적인 것이다. 교회 안에서도 이런 일이 일어난다. 교단별로 교리가 다른 것처럼 생활양식, 머리 모양, 옷차림새도 교회에 따라 다른 특징을 가지고 있다. 생활양식의 경향을 이해하게 되면, 우리가 복음을 전하고자 하는 사람들의 의식을 들여다볼 수 있는 커다란 창문을 얻는 것과 같다. 바울이 그러했던 것처럼 말이다.

바울 시대 이후로 달라진 것은 사람들의 유형이 더 복잡해졌다는 것이다. 특히 미국은 더 그렇다. 경제적인 환경, 민족적인 배경이 더 다양해지고, 게다가 미디어나 유행 등이 가지각색으로 영향을 미치고 있어 사회가 복잡해지면 복잡해질수록, 단 하나의 생활양식 요소에 근거하여 사람들의 특징을 단정짓기가 더 어려워지고 있다. 바울은 민족성에 근거하여 범주화할 수 있었지만, 우리는 그렇게 할 수 없을 것이다. 같은 피부색을 가지고 있다고 해서 다 똑같다고 가정할 수 없는 것처럼, 비슷한 소득 수준의 사람들이 모든 똑같다고 가정할 수 없다. 더 복잡해진 사회에서는, 다르게 분석해야 한다. 생활양식의 특성에 따라 분류해야 한다. 바울이 "약한 자들"이라고 언급했던 것을 기억하는가? 바울은 사람들의 유형을 일반화하고 있다. 우리들의 경우에는, "월급만으로 살아가는 사람들"의 그룹, 또는 "이웃 사람에게 지지 않으려고 허세를 부리는 사람들"의 그룹으로 일반화할 수 있을 것이다.

결국, 이러한 특성을 대표하는 인물을 창조하는 것이 도움이 될 때도 있다. 그들이 어떻게 살고 있는지를 생각해보라. 생활양식의 일반적인 특징은 무엇인가? 어디에서 쇼핑을 하는가? 어떤 차를 운전하는가? 어디에서 일을 하는가? 자녀의 수는 어떻게 되는가? 삶의 문제 또는 기본적인 욕구는 무엇인가? 생활양식에 따라 구분된 유형의 사람들에 대해 이미 만들어진 표본을 살펴보는 것도 교회로서 도움이 될 것이다. 당신은 "집에 모든 것을 건 남자"House-broke Hal로 주택 융자금에 수입의 50퍼센트 이상을 쓰고 있는 유형의 사람들을 대표하는지도 모른다. 이렇게 하는 것이 사람들을 더 잘 이해하는데 도움이 되든지 그렇지 않든지 간에, 서로 다른 사이코그래픽 그룹과 그들의 생활양식 유형을 인지하고, 이해하고, 구별하는 일은 중요하다.

사람들과 함께 시간을 보내라

사람들은 가끔 내게 묻는다. "인구통계 자료로부터 풍부한 사이코그래픽 지식을 어떻게 이끌어 내십니까?" 매슬로우의 욕구위계설과 같은 범주화된 시스템은 사람들의 욕구와 생활양식을 이해하는 하나의 수단이다. 그러나 가장 좋은 지식은 사람들과 함께 시간을 보낼 때 얻을 수 있다. 사람들을 관찰하는 것은 내 취미이기도 하다. 나는 큰 쇼핑몰이나 공항에 가서 사람들을 지켜보는 것을 좋아한다. 사소한 것(10대 그룹이 입고 있는 티셔츠의 색깔은 어떻게 다른가)을 살펴보고, 큰 그림(도시 저쪽에 있는 쇼핑몰과 비교해서 내가 이 쇼핑몰에 있는 사람들에게는 어떻게 접근할 수 있을까)을 바라본다. 나는 사람들이 다니는 상점을 살펴본다. 각기 다른 상점들과 각기 다른 대상 그룹들을 평가한다. 나는 내가 모든 사람들의 구매 대행자인 것처럼 가정해본다. 그래서 어떤 상점에서, 그리고 그 상점의 어떤 코너에서 물건을 구입할지를 추측해보는 것이다. 공항에 가면, 사람들이 어디에서 와서 어디로 가는지를 추측해본다. 사람들이 신은 구두, 작별 인사하는 모습, 잡지, 여행 가방을 보고 어떤 사람인지를 생각해본다. 나는 무엇 때문에 사람들이 그렇게 행동하는지에 대한 공식을 생각한다. 나는 과거의 바울처럼 되고 싶다.

교회에 왔었던 새신자가 계속 교회에 나오지 않을 때 그 사람은 그 이유를 잘 이야기하지 않을 것이다.

나는 조사survey를 전적으로 믿지는 않는다. "우리 교회 성도 중 집에 인터넷 전용선을 가지고 있는 성도들의 비율은 얼마인가?"라는 질문과 같이 양적인 자료 수집에는 이러한 조사가 효율적이다. 그러나 질적인 자료를 내놓으려면 이런 조사로는 부족하다. 교회에 왔었던 새신자가 계속 교회에 나오지 않을 때 그 사람은 그 이유를 잘 이야기하지 않을 것이다. 대개의 경우, 그 새신자들도 그 이유를 잘 모른다. 자신이 교회에 잘 적응하지 못하는 이유를 설명하기 어렵기 때문에, 설문조사를 한다 해도 어떤 항목에 동그라미를 쳐야 할지 모를 것이다. 특히 교회에 적응하지 못한다는 것은 자신의 숨겨진 편견을 드러낼 수도 있기 때문이다. 이 점을 생각할 때 바울이 그랬던 것처럼 우리도 전도대상자들을 잘 연구해야 한다.

바리새인과 사두개인들이 모인 곳에서 자신이 바리새인이라고 말해야 한다는 것을 바울은 어떻게 알았을까?(행 23:6) 바울은 그들의 본성, 중요하게 생각하는 문제, 논쟁거리를 알고 있었기 때문에, 그렇게 말하면 그들 마음이 동요할 것을 알았다. 헬라인들에게 왜 그들이 종교적이라는 말을 했을까?(행 17:22) 헬라인들은 스스로를 지혜롭다고 생각한다는 것을 알았고, 그들이 틀렸음을 지적하지 않으면서도 참되신 하나님을 직접적으로 설교할 수 있음을 알았기 때문이다. 바울은 이해가 빠른 사람이었다. 사람들이 왜 그렇게 행동하는지를 이해했다. 바울은 그것에 민감했다.

이제 여러분은 인구통계와 사이코그래픽스가 단지 "사람들을 더 잘 이해하는 것"을 다르게 표현한 단어라는 것을 이해했을 것이다. 바울이 우상에 대한 사회적 논의와 관련해서 헬라인들의 의식세계에 대한 에세이를 쓰지 않았다고 해서, 헬라인들의 사고방식을 이해하는데 충분한 관심을 가지지 않았다고 말할 수 없다. 그 내용을 기록하지는 않았을지라도, 생각하기 위해 멈추어 섰다. "바울이 아덴에서 저희를 기다리다가 온 성에 우상이 가득한 것을 보고 마음에 분하여"(행 17:16).

바울은 사람들이 무엇 때문에 그렇게 행동하는지를 이해하고 그들과 관계 맺는 삶을 살았다. 바울이 고린도에서는 어떻게 사역했는가? 사람들과 함께 장막을 만들었다(행 18:3). 그들과 함께 시간을 보냈다. 예수님도 그렇게 하셨다. 예수님은 죄인들과 교제하기도 하셨다. '거룩한' 사람들을 옆에 두지 않는다고 예수님을 정죄하는 '종교적인' 사람들에게 예수님은 이렇게 응답하셨다. "바리새인의 서기관들이 예수께서 죄인과 세리들과 함께 잡수시는 것을 보고 그 제자들에게 이르되 어찌하여 세리와 죄인들과 함께 먹는가 예수께서 들으시고 저희에게 이르시되 건강한 자에게는 의원이 쓸데없고 병든 자에게라야 쓸데 있느니라 내가 의원을 부르러 온 것이 아니요 죄인을 부르러 왔노라 하시니라"(막 2:16~17). 예수님은 사람들 가운데 계셨다. 우리가 교회 밖에 있는 사람들과 함께 시간을 보내지 않는다면 어떻게 그들을 전도할 수 있겠는가?

우리가 교회 밖에 있는 사람들과 함께 시간을 보내지 않는다면 어떻게 그들을 전도할 수 있겠는가?

위에서 살펴본 예를 통해, 그리스도인들이 세상과 교제할 때 두 가지 서로 다른 접근방법이 있음을 알 수 있다. (1) 예수님과 바울처럼, 그들에게 필요한 말씀을 주기 위해 그들과 함께 거하는 것, (2) 심판자의 위치에서 세상을 회피하는 것.

내가 대학생이었을 때 주말이면 집에 가곤 했는데 그때 있었던 일이다. 그 일을 지금도 잊을 수가 없다. 교회에서 나와 점심시간에 친구들을 만나러 가다가 처음 보는 사람과 우연히 마주치게 되었다. 키가 작고 쇠약해 보이는 할머니였는데, 60대 정도로 보였고, 인생에서 많은 일을 겪은 분처럼 보였다. 피부는 검고 주름진 얼굴이었으며, 담배 냄새가 났다. 치아도 몇 개 밖에 없었고, 많은 교회의 기준으로 볼 때 호감을 주는 인상은 아니었다. 외모로 볼 때 오랫동안 가난한 삶을 살았을 것이라고 추측할 수 있었다. 또 그 할머니가 관심을 받고 싶어한다는 것도 알 수 있었다. 낯선 사람인 나에게 계속 말을 걸어왔기 때문이다. 그 할머니는 아주 재미있는 분이었고 하나님께서 그분의 삶에 행하신 일들을 들을 수 있었다. 나는 집중해서 이야기를 들었고 할머니에 대해 질문을 하기도 했다. 우리는 할머니 차 옆에서 20분 정도 하나님의 선하심에 대한 이야기를 나누며 서 있었다.

나는 점심 약속 시간에 늦었지만, 그 순간에 몰입했다. 내가 무슨 일을 하고 있는지 나도 깨닫지 못하고 있었다. 이야기를 하면서 할머니는 차 안으로 들어가 할머니가 은혜받았던 찬양 테이프를 나에게 건네주었다. 이 차는 할머니에게 자동차 그 이상의 의미가 있음을 알 수 있었다. 이 자동차는 할머니에게 집과도 같은 곳이었다. 이 할머니처럼 사시는 분을 전에는 본 적이 없었다.

조금 더 이야기를 한 후에 우리는 주님 안에서 서로를 격려하고 헤어졌다. 헤어지기 전에 할머니는 네 시간 정도 떨어진 곳에서 열리는 집회에 참석하려고 하는데 함께 가지 않겠느냐고 나를 초청했다. 바로 그 순간에, "이 할머니와 함께 가는 것이 예수님처럼 되는 것이다."라는 생각이 들었다. 학교와 일 때문에 그렇게 하지는 못했지만, 진심으로 그런 생각이 들었다. 그리고 내 삶과 그 할머니의 삶을 바라보는 시각이 바뀌었음을 알 수 있었다.

사람들과 함께 시간을 보낼 때 두 가지 유익을 얻을 수 있는데, 그것은 우리가 사람들을 보는 방식과 사람들이 우리를 보는 방식이 변화된다는 것이다.

나는 고등학생이었을 때 예수님을 만나 삶이 변화되는 경험을 했다. 학교에서 나는 파티만 좋아하는 학생에서 기독교 지도자로 변화되었다. 영적으로 성장하고 있었지만, 고쳐지지 않는 문제가 하나 있었다. 아침에 일찍 침대에서 일어나는 일이 너무 힘들었다. 나는 야행성이었다. 형이 내 문제에 대한 해결책을 제시했다. 형은 내 방에 들어와서 "일어나!" 하고 소리를 치고는 내 방 안에 있는 불을 다 켜놓았다.

이 방법을 배워서 어느 날은 나 혼자 잠에서 깨기도 했다. 침대에서 나와 기대어 서서 '눈이 부신' 전등의 스위치를 켠다. 내 눈은 적응하지 못한다. 전등의 빨간 점을 보고 곧바로 침대로 들어와 눈을 감는다. 잠시 후에 나는 침대 옆에 있는 전등의 강한 빛에 적응한다. 좀더 오랫동안 눈을 뜰 수 있게 되고, 점점 더 그런 상황에 적응이 된다. 잠시 후에 나는 일어날 준비를 하고 하루를 시작하기 위해 눈을 완전히 뜬다.

내가 빛에 적응하기 위해 애쓰면서 떠오른 생각이 있다. 바로 대부분의 사람들이 처음으로 하나님을 볼 때도 이와 비슷한 경험을 할 것이다. 사람들의 눈은 어둠에 길들여져 있다. 처음에 빛을 보게 되면 때로 눈을 감아버린다. 그러나 잠시 후에, 더 많은 빛을 경험하면서, 그 빛이 없이는 살 수 없다는 것을 깨닫기 시작한다. 이 빛은 그들에게 정말 중요한 것이다. 그 사실을 깨닫지 못하면 눈을 감고 다시 잠자리로 들어가 버린다.

우리가 사람들과 함께 보낸 시간과 노력은 다양한 방법으로 그 결실을 거두게 될 것이다. 때로 하나님은 바울에게 그러셨던 것처럼 사람들에게 아주 밝은 빛을 보여주어서 잠깐 동안 앞을 보지 못하도록 하신다. 그러면서 그 빛이 그들 위에, 그리고 그들 안에서 점점 더 밝아지게 된다(행 9:3~9).

제4장에서는 정말 어려운 내용을 다루었다. 잠시 정리해보자. 중립적인 입장에서 사람들을 분류하는 것은 유익할 뿐만 아니라 성경적이기도 하다. 바울을 통해서 우리는 민족성, 영적인 참여, 교리, 욕구 등에 근거하여 사람들을 분류하는 것이 올바른 일임을 배웠다. 인구통계 자료와 기본적인 인간의 욕구를 이해하는 일의 가치를 논의했고, 이 두 가지를 사이코그래픽스(생활양식) 방식으로 처리하고 그에 따라 사람들을 분류하는 것이 중요하다고 이야기했다. 우리는 우리 주위에 있는 사람들에 대해 공부해야 하며 삶의 사소한 부분들이 생활양식 경향과 어떠한 상관관계가 있는지를 알아야 한다. 우리는 사람들과 어떻게 관계를 맺을 수 있을까를 생각하는 일이 가치 있는 일이며, 그뿐만 아니라 그 사람들을 대상으로 목회할 수 있는 능력을 갖추기 위해 다양한 유형의 사람들과 시간을 보내는 것이 중요하다는 것도 배웠다.

이 중에서 몇 가지 방법을 같이 사용하면서 일을 진행하는 것이 중요하다. 이전과는 다른 방법으로 우리 주변의 세상을 바라보아야 한다. 지역사회 사람들이 무슨 일을 겪고 있는지를 생각해보라. 그들에게 중요한 것이 무엇인지 생각해보라. "홈런을 치는 것처럼" 그리스도의 복음이 그들의 욕구와 교차되고 있는가? 그 내용을 기록해보라.

교회가 전하는 메시지는 지역사회 사람들과 관련이 있는가? 한 가지 염두에 두어야 할 사항은, 한 가지 유형의 개인적인 문제에 대해서만 장기간에 걸쳐 일관성 있는 목회를 하게 되면, 교회가 그 유형의 사람들에게만 복음을 전하게 될 수도 있다는 것이다.

교회 성도들은 지역사회를 반영하고 있는가? 지역사회의 사람들은 욕구 위계설의 5단계 중 어느 단계의 욕구를 가지고 있는가? 만약 교회 성도들과 다른 삶의 양식이나 욕구를 가지고 있는 사람들이 교회를 방문한다 해도, 교회 건물, 실내장식, 교회 문화, 설교 등이 그들의 삶과 연관성이 있겠는가? 아니면 그 사람들은 자신과 교회 간에 존재하는 격차만을 실감하게 될까?

교회가 복음을 전하려는 사람들의 유형을 기록해보라. 그들을 분류해보라. 그들의 생활양식을 정의해보라. 그들의 삶은 어떠한가? 그들의 걱정거리와 관심사는 무엇인가? 무엇 때문에 행복해하는가?

교회 사역자로서 사람들과 함께 시간을 보내는 일에 헌신하라. 이를 지속적인 사역으로 삼으라. 그들이 무엇 때문에 그렇게 행동하는지를 연구하라. 당신의 생각을 다른 사람들과 나누어보라. 빛되신 예수님을 사람들에게 소개할 방법을 찾아보라. 그것을 통해 배우라. 당신이 발견한 효과적인 방법과 효과적이지 못한 방법을 함께 나누어라.

사람들이 교회에서 필요로 하는 것은 무엇인가? 사람들은 자신에게 무엇이 필요하다고 생각하는가?

사람들이 흥미를 잃지 않으면서도 그들에게 실제로 필요한 것을 깨닫도록 도와주려면 교회가 어떻게 해야 할까? 가능성 있는 일은 무엇인가?

가장 우선되는 전도 대상자라고 생각되는 사람들의 생활양식을 이해하기 위해 그들의 특징을 많이 기록해보라. 당신의 아이디어, 관찰한 내용, 결론 등을 기록해보라.

05

성장의 원리

어떤 교회는 10년 동안 조금도 성장하지 않았는데, 같은 지역의 다른 교회는 12개월 안에 10배로 성장하는 모습을 보고 이상하게 생각해본 적이 있는가? 많은 목회자들이 수년 동안 성장의 문제로 고심하고 있다. 교회들은 문 앞에 전단지를 걸어두는 것에서부터 새신자를 데려오는 사람에게 상을 주는 것까지 수많은 홍보 전략을 시도하고 있지만, 불행하게도 이러한 노력들은 효과가 거의 없거나 있어도 미미한 정도였다. 설상가상으로 내적으로 건강하지 못한 교회를 홍보하여, 장기적인 관점에서 보면 성장할 수 있는 기회조차 놓치고 있다.

성장은 어디에서 비롯되는가

나의 기본 전제는, 교회 성도의 숫자는 영혼을 뜻하기 때문에 그 숫자의 중요성을 간과할 수가 없다는 것이다

교회성장을 논의할 때 한 가지 문제점은 교회성장이 무엇인가에 대한 사람들의 견해가 모두 일치하지 않는다는 것이다. 크고 작은 교회들이 스스로 자기 교회의 규모가 완벽한 크기라고 믿고 있다는 이야기를 실제로 듣고 있다. 그런 교회들은 성장하지 않는 것에 대해 만족하고 있을 뿐만 아니라 그것을 유지하기 위해 노력한다. 재미있는 일이다. 그렇지 않은가? 어떤 교회는 숫자는 중요하지 않다고 말한다. 나의 기본 전제는, 교회 성도의 숫자는 영혼을 뜻하기 때문에 그 숫자의 중요성을 간과할 수가 없다는 것이다. 일반적인 논쟁을 접할 때마다 나는 "불가사리 이야기"를 떠올린다.

작은 어촌에 한 노인이 살고 있었다. 그 노인은 스스로 떠맡은 특별한 일을 하기 위해 아침마다 일찍 일어났다. 바닷가에 가서 전날 밤 물가로 떠밀려온 많은 불가사리를 구해주는 일이었다. 파도가 잔잔해진 해변에서, 불가사리들은 생명의 근원인 바다로부터 멀리 떨어져 몇 시간 후면 죽을 운명에 처해있다. 아침마다 수천 마리의 불가사리가 해변으로 떠밀려 왔다. 노인이 모든 불가사리를 다 구할 수는 없었지만, 할 수 있는 한 최선을 다해서 불가사리를 다시 바다로 보내주었다.

하루는, 한 젊은 여행객이 그 노인에게 물었다. "왜 힘들게 불가사리를 살리려고 하십니까? 해변에는 불가사리 수천 마리가 있습니다. 모든 불가사리를 다 살려줄 수도 없고, 내일이면 또 다시 같은 상황이 벌어질 것이 분명합니다. 중요하지도 않은 일을 하면서 왜 그렇게 고생하십니까?

노인은 젊은 사람의 말에 슬픈 표정을 지었다. 그는 아래로 내려가 불가사리를 한 마리 잡아서 다시 안전하게 바다로 돌려보냈다. 그리고 젊은 사람을 바라보면서 말했다. "저 한 마리에게는 중요한 일입니다."

감상적인 이야기이기는 하지만, 우리의 주제는 이 이야기와 관련이 있다. 나는 그 수많은 불가사리 중 하나이며 당신도 마찬가지이다. 나는 우리가 이 노인의 마음으로 우리 주변에 있는 사람들을 전도하는 일을 항상 생각하기를 기도한다. 그것은 중요한 일이다. 반대로, 오직 숫자만을 위한 성장은 유감스러운 일이다. 실제로 그런 생각을 하고 있는 극소수의 교회들이 있으며, 성장하는 교회들을 그런 교회로 단순히 매도해버리는 교회들도 보게 된다. 때로는 영성이 퇴보했거나 감정에 치우친 결과로 교회가 성장했다고 생각하기 때문에 많은 논쟁이 벌어지기도 한다. 둘 중 하나일 필요는 없다. 교회가 크기 면에서 성장하기를 원하지 않는다 해도, 다른 부분에서 '성장' 하기 위해 마케팅 원리를 사용할 수 있다.

기본적으로 양적인 교회성장에는 두 가지 유형이 있다. 첫째로, '수평적 성장' lateral growth은 기존 성도들이 교회를 옮기는 것, 교리적인 입장을 바꾸는 것, 또는 새로운 지역으로 이사하면서 교회를 옮기는 경우 등이다. 둘째로, '수직적 성장' vertical growth은 복음전도와 영적인 회심에 의한 것이다. 물론 자녀 출산으로 인한 세 번째 성장의 유형도 있을 수 있다. 그러나 그에 대한 마케팅 계획을 세우기는 어려울 것이다.

수평적 성장의 원인

제3장에서, 회심에 의한 교회성장이 기존 성도들이 교회를 옮기는 것으로 일어나는 성장보다 훨씬 더 칭찬 받을 만하다는 것을 언급했었다. 작고 어려운 교회의 성도들이 전입하여 더 큰 교회로 성장하는 교회도 있다. 이런 일이 항상 있는 것은 아니지만, 흔치 않은 일도 아니다. 조금 더 큰 교회들은 일반적으로 성도들에게 더 많은 내용을 제공할 수 있기 때문에 성도들은 쉽게 친구들을 초청할 수 있고 긍정적인 결과를 더 많이 기대할 수 있다. 그러나 그런 큰 교회들도 작은 교회로 시작한 때가 있었다. 그리고 완전히 전입 신자로만 이루어지기를 원하는 교회는 없다. 이들처럼 교회를 옮기는 성도들은 이 교회에 왔던 것과 마찬가지로 쉽게 빨리 떠날 수 있기 때문이다.

수평적 성장의 다른 부분은 교리적인 입장의 변화에서 비롯된다. 사람들을 그리스도에게로 회심시키는데 뛰어난 교회들이 있다. 반면에 어떤 교회들은 그 교회만의 교리로 기존 그리스도인들을 끌어들이는데 능숙하다. 이 문제는 더 이상 다루지 않겠다. 모든 교회는 자신의 교리적인 입장에 대해 자기가 옳다고 생각하며, 그렇기 때문에 그 교회로 옮기는 것을 옳다고 여긴다. 교회성장의 한 형태로 존재하는 것은 사실이기 때문에 이를 언급만 하고 지나가려 한다.

이상의 수평적 성장의 두 가지 원인에 있어서, 지금 우리 교회가 하고 있는 일에 초점을 맞추는 것이 가장 중요하다. 같은 지역에서 성장하고 있는 교회가 있다면 그 교회를 칭찬하고 지지하라. 같은 지역에 있는 모든 교회가 양적인 면에서 배가 성장한다 해도, 주일 예배에 참석하는 사람들은 여전히 지역사회 인구 중 20퍼센트 미만일 가능성이 많다. 영혼에 대해 인색해지려는 유혹을 피하라. 사람들을 우리 교회에 소속시키는 것보다 하나님의 사람으로 만드는 일이 더 중요하다. 중요한 것은, 사람들에게 민감해지고 교회가 성장하도록 준비하는 일이다. 이제 이 책에서 교회성장을 위한 많은 방법을 논의하게 될 것이다.

수평적 성장의 마지막 원인은 이사 또는 이민으로 전입하는 사람들이다. 인구 성장으로 인해 많은 사람들이 새롭게 이 지역에 들어오게 되고 교회를 찾게 된다. 이것은 교회가 성장하는데 매우 확실한 방법이다. 지역사회가 급성장하는 중에 있다면, 그리스도인들이 새로운 교회를 선택할 때 어떤 기준을 가지고 있는지 아는 것이 열쇠가 된다. 다음 장에서 이 문제를 다루게 될 것이다.

수직적 성장의 원인

인구 중 0.000001퍼센트만이 그리스도인이라면, 교회가 유일하게 선택할 수 있는 사항은 수직적 성장뿐이다. 예수님의 제자들이 대위임령을 감당하기 위해 사역했을 때 일어났던 일이기도 하다. 사도행전을 보면, 날마다 교회에 수천 명의 사람들이 더해졌다. 사도행전 2장 41절-3천 명, 사도행전 4장 4절-5천 명, 사도행전 6장 7절-"제자의 수가 심히 더 많아지고", 사도행전 7장 17절-"번성하여 많아졌고", 사도행전 9장 31절-"수가 더 많아지고", 사도행전 12장 24절-"하나님의 말씀이 흥왕하여 더하여졌다."

그리스도인으로서, 우리는 이 대위임령을 위한 도구로 쓰임받기를 원한다. 주인의 쓰심에 합당한 도구가 되어 초대교회에서 일어났던 성장의 일부분이나마 경험할 수 있기를 모두 원하고 있을 것이다. 선한 청지기가 되기 위해, 수직적 성장이 어떻게 일어나는지를 살펴보자.

대부분의 경우, 불신자가 교회에 오는 방법은 두 가지이다. (1) 자기 혼자서 스스로 오는 경우, (2) 교인의 전도를 받아 오게 되는 경우이다. 이것이 많은 부분을 차지한다. 물론 사람들은 텔레비전이나 인터넷으로 예배를 볼 수도 있고 그것도 좋은 일이지만, 그것은 그 자체로 하나의 주제가 될 것이다. 사람들을 교회에 적응시키기 위해 소그룹을 사용하는 교회가 점점 많아지고 있는데, 이 일은 우연히도 많은 교회에서 동시에 행하고 있다. 소그룹은 같은 문제를 공유하면서 개인적인 상호작용이 이루어지는 작은 세계이다. 이것을 염두에 둔다면, 이 두 가지 방법만 살펴보아도 괜찮을 것이라고 생각한다.

1) 초청하지 않은 새신자

> 불신자에 대해 생각해보자. 어느 주일 아침, "오늘 교회에 한번 나가보고 교회가 어떤 곳인지 알아보자."라고 결심한 불신자가 있다. 이것을 쉬운 결정이라고 생각하는가? 절대 아니다. 그들의 인생에서 가장 결정하기 어려운 일 가운데 하나일 것이다.

불신자에 대해 생각해보자. 어느 주일 아침, "오늘 교회에 한번 나가보고 교회가 어떤 곳인지 알아보자."라고 결심한 불신자가 있다. 이것을 쉬운 결정이라고 생각하는가? 절대 아니다. 그들의 인생에서 가장 결정하기 어려운 일 가운데 하나일 것이다. 세상에서 가장 두려운 경험을 해보려는 것이다. 어려서부터 교회에서 자란 사람들로 가득한 곳, 한 번도 가본 적이 없는 교회에 처음 가보는 것이다. 이들은 교회에서 사용되는 언어를 이해하지 못하고 어느 장소로 가야 할지도 모른다. "우리 아이들은 교회에 다녔으면 좋겠다."라는 생각으로 교회에 왔을지 모르는데 어린이 부서가 어디에 있는지도 모른다. 사람들은 모두 성경책을 가지고 다니는데 그들은 성경책도 가지고 오지 않았다. 그렇다면 그들은 왜 이 교회에 한번 나와 보기로 결정했을까?

내가 연구한 바에 의하면, 불신자들이(아니면 다른 곳에서 이사 온 그리스도인들이) 특정한 교회를 나가보기로 결정하는 데는 세 가지 이유가 있다.

① 교단

교회에 다녀본 적이 없는 사람이라도, 아는 사람이 그 교단의 교회에 다니고 있거나 그 교단에 대해 좋은 이야기를 들은 적이 있으면 그 교회를 선택하게 된다. 단순한 이야기로 들리겠지만, 교단을 보면 그 교회에 대해서 많은 것을 알 수 있다. 어떤 지역에 가면 루터교회에 다니는 것이 탁월한 선택이다. 어떤 지역에 가면 대부분 침례교회이다. 다른 지역에 가면 하나님의성회가 바로 그런 교단이다. 여러분이 다니는 교회의 교단은(아니면 초교파) 사람들에게 장점으로 작용하는가, 아니면 방해물이 되고 있는가?

② 인간관계

자기가 신뢰하는 사람이 그 교회에 다니고 있거나 그 사람이 추천해준 교회이기 때문에 와보는 사람들이 있다. 잠시 성도들을 살펴보라. 교회 성도들은 걸어다니는 광고 게시판이다. 성도들이 교회에 대해 이야기를 하면서 빛이 난다면, 다른 사람들도 이 교회가 정말 잘하고 있다고 말한다면, 그 교회는 사람들을 끌어들일 것이며 전도하지 않아도 사람들은 찾아오게 된다. 다음 부분에서 이러한 영향력과 관계된 요인을 교회성장을 위한 장점으로 강화시킬 수 있는 방법에 대해 논의할 것이다.

③ 교회 주변 모습

편의성, 교회 건물, 표지판, 웹사이트, 또는 다른 마케팅 노력을 통해서 교회의 초청을 받은 것처럼 느껴지기 때문에 이 교회를 찾아온다. 사람들의 생활양식에 어울리는 건축 양식, 그들의 미적 감각에 맞는 표지판, 또는 편안함을 주는 환영 인사 등으로 교회가 사람들을 편안하게 느끼게 할 수 있다면, 교회는 큰 일을 한 것이다. 교회가 미리 자신을 위해 준비했다는 느낌을 많이 받을수록(예를 들면, 방문자 위주의 웹사이트, 예배 시간을 알려주는 외부 표지판, 처음 온 사람들이 어디로 가야 할지를 알 수 있는 분명한 안내표시 등), 사람들은 교회에서 편안함을 느낀다. 우리 교회는 모든 것을 새신자를 위해 준비한 것 같다는 느낌을 줄 수 있도록 움직이고 있는가?(스바 여왕의 경우를 생각해보자) 아니면 손님을 초대하지 않은 파티에 온 것처럼, 교회가 새신자를 미처 생각하지 못한 것 같다는 느낌을 주고 있는가?

우리 교회는 모든 것을 새신자를 위해 준비한 것 같다는 느낌을 줄 수 있도록 움직이고 있는가? 아니면 손님을 초대하지 않은 파티에 온 것처럼, 교회가 새신자를 미처 생각하지 못한 것 같다는 느낌을 주고 있는가?

그 도시에 딱 맞는 교단의 교회로서, 새신자를 환영하는 듯한 교회 건물 안에, 영향력 있는 성도들이 앉아 있으면, 그 교회는 자연스럽게 성장할 수 있다.

2) 성도들에게 사람들을 초청하게 하는 것

우리에게 컨설팅을 의뢰한 고객이 교회 운영위원들과 수차례 모임을 가진 후 현대적인 예배를 시작하기로 결정했다는 것을 전화로 알려주었다. 그 교회는 5천 명 이상 출석하는 큰 교회였지만, 다수를 차지하는 50대 이상 성도들을 위한 전통적인 예배만을 드리고 있었다. 한동안 지역사회에서는 젊은 층이 증가하고 있었지만 교회에서는 그렇지 않았다. 이 문제로 수년 간 논의한 끝에, 마침내 젊은이들을 전도할 준비를 하게 된 것이다.

운영위원회는 현대적인 예배의 명칭을 정했는데, 복음주의적 태도를 분명히 보여주는 많은 교회들이 일반적으로 사용하는 명칭이었다. 그 교회가 생각해낸 이름은 '집회' The Gathering였다. 운영위원회는 한 걸음 더 나아가서 '찬양 집회' The Praise Gathering라고 결정했다. 우리의 고객은 운영위원회가 이렇게 진행하고 있는 모습에 흥분하여, '찬양 집회'라는 명칭으로 새로운 예배를 대대적으로 홍보하도록 허락받았다고 나에게 말했다.

나는 조금 당황스러웠다. 정말 힘들게 내려진 결정이라는 것을 알고 있었지만, 그들의 아이디어는 무엇인가 조금 부족했다. 나는 그 고객에게 이런 시나리오로 운영위원들과 다시 이야기해보기를 권했다.

한 젊은 여자가 있다고 생각해보라. 이 여자를 줄리Julie라고 하자. 줄리는 약 35명이 일하는 사무실에서 근무하고 있다. 줄리는 기업을 상대하는 고객 서비스 담당자이다. 줄리는 30대 초반이며 그리스도인이다. 줄리 옆에서 일하는 사람은 수지Sizie인데, 수지는 정말 놀기를 좋아하는 사람이다. 수지는 재미있었던 일에 대해서 크게 떠들어댄다. 수지는 월요일마다 사무실 사람들에게 자기가 주말에 했던 엉뚱한 일에 대해 늘어놓고는 한다. 수지는 술을 좋아하고 난잡한 생활을 하고 있다. 줄리는 한동안 수지를 영적으로 도와주고 싶었다. 수지에게 도움이 되는 이메일을 보내기도 하고 격려하는 말을 해보기도 했지만, 수지는 정말 영적인 것에 대해 관심이 없다는 것만 분명해질 뿐이었다. 수지는 교회를 접해본 일이 거의 없다는 것을 알 수 있었다.

줄리는 원래 부끄러움이 많다. 줄리는 이 사무실에서 빛이 되도록 하나님이 자신을 이 자리에 두셨다는 것을 알고 있다. 수지를 교회로 인도하기 위해 정말 노력하고 있다. 줄리가 수지를 '집회', 또는 '찬양집회'로 인도하는 것이 쉬울 것이라고 생각하는가? 수지는 찬양하는 법을 모를 것이다. 수지는 줄리의 제안에 겁을 먹거나 어색해할 것이다. 줄리가 수지에게 보다 편안하게 '집회'라는 말을 꺼낼 수 있다면, 줄리도 쉽게 초청할 수 있고 수지도 덜 어색하게 긍정적으로 응답할 가능성이 더 많아질 것이다.

내 고객은 이 시나리오를 운영위원회에 보여주었다. 운영위원회는 마지못해 동의했다. 약 석 달간 지역사회를 대상으로 본격적인 홍보활동을 펼친 후에, 교회는 지난 수십 년간 하지 못한 성장을 경험하게 되었다. 목사님은 내게 전화를 걸어 "지난 10년 동안 전도하지 않았던 사람들이 불신자를 교회로 인도하고 있습니다."라고 말했다. 목사님이 흥분하고 있음을 분명히 알 수 있었다. 명칭, 내용, 목회 팀, 성도들 모두가 전략적으로 합력하여 공동의 목적을 이루어낸 것이다.

지금 모든 대도시 안에 있는 교회가 '집회'라는 이름의 예배를 드리고 있다고 장담할 수 있다. 이것을 교회를 위한 틀에 박힌 해결책으로 권하고 싶지 않다. 원리는 이것이다. "초청하기 쉬우면 쉬울수록, 성공가능성도 높아질 것이다." 초청하기 쉽고, 모든 사람들이 훨씬 더 자연스럽게 응답할 수 있다면, 크게 성공할 수 있다. 내적으로 준비하라. 그러면 결과가 나타날 것이고 성장이 가속화될 것이다.

새신자가 교회에 오게 되는 두 번째 방법인 교인들과 함께 오는 것을 자세히 살펴보자. 앞에서 우리는 낯선 교회에 혼자 오는 새신자를 위축시키는 요소에 대해 논의했었다. 이것은 대단히 큰 문제이다. 그러나 새신자를 전도하여 데리고 오는 인도자들이 받는 스트레스와 그들이 쉽게 상처받는 것에 비하면 아무 것도 아닐 수 있다. 모든 인도자들은 누군가를 교회로 초청할 때마다 자기의 이름을 거는 것이다. 교회 성도들이 긍정적인 결과를 기대할 수 없다면 아무도 초청하지 않을 것이라고 생각해도 괜찮다. 그리고 대부분의 경우, 그것이 바로 우리 교회가 성장하지 않는 이유이면서, 바로 옆에 있는 교회는 성장하는 이유이다. 제2장에서 언급했던 "사람들은 그리스도를 부끄러워하는 것이 아니라 그들의 교회를 부끄러워한다."라는 말을 기억하라.

한 청년에게 그가 다니는 교회를 얼마나 좋아하는지를 물었다. 그 청년은 교회를 사랑하기는 하지만, 교회가 성장하지 않아서 마음이 쓰인다고 솔직하게 대답했다. 교회가 성장하지 않는 이유를 물어보았다. 그는 어리둥절해하더니 "잘 모르겠어요."라고 대답했다.

"아닙니다. 당신은 알고 있습니다. 교회가 성장하지 않는 이유를 알고 있습니다."라고 그에게 다시 도전을 주었다.

잠시 침묵한 후에, 나는 "당신이 누군가를 마지막으로 교회로 전도한 것이 언제였습니까?" 라고 물었다.

"글쎄요. 아주 오래전 일입니다."라고 그는 부끄럽게 대답했다.

"왜 사람들을 교회로 초청하지 않으십니까?"

그는 발을 움직이면서 말했다. "잘 모르겠습니다."

"당신은 알고 있습니다. 당신이 사람들을 전도하지 않는 이유는 교회가 성장하지 않는 이유와 똑같습니다."라고 나는 말했다.

그 청년이 무엇인가 깨닫고 있음을 알 수 있었다. 그는 "예, 그 이유를 알겠습니다."라고 대답했다. 그는 그 이유를 예전부터 알고 있었다. 사람들을 교회로 인도하는 문제와 전반적인 교회성장을 연관시키지 않았을 뿐이었다.

사소한 문제일 수도 있다. 교회 실내장식, 교회 뒤쪽에서 소리치는 여자, 자기 아내에 대해 농담하는 목회자에 대해 성도들은 당황할 수 있다. 사람들을 초청하는 일이 힘들수록 교회성장도 많은 어려움을 겪게 된다.

아까 말한 그 청년은 하나님을 사랑하고 있으며 다른 사람들도 하나님의 사랑을 경험하기를 원하고 있다. 불행하게도, 대부분의 사람들이 그리스도를 전하는 것을 겁내는 것이 아니라, 사람들을 교회로 초청하는 것을 두려워한다.

우리는 교회성장을 위한 사전 마케팅pre-marketing과 출발점을 위한 한 가지 원리를 알 수 있다. 그것은 바로 "쉽게 초청할 수 있게 하는 것"이다. 교회로 초청하는 일이 어렵다면, 이유가 무엇이든지 간에 보다 적은 사람을 전도할 수밖에 없다. 교회성장을 위한 싸움은, 주위 사람들이 보다 나은 삶을 살기 원하는 성도들의 마음에서 시작된다. 이것은 실제로 대다수 성도들의 바람이기도 하다.

교회성장을 위한 싸움은, 주위 사람들이 보다 나은 삶을 살기를 원하는 성도들의 마음에서 시작된다.

"모든 참된 그리스도인들은 다른 사람들도 그리스도인이 되기를 소원한다." 아무리 강조해도 지나치지 않은 말이다. 그리스도께서 우리 안에 들어오셨을 때, 우리는 이 소망도 함께 가지게 되었다. 교회가 성도들에게 다른 사람들을 전도하도록 사정하고, 압력을 가하고, 감언이설로 꾀고, 보상을 제공하고, 전도하는 일을 항상 강조해야 한다면, 어떤 이유로든 교회 사역이 그들이 전도할 사람들에게 아무 의미도 주지 못할 것이라고 성도들이 생각한다는 것을 분명하게 암시한다.

교회 성도들이 개인적인 차원에서 효과적인 복음전도자가 된다

할지라도(이것은 모든 교회의 목표이기도 하다), 자기가 인도한 친구가 그리스도 안에서 성장하기 위해서는 교회에 정착할 수 있어야 한다. 친구가 교회와 잘 연결되지 못하면, 그 친구가 그리스도인다운 삶을 사는데 있어서 부족한 부분을 전도한 사람이 해결해주어야 한다. 새신자가 교회와 잘 연결되지 못하면, 성도들은 자기가 행동해야 한다는 의무감을 가지게 된다. 어떤 성도라도 친구들이 교회에 오는 것을 편안하게 생각하기를 원할 것이다.

이제 중요한 일을 시작해야 할 때이다. "한 사람을 얻기 위해서 그 사람처럼 되는 것", "마케팅 대상을 이해하는 것", "사람들과 시간을 보내는 것", "상대방의 입장이 되어 보는 것", 이 모든 원리가 중요해지는 시점이다. 교회는 지역사회와 잘 연결되고 있는가? 중요한 연결 고리는 바로 성도들이다. 성도들이 생각하기에 교회가 지역사회와 관련이 없다면, 정말 그런 것이다.

> 교회는 지역사회와 잘 연결되고 있는가? 중요한 연결 고리는 바로 성도들이다. 성도들이 생각하기에 교회가 지역사회와 관련이 없다면, 정말 그런 것이다.

바울이 "한 사람을 얻기 위해 그 사람처럼 되라."고 우리에게 도전을 준 것은 놀라운 일이 아니다. 지역사회와 관계를 맺는 능력과 교회성장은 항상 함께한다. 교회 사역이 성도들에게 성공적으로 영향력을 미칠 수 있다면, 자기가 교회로 초청하는 사람들도 그럴 것이라고 생각하기 때문에 성도들은 기꺼이 전도할 것이다.

　다음은 사람들을 교회로 초청하는 일을 꺼리게 하는 몇 가지 사항이다. 이 사항들은 초청받지 않고 스스로 교회에 나온 사람들에게도 방해물이 될 수 있다. 이러한 내용들은 새신자 설문조사로는 전혀 알 수 없을 것이다. 우리와 가까운 사람이라고 해도 이런 문제로 조언을 하기에는 어렵기 때문에, 우리는 자기 자신을 더 면밀히 살펴야 한다.

'환영받는다는 느낌'에 대한 장애물

- 새신자를 지목하는 것 : 새신자에게 손을 들게 하거나 인사말을 하게 하면 당황할 수 있다.
- 가정 : "지난 주에 공부했던 마지막 부분에서부터 시작합시다."라는 말은 새신자들이 그때 있었다고 가정하는 것이다. 무턱대고 성경 이야기나 인물을 언급하는 것은 모든 사람이 그 내용을 알고 있다고 가정한다.
- 무성의한 안내 : 전체적으로 표지판이 부족하거나 아예 없고, 교회에 대한 설명이나 소개를 해주지 않는다면 새신자들을 무지한 상태로 내버려두는 것이다.
- 자기들끼리 하는 농담 : 이러한 농담을 듣게 되면 새신자는 자기가 이방인임을 느끼게 된다.
- 잔소리 : 새신자들이 들어서는 안 되는 문제들, 예를 들면 더 많은 새신자를 초청하지 못한 것 또는 더 많이 봉사하지 않는

것에 대해 성도들을 책망하는 말을 듣게 되면 새신자는 소외
감을 느낀다.

■ 부족한 전달력 : 미디어에 중독된 세상에서, 사람들은 완벽한
메시지 전달에 길들여져 있다. 어설프게 메시지를 전하게 되
면 배려가 부족하다는 것을 보여주는 것이며, 새신자도 그것
을 알아차릴 수 있다.

'편안함과 친밀감'에 대한 장애물

■ 사회적인 차이 : 불편할 정도로 교회와 잠재적인 새신자 간에
절대적인 차이가 있다면, 새신자를 초청하거나 그 새신자가
다시 교회에 오는 일은 힘들 것이다.

■ 스타일과 문화 : 교회 또는 그 구성요소(예를 들면, 성도들, 실
내장식, 예배, 목회자)가 새신자들의 생활양식에 비해 수십 년
앞서든지 혹은 뒤처진다면, 아니면 새신자들이 사는 모습과
정반대라면, 새신자를 초청하거나 한번 왔던 새신자가 다음
주에는 다시 오고 싶어 하지 않을 것이다.

■ 옷차림새 : 새신자가 성도들과 비슷한 수준으로 옷을 입을 수
없거나 그렇게 할 줄 모른다면 어색해 할 수 있다.

■ 조직 : 전문가답지 못한 모습으로는 전문적인 사람들에 대한
호소력이 떨어진다.

'일관성'에 대한 장애물

■ 예측하기 어려움 : 설교 주제가 무엇인지, 혹은 누가 말씀을 전할 것인지에 대해 성도들도 확실하게 알 수 없다면, 그에 맞게 새신자를 초청할 수 없다.

■ 시간 계획 : 예배 소요 시간이 들쑥날쑥하면 새신자들의 스케줄이나 계획에 방해가 될 수 있다.

■ 전혀 다른 끝맺음 : 예배가 명확한 영적인 선포로 끝날 것인지 아니면 구원초청으로 끝날 것인지 성도들도 모른다.

'연관성'에 대한 장애물

■ 삶에의 적용 : 새신자들은 자신의 삶에 필요한 귀중한 가치를 깨닫지 못할지도 모른다.

■ 주제의 연관성 : 설교 주제가 새신자들의 삶에 어떤 의미도 주지 못할 수 있다.

■ 영적인 깊이 : 너무 어려운 영적인 진리를 설교하여 영적으로 다양한 수준의 사람들이 모두 이해할 수 없다면, 새신자들은 실제적으로 적용할 수 없다.

■ 지루한 말투 : 새신자들을 사로잡지 못하면 다음 주에는 교회에 나오지 않을지도 모른다.

■ 삶이 전혀 변화되지 않음 : 다음 단계로 성장하도록 도전을 받지 않는다면, 교회에 갈 이유가 있겠는가?

'이해'에 대한 장애물

■ 깊이 : 초등학교 4학년 학생이 설교를 이해할 수 없다면, 새신자도 그럴 것이다.

■ 불합리한 추론 : 의식의 흐름상 설교의 메시지를 따라갈 수 없다.

■ 용어 : '기독교적'으로 말하는 것, 교회 밖에서는 의미가 없는 말이나 다른 의미로 쓰이고 있는 단어를 사용하게 되면 새신자들은 당황해한다(성만찬, 그리스도의 속죄, 산제물의 언약, 기름부음, 은혜, 예수의 보혈 등)

'민감성(반응성)'에 대한 장애물

■ 너무 많고 너무 빠르다 : 회중석에 앉아 있는 아무 것도 모르는 사람과 "2층 좌석에 앉은 사람들"에게 적절한 설명을 하지 않고, 영적으로 성숙한 신자들을 향하여 헌신하라고 요구하면 새신자들은 당황하고 좌절하게 된다.

■ 교회 내부에서 쓰는 말 : 적절한 설명 없이 "내 살을 먹으라"(예수님께서 이 말씀을 하신 것을 기억할 것이다)는 식의 목회가 이루어진다면, 새신자들이나 잠재적인 새신자들이 어려워할 것이다.

■ 잘 모르는 말 : 새신자에게 익숙하지 않은 것(안수, 방언, 성찬식 등)을 설명해주지 않으면 소외감을 느낄지도 모른다.

이상은 교회성장을 일반적으로 방해하는 몇 가지 요인에 불과하다. 이 목록은 자발적으로 교회에 온 새신자, 초청받은 새신자, 그리고 친구를 교회로 데리고 올 수 있는 단 한 번의 기회를 기꺼이 시도하려는 교인들에게 다 해당된다.

사람들을 교회로 초청하는 문제와 관련해서 그들의 마음을 끄는 것과 문제점을 분석해보면, 아래 사항이 사실임을 알 수 있다. 만약 성도들이 아래 여섯 가지 질문에 긍정적으로 대답할 수 있다면, 친구들과 가족들을 쉽게 초청할 수 있을 뿐만 아니라 전도하는 것이 하나의 생활 습관이 될 수 있다. 그러면 교회는 폭발적으로 성장하게 될 것이다.

① 내 친구는 환영받고 있다고 느낄 수 있을까?

환영받는다는 느낌 – 분위기, 교회 용어, 예배 분위기가 불신자를 환영하는 것이어야 하며 위협적인 요소가 되어서는 안 된다.

② 내 친구가 어울릴 수 있을까?

편안함과 친밀감 – 좋아하건 좋아하지 않건, 문화적인 격차가 있으면 새신자를 초청하는 일도 줄어들고 새신자들도 편안하지가 않다.

③ 예배가 어떻게 끝날 것인지 확실히 알고 있는가?

일관성 – 무슨 일이 있을 것인지 알아야 그에 맞게 초청할 수 있다.

④ 내 친구는 무엇인가를 깨닫게 될까?

연관성 – 설교는 다양한 영적 수준에 있는 사람 모두에게 관련이 있고 호소력이 있어야 한다.

⑤ 내 친구는 말씀을 이해할 수 있을까?

이해 – 예수님께서는 실제적인 예화를 들어 가르치셨다. 찬양과 설교는 다양한 영적 수준에 있는 사람들이 이해할 수 있어야 한다.

⑥ 교회는 불신자들이 낯설게 여길 수 있는 것을 성경을 통해 설명해줄까?

민감성 – 성경적인 행동을 할 때는 분명하고 적절한 설명을 먼저 해주어야 한다.

최고의 가치

가치란 무엇인가? "대단한 것"이라는 뜻으로 하는 말이 아니다. 그보다는 교회의 예배나 구성요소를 통해 누군가의 인생을 변화시킨다는 의미로 하는 말이다. 만약 성도들을 주일 저녁예배에 참여시키는 일이 어렵다면, 그 예배의 가치가 무엇인지 생각해보라. 성도들이 무관심한 것을 너그러이 봐주려는 뜻이 아니다. 사람들의 삶 속에서 예배의 가치를 높이기 위해 우리가 할 수 있는 일이 무엇인지 생각해 볼 수 있는 통찰력을 갖기 위함이다. 사람들이 예배에 오지 않으려 할 때는, 예배보다 다른 일을 더 가치 있게 생각하기 때문이다. 주일 아침이면 집에 있는 것보다 주일 예배를 드리는 것이 더 가치 있는 일이 되도록 만들어야 한다. 의미 있는 방법으로 예배의 요소들을 활용하면, 성도들은 자신의 삶 속에서 예배를 가치 있게 생각하게 될 것이다. 예배의 가치가 높아지면, 교회에 가지 않고 그 시간에 집에 있으면 중요한 것을 놓치고 있다고 생각할 것이다.

성도들이 초청한 새신자가 몇 명이나 되는지를 보면 교회가 얼마나 관계를 잘 맺고 있는지를 판단할 수 있다. 사람들이 예배를 자신의 삶 속에서 얼마나 가치 있는 것으로 생각하고 있는지도 알 수 있다. 대부분의 경우, 교회 성도들이 목사님에게 직접 말하지 못하는 내용을 파악할 수 있는 방법도 된다. 사람들에게 절대로 강요하지 않을 것처럼 보이면서도 열심히 전도하는 사람들을 발견할 때도 있다. 교회가 외부 세상과 얼마나 잘 관계를 맺고 있는가를 알 수 있는 확실한 증거 두 번째는 새신자들이 얼마나 오랫동안 교회에 나오는지를 보면 된다. 새신자가 다음 주에도 계속 나오는지를 기록해보라. 자발적으로 나온 새신자들을 교회가 어떻게 대하고 있는지 알고 싶은가? 간단하다. 방문자 카드를 살펴보고 그 숫자를 세어보라. 매주, 매달, 매년마다 자발적으로 찾아온 새신자의 수가 어떠한가? 얼마나 많은 새신자가 계속해서 교회에 나오고 있으며 등록교인이 되고 있는가?

얼마나 많은 새신자가 계속 교회에 나오고 있는지를 보면 교회가 지역 사회와 얼마나 잘 관계를 맺고 있는가에 대해서 많은 것을 알 수 있다.

얼마나 많은 새신자가 계속 교회에 나오고 있는지를 보면 교회가 지역사회와 얼마나 잘 관계를 맺고 있는가에 대해서 많은 것을 알 수 있다. 하나의 예로, 내가 식당을 운영한다고 하자. 한번 왔던 손님 중에서 다음에 또 오는 손님이 20퍼센트도 되지 않는다면, 아마 주방장을 해고하든지, 새로운 메뉴를 개발하든지, 종업원을 바꿔야 할 것이다. 기업이나 교회에서, 한번 왔던 사람이 다시 오지 않는 것은 어딘가에 문제가 있다는 증거이다. 다시 오지 않는 데는 수백만 가지 이유가 있을 것이다. 그 중에서 한 가지 분명한 이유는 '가치'이다. 예배를 드리면서 자신의 삶이 변화되고 적용할 것이 많을 수록, 그 예배를 더 가치 있게 생각할 것이다. 그 가치가 높아지면 높아질수록, 다시 교회로 돌아올 가능성은 높아진다. 사람들이 교회에 와서 예배가 가치 있다는 것을 깨닫지 못한다면, 당신은 전도할 수 있는 기회를 놓칠지도 모른다. 다음 기회에 그들을 붙잡거나 그들이 다른 교회에 가서라도 가치를 발견할 수 있도록 기도하라. 이것은 "1층 좌석에 있는 사람들"에게도 해당하는 경우이며, "운동장에 있는 사람들"도 마찬가지이다. 자기가 가치 있다고 생각하는 것이 무엇인지 사람들은 행동으로 보여줄 것이다.

오해하지 않기를 바란다. 가치는 성도나 새신자의 개인적인 문제일 수도 있다. 그 사람들이 생각하는 가치의 우선순위가 올바르지 않을 수도 있으며 그 사실을 간과해서는 안 된다. 그러나 교회가 창조하는 가치의 수준을 높일 때, 다른 곳에서보다 교회에서 더 귀중한 것을 깨닫는 사람들이 많아지는 것은 당연하다. 그러므로 우리가 시간을 들여 그 일을 위해 노력하지 않으면서 사람들에게만 책임을 떠넘길 수는 없다.

결국, 가치란 일관성, 연관성, 능력이 결합된 것이다. 능력이 포함된 것을 주목하라. 교회는 사람들이 쉽게 이해할 수 있도록 단순하면서도, 삶을 변화시킬 만한 능력을 가져야 한다. 새신자의 수준에 맞는 예배를 제공하고, 일관성 있게 행동하라. 그러면 새신자들은 다음 주에도 교회에 나올 것이고, 다른 친구들도 데리고 올 것이다.

▶ 요약및적용 ◀

    교회성장을 방해하는 대부분의 문제는 기본적인 사항과 관련이 있다. 정직하라. 교회성장을 저해하는 원인을 규명하라. 그 문제에 대해 기도하라. 기꺼이 변화하라. 교회가 어떻게 성장하는지를 이해하라. 교회는 기도할 때 성장하지만, 그렇다고 해서 신비주의적인 것은 아니다. 새신자는 하늘에서 떨어지지 않는다. 저절로 돋보이는 성도들, 다른 사람을 데려오는 성도들을 통해서 교회는 성장한다. 수평적 교회성장은 기존 성도들이 다른 교회 또는 다른 지역에서 이동해오는 것이며, 수직적 교회성장은 영적인 회심으로 이루어진다.

    결론적으로 교회는 새신자(방문자)와 좋은 관계를 맺을 때 성장한다. 관계를 잘 맺지 못하면, 새신자는 다음 주에는 교회에 나오지 않을 것이고, 성도들도 다른 사람을 초청하는 일에 주저하게 될 것이다. 교회 성도들은 그런 분위기를 알고 점점 더 초청하지 않게 된다. 새신자들에게 두 번째 기회를 기대하지 말라. 설교가 너무 어렵고 복잡하다는 컨설팅 결과가·나왔던 사례가 기억난다. 설교를 온전히 이해하려면 신학 학위가 필요할 정도였다. 운영위원회는 내게 세 장의 CD를 보내주면서 말했다. "이 설교를 들어보십시오. 우리가 일반적으로 듣고 있는 설교입니다." 나는 새신자를 위해서도 이런 설교를 하는지 물어보았다. 대개 새신자를 붙잡을 수 있는 기회는 단 한 번뿐이다.

자발적으로 교회를 찾아온 새신자에 대해 다시 생각해보라. 새신자가 겪게 되는 고충을 생각해보라. 교회의 입장에서, 새신자들이 그리스도의 복음을 받아들이는데 방해가 되는 모든 문제를 할 수 있는 대로 다 해결했는가? 새신자에게 길 안내를 잘 하고 있는가? 성도들은 새신자를 편안하게 해주는가? 예배는? 사역은? 새신자들의 감정을 고려해주지 않으면, 새신자들은 메시지를 듣지 않으려 할 것이며 다음 주에는 교회에 오지 않을 것이다. 그렇게 되면 수평적으로 성장할 수 있는 방법을 찾아야 한다.

성도들에 대해 생각해보라. 성도들은 사람들을 교회로 초청하기를 원한다. 특정한 사람들을 초청하는 일에 편안함을 느끼지 못한다면 그 장애물은 무엇인가? 그것을 기록해보라.

교회가 새신자를 더 환영할 수 있는 방법은 무엇인가?

교회가 지역사회와 잘 지내기 위해 할 수 있는 방법은 무엇인가?

예배는 일관성이 있는가? 예배가 일관성을 유지하면서도 항상 새로운 느낌을 줄 수 있는 방법은 무엇인가?

다양한 영적 수준에 있는 사람들이 모두 감동을 받을 수 있는 예배를 드리려면 어떻게 해야 하는가?

예배의 모든 측면에서, 다양한 이해 수준을 가진 사람들과 다 관련성이 있으려면 어떻게 해야 하는가?

교회는 민감한가? 더 많은 해답을 제공하고, 해결되지 않는 질문을 최소화하기 위해 할 수 있는 일은 무엇인가?

가치에 대해 생각해보라. 일관성이 있는가? 관련성이 있는가? 능력이 있는가? 새신자 개개인이 더 가치 있는 경험을 할 수 있도록 교회가 할 수 있는 일을 기록해보라.

06

교회성장을 촉진하는
분위기를 창출하라

많은 회계법인단체가 소규모 회사의 사장들에게 성공하는 법을 가르칠 때 사용하는 재미있는 비디오 세미나가 있다. 세미나 제목은 '사업에서 진정으로 성공하는 방법'Making Your Business Really Fly이다. 이 세미나의 일부분은 짐 콜린스의 「좋은 기업을 넘어 위대한 기업으로」(Good to Great, 김영사), 그리고 마이클 E. 거버의 「E. 신화」(e-Myth, 상상북스)와 같은 시대를 초월한 훌륭한 저서들을 생각나게 한다. "월리"Wally라는 애칭으로 불리는 한 오스트리아의 애완동물 가게 주인을 주인공으로 하는 정말 재미있는 비디오이다. 월리는 여러 번 들어도 괜찮을 만한 교훈을 가르치기 위해 한 가지 예를 보여준다.

비디오의 한 장면에서 월리는 사업 조언가로서 친구에게 귀중한 교훈이 담긴 이야기를 하고 있다. 영감 있고 고무적인 조언이다. 10분 이상, 월리는 자세하게 설명하면서 이야기를 하는 내내 친구의 손을 꼭 붙잡고 있다. 논의하고 있는 주제를 이해시키고 서로를 깊이 이해하는데도 도움이 되는 행동이다.

월리는 친구에게 교훈을 잘 전달하고 있으며, 그 친구도 그 교훈이 정말 중요하다는 것에 전적으로 동감하고 있었다. 그런데 월리가 이야기를 끝내고 일어나더니 갑자기 친구의 뺨을 때리는 것이었다. 친구는 너무 놀랐고, 아픔과 충격으로 당황했다. 친구가 정신을 차리자 월리는 그에게 물었다. "우리가 했던 이야기를 기억하는가?" 친구는 대답했다. "내가 기억하는 것이라고는 당신이 내 뺨을 때렸다는 것뿐이야."

사업을 하면서 때때로 고객의 뺨을 때리는 것과 같은 일을 할 때가 있다는 것을 가르치기 위한 행동이었다. 그리고 그런 일이 일어나면 고객은 다른 것은 모두 잊어버린다. 뺨을 맞기 전에 아무리 좋은 일이 있었더라도 다 잊어버리고 만다. 이 예화는 교회성장에도 적용할 수 있다.

'새신자의 뺨을 때리는 일'과 같은 상황은 여러 가지가 있다. 강단에서 아무 생각 없이 하는 말, 어색한 순간, 안내위원의 거친 말, 성도들의 거만한 눈초리, "영성을 인위적으로 과시하는 것", 아니면 성도들을 향한 비난 등이 그런 상황일 수 있다. 이런 상황이 생기게 되면, 새신자들은 그 전에 들은 말씀이 아무리 좋아도 다 잊어버리고 동요할 뿐이다.

새신자에게 충격적인 행동을 일부러 하는 교회들도 있다. 그러나 그런 행동이 아무리 영적이라고 해도, 바울은 새신자들이 어떻게 생각할 것인가에 민감하라고 가르친다. 고린도전서 14장을 보자. 바울은 14장 전체에 걸쳐 새신자가 우리 교회를 어떻게 생각할 것인지를 살펴보라고 쓰고 있다. 어떤 은사에 대해서는 다른 사람들을 배려하면서 사용하도록 고린도 교인들에게 말하고 있다. "그러므로 온 교회가 함께 모여 다 방언으로 말하면 무식한 자들이나 믿지 아니하는 자들이 들어와서 너희를 미쳤다 하지 아니하겠느냐"(고전 14:23). 바울은 새신자들이 어떻게 생각할 것인가에 대해서 다시 한 번 염려하고 있다. 바울은 교회성장 전문가였다. "모든 것을 적당하게 하고 질서대로 하라"(고전 14:40)는 바울의 말은 새신자들이 이해할 수 없는 일로 마치 뺨을 맞은 것과 같은 느낌을 받지 않게 하라는 의도이다.

> 고린도전서 14장 23절에서 바울은 새신자들이 어떻게 생각할 것인가에 대해서 다시 한 번 염려하고 있다.

불신자들이 뺨을 맞는 것과 같은 느낌을 받게 되는 일은 또 있다. 나는 어떤 목회자가 벽이 흔들릴 정도로 심하게 꾸중하는 것을 들은 적이 있다. 교회와 잘 어울리지 않는 새신자를 무시하는 안내위원을 본 적도 있다. 강단에서 자신의 배우자를 폄하하는 목회자도 있다. 어린이 사역자들이 어린이들에게 심하게 소리 지르는 경우도 있다. 사실, 앞장에서 논의한 여섯 가지 항목을 심하게 위반할수록 뺨을 때리는 것과 동일한 효과를 나타낸다.

공장 근로자들이 사는 작은 도시에 큰 교회가 있었다. 대략 6만 명이 거주하는 지역에 약 1,500명의 성도가 모이는 교회였다. 그런데 출석 성도가 약 8백 명으로 감소하자 교회는 우리에게 전화로 상담을 의뢰했다. 교회는 성장이 감소되는 원인을 알 수 없었다. 과거에 교역자들은 그 교회가 그 지역에서 가장 큰 교회인 것을 당연하게 생각했다. 그들이 보기에는 성공한 교회였다. 그들은 몇몇 '초대형교회'를 탐방하면서 그 교회를 그대로 모방하여 목회하고 있었다. 그러면서 교역자의 옷차림새가 변했다. 가장 고급스러운 가게에서 2,500달러짜리 옷을 사입기 시작했다. 그 지역에서는 매우 사치스러운 옷이었다. 그 지역의 일반적인 생활수준 이상으로 겉치레가 화려해졌고 머리 모양도 마찬가지였다. 교회는 공장 근로자들과 점점 멀어지고 있었다. 적어도 공장 근로자들이 보기에는 그랬다.

이것은 분명히 두 번째 문항을 위반한 상황이다. "내 친구가 어울릴 수 있을까?" 바울은 한 사람을 얻기 위해서 공장 근로자처럼 되었을 것이다. 우리가 멋진 모습을 보여서는 안 된다는 의미가 아니다. 그러나 직원회의를 소집했을 때, 다른 사람들은 모두 셔츠에 카키색 바지를 입고 있는데 내가 턱시도를 입고 나타난다면, 아마도 사람들은 나를 그들과 같은 유형의 사람이 아니라고 생각할 것이다. 교역자들은 내 생각에 이의를 제기했다. "우리는 원래 그런 사람입니다. 우리가 옷 입는 모습에 대해 아무도 불쾌하게 생각하지 않습니다." 그런데 한 젊은 찬양 사역자가 울면서 말하기 시작했다. "제가 처음 이 교회에 왔을 때, 제 아내와 저는 4개월 동안 사촌들과 함께 살았습니다. 여러분들에 비해서 우리 옷차림이 너무 초라했기 때문에, 네 달치 방값을 이 교회의 수준에 맞는 옷을 구입하는데 써버렸습니다."

대부분의 사람들이 이해했지만, 한 사람은 여전히 완강히 말했다. "저는 원래 이렇게 옷을 입습니다. 저는 이런 사람입니다."

그리스도 안에서 형제자매가 된 여러분, 이것은 당신과 나에 대한 문제도 아니고, 그들에 대한 문제도 아니다. 잃어버린 영혼에 대한 문제이다. 그들과 같아짐으로 해서 한 사람이라도 얻을 수 있다면, 가치 있는 일이 아니겠는가? 다행히 마지막까지 반대했던 그 사람도 나중에는 내 의도를 이해하게 되었다. 교회가 성장하기 위해서는 자기중심적인 분위기가 아니라 융통성 있는 분위기가 필요하다.

메스로 상처를 도려내는 것이 자연적인 치유를 위한 첫 번째 단계인 것처럼, 이러한 단절감을 없애는 것이 교회가 성장을 위해 도약하기 위한 첫 번째 단계이다.

메스로 상처를 도려내는 것이 자연적인 치유를 위한 첫 번째 단계인 것처럼, 이러한 단절감을 없애는 것이 교회가 성장을 위해 도약하기 위한 첫 번째 단계이다.

우리가 앞장에서 던졌던 여섯 가지 질문은 새신자를 초청하기 위한 기초사항이면서 교회성장을 위한 기초사항이 된다.

① 내 친구는 환영받고 있다고 느낄 수 있을까?
② 내 친구는 어울릴 수 있을까?
③ 예배가 어떻게 끝날 것인지 확실히 알고 있는가?
④ 내 친구는 무엇인가를 깨닫게 될까?
⑤ 내 친구는 말씀을 이해할 수 있을까?
⑥ 교회는 불신자들이 낯설게 여길 수 있는 것을 성경을 통해 설명해줄까?

각 부분에서 높은 점수를 받을 수 있다면, 교회 분위기는 새로워지기 시작할 것이다. 분명한 비전을 갖게 되면, 교회에 새로운 활력이 생긴다. 고등학교 시절로 돌아가서 생각해보라. 여자 친구가 없는 남학생에게는 데이트 신청을 하는 여학생이 아무도 없었다. 그러나 그 남학생에게 여자 친구가 생기자마자, 다른 여학생들도 모두 관심을 가지게 되지 않았던가? 확신을 주는 분위기에서는 관심이 끌리게 된다. 시너지 효과로 날개를 달게 되는 것이다. "여자 친구 원리"는 유효하며 현대 교회에서도 유용하다. 이 원리는 분위기 창출에서 시작된다.

'분위기'는 교회성장과 어떤 관계가 있을까? 이런 제안은 성령의 사역과 기도의 능력을 폄하하는 것이라고 생각하는 사람들이 많이 있다. 그러나 사실은 그 정반대이다. 어떤 교회이든 그 분위기를 만드는 근본적인 요인은 하나님이 그분의 백성들 가운데 거하시며 그들의 삶에 역사하신다는 인식이다.

성경에 기록된 것을 기억해보라. 사람들은 베드로와 요한을 "학문 없는 범인"으로 "알았다가" 그들이 "기탄없이 말함"을 보고 "이상히 여기며" "예수와 함께 있던 줄"(저자 강조)을 알게 되었다고 말한다(행 4:13).

베드로와 요한은 영적으로 능력 있는 행동을 보여주었다. 그러자 그들을 중심으로 분위기가 형성되었다. 사람들은 목회자와 성도들이 그리스도와 동행하고 있으며 성령께서 그 교회 안에 일하고 계심을 분명하게 인지할 수 있어야 한다. 그런 분위기가 감지되지 않는 교회라면, 그 교회가 사람들의 삶을 조금이라도 변화시키는 일은 아주 힘들 것이다. 이것이 교회가 만들어내야 하는 분위기의 기초석이다. 그리고 분위기를 형성하기 위해서는 우리가 스바 여왕의 예에서 보았던 것처럼 다른 중요한 요소들이 있어야 한다.

이러한 요소들을 생각하고 분석하면서, 모든 문제에 다 들어맞는 한 가지 해결책은 없다는 것을 알아두기 바란다. 교회가 완벽해지기 위한 비밀 공식은 없다. 우리 교회에는 주변의 다른 교회들과는 차별화되는 예배방식, 목회방식, 특성, 교리적인 차이 등이 있다. 나는 여러 교회와 사역하면서, 한 교회가 다른 교회의 모델을 그대로 답습하면서 그 교회와 비슷한 결과가 나올 것을 기대할 때 많은 문제가 일어나는 것을 볼 수 있었다. '방법'이 아닌 '원리'가 보편적인 것임을 기억하라.

방법보다는 교회성장에 도움이 되는 원리를 다른 교회에서 배우라. "모사가 많으면"(잠 11:14) 보다 안전하겠지만, 단순히 모방하는 사람들을 위한 보호 장치는 없다. 성장하는 교회를 둘러싸고 있는 내적, 외적 역동성은 그 교회만의 것이다. A교회가 한 일을 그대로 한다고 해서 우리 교회도 같은 결과를 얻을 수는 없다. 우리 교회는 A교회가 아니다. 그 교회의 성도, 목회자, 건물, 지역사회, 교역자들이 우리 교회에도 똑같이 있는 것이 아니다. 방법을 모방해서는 올바른 결과를 얻을 수 없다. 교회로서의 정체성과 전도대상자가 누구인가 하는 두 가지 요소가 결합되어 결과로 나타날 것이다. "한 사람을 얻기 위해 그 사람처럼 되는 것", 지역사회에서 "사람들과 함께하는 것"을 벗어나서는 아무 것도 얻을 수 없다. 이것은 원리이지 방법이 아니다.

분위기를 만들라

모든 교회에는 분위기가 있다. '분위기'는(웹스터 사전에 의하면) 교회의 "지배적인 인지적 또는 감정적인 환경이나 태도"를 말한다. 모든 방문자들이 그 교회에서 어떤 분위기를 경험했는지에 대해서 쉽게 말해주지는 않을 것이다. 그러나 모든 교회에는 한 가지, 또는 그 이상의 분위기가 있다.

교회 분위기는 설교자의 어조가 큰 부분을 차지한다. 찬양 목회자의 역할도 크다. 교회건물, 주변 환경 디자인, 조명 등도 마찬가지이다. 안내위원, 교사도 큰 부분을 차지한다. 모든 교회에는 분위기가 있는데, 의도적으로 분위기를 만드는 교회도 있고, "외모를 보는" 사람들에게 교회가 어떤 모습으로 비춰지고 있는지를 전혀 생각하지 않는 교회도 있다.

이제, 우리가 만드는 교회 분위기에 대해 생각해보려고 한다. 현재 성도들과 새신자들이 무엇을 경험하고 있는지 생각해보라. 우리는 일을 어떻게 하고 있으며, 우리 주위에 있는 사람들이 어떻게 보고 있을지 생각해보라. 현재는 이상적인 분위기가 아닐 수도 있다. 그러나 우리가 교회 안의 분위기를 전적으로 만들고 있다는 것은 분명히 이해해야 한다.

마치 자동온도조절장치를 설치하여 온도가 조절되게 하는 것처럼 교회의 분위기를 바꾸고 싶다면, 교회의 내적인 문화와 목회 팀의 커뮤니케이션 습관을 바꾸어야 한다. 당신이 분위기를 만든다. 목표를 설정하고 리더십과 교회를 격려하고 가르치고 훈련함으로 목표를 향해 나아가라.

최근에 나는 스타벅스Starbucks에 앉아 있었는데, 신입사원들을 위한 그룹 훈련을 보게 되었다. 놀라웠다! 신입사원들은 자기가 창출해야 하는 분위기와 경험에 대해 훈련받고 있었다. 모임에서는 사명선언문과 핵심적인 정책을 분명하게 설명하고 있었다. 실제적인 적용을 위해서는 모든 사람들이 이해할 수 있는 예화를 사용했다. 모임의 성격은 분명했다. 비전을 추구하는 모임이었다. 팀을 구성하고 있었으며, 정말 흥미진진했다. 나도 입사지원서를 쓸 뻔했다!

신입사원 훈련 담당자들은 직원들이 서로에게 대해, 상사에 대해, 협력자들에 대해 어떻게 대해야 하는지 분명한 비전을 가지고 있었다. 그러나 그들은 직원들이 일하면서 얻고 싶어하는 것에 중점을 두고 교육하지 않았다. 직원 서로 간에 그리고 궁극적으로는 손님을 위해 제공할 수 있는 일을 중심으로 교육하고 있었다. 신입사원들은 주요 고객과 좋은 관계를 유지하고 라떼가 무엇인지를 알지 못하는 사람들에게 민감하라고 교육을 받았다. 나는 스타벅스에 앉아서 느헤미야를 생각했다. 느헤미야는 예루살렘 성벽을 세우기 위해 전체적인 전략을 세웠으며, 사람들을 조직하고 각자에게 책임을 나누어주었다(느 3~4장).

사역자들(봉사자들과 교인들)에게 그들이 속한 교회의 영성과 새 신자 중심의 분위기를 만들어야 하는 교회 비전에 대해서 스타벅스처럼 열심히 교육한다면 어떻게 될까? 이러한 비전이 없다면, 우리가 복음을 전하는 일에 실패하고 비효율적인 것은 이상한 일이 아니다. 많은 교회가 사람들과 관계를 잘 맺지 못하고 있는 이유가 궁금한가? 지금까지 이 책에서 우리가 전도하려는 사람들에 대해 거의 아는 것이 없음을 이야기했다. 더 심각한 문제는 우리 자신이 누구인가에 대해서도 잘 모를 때가 있다는 것이다.

이제 분위기가 만들어지는 과정에 대해 이야기해보자. 그리고 분위기 자동조절장치를 가동시키자.

교회성장은 대부분 친구들과 가족들을 전도하기 위해 교회 성도들이 노력한 결과라는 것을 이전에 말했었다. 이제 교인들과 새신자 양쪽에 분위기가 어떤 영향을 주는지 생각해보는 것이 중요하다. 궁극적으로 우리는 2층 좌석에 있는 사람들, 1층 좌석에 있는 사람들, 그리고 운동장에 있는 사람들을 위한 무대를 만들고자 한다. 그런 다음 어떻게 하면 교회에서 가치 있는 경험을 하게 할지 생각해야 한다. 다시 말하면, 새신자의 마음을 끌 수 있는 요소, "사람을 강권하여 데려다가 내 집을 채우라"(눅 14:23)는 말씀에 순종할 수 있도록 전도자에게 확신을 줄 수 있는 요소, 영적으로 성숙한 성도들에게 도전을 줄 수 있는 요소를 모두 생각해야 한다.

지금까지 지역사회를 분석하면서 자기 반성을 했을 것이다. 이제 여러 요소들이 서로 만나게 된다. 핵심적인 전도대상으로 삼고 있는 사람들이 매슬로우의 욕구위계 중 어느 단계에 있는지를 생각해 보라. 사람들의 생활양식, 소득수준, 직장에서의 상호작용 등에 대해 생각해보라.

새신자 빅Vic이 있다고 가정해보자. 빅은 몇 년째 이 지역에 살고 있으면서 교회 성도들의 평균소득보다 매년 25퍼센트 이상의 소득을 올리고 있다. 그는 지도자적인 위치에 있고 사람들은 그의 의견을 중요하게 생각한다. 물론 그는 교회에 다니지 않는다. 여섯 살 이후로 교회에 가본 적이 없지만, 몇 가지 고민스러운 문제가 있어서 교회에 한 번 가보고 싶다는 생각을 하고 있다. 빅은 당신의 교회를 어떻게 생각하고 있을까?

> 교회 이름만 보고도 사람들은 그 교회를 관심 대상에서 제외시킬 수 있다. 교회 이름을 쉽게 이해하지 못하는 것으로도 사람들은 위축될 수 있기 때문이다.

분석하는데 도움이 되도록, 지난 장에서 다루었던 여섯 가지 질문의 원리를 다시 살펴보자. 새신자를 환영하고 있는지, 편안해 하는지(아니면 문화적으로 관련성이 있는지), 일관성이 있는지, 관련성이 있는지, 이해할 수 있는지, 그리고 민감한지를 살펴보자. 만약 내가 교회에서의 경험이나 분위기를 평가할 때 위의 질문을 사용한다면, 새신자의 입장에서 시작할 것이다. "새신자가 보기에, 우리 교회 이름은 이 원리들에 부합하는가?" 만약 생활수준이 높은 지역에서 교회 이름이 "사도적 영광의 거룩한 성전"Holy Temple of Apostolic Glory이라면 장애물에 부딪힐지도 모른다. 교회 이름만 보고도 사람들은 그 교회를 관심 대상에서 제외시킬 수 있다. 교회 이름을 쉽게 이해하지 못하는 것으로도 사람들은 위축될 수 있기 때문이다. 교회 이름이 무슨 뜻인지 이해하지 못하면, 교회 안에서 어떤 일들이 일어나는지도 이해하기 어려울 것이라고 사람들은 생각한다.

같은 방법으로, '분위기'를 조성하는 주요한 요소를 개별적으로 살펴보고 여섯 가지 원리의 입장에서 교회가 어떤 신호를 보내고 있는지를 생각해보라. 다음 사항에 대해 새신자의 입장에서 각 원리별로 1~10점까지 점수를 매겨보라. 환영하고 있는지, 편안한지, 일관성이 있는지, 관련성이 있는지, 이해할 수 있는지, 민감한지. 첫 번째 사항은 내가 먼저 해보겠다. 믿든지 믿지 않든지, 이러한 각각의 요소들은 빅에게 교회에 대한 인상을 심어주고 있다. 각 요소는 서로 연결되어 있다. 교회가 빅과 친밀한 관계를 맺는데 각각의 요소들이 기여하는 부분을 분석하라. 각각의 부분에서 빅에게 얼마나 좋은 인상을 주고 있는지 각 항목을 1~10점으로 평가하라.

■ 외부 홍보

• 빅은 자신이 얼마나 환영받고 있다고 느낄 수 있을지 평가하라(환영하고 있는지).

• 빅은 자신이 교회 문화와 얼마나 잘 맞는다고 생각할지 평가하라(편안한지).

• 빅은 전형적인 예배가 어떤 것이라는 느낌을 가지고 돌아가게 될지 평가하라(일관성이 있는지).

• 빅은 설교가 자기 삶의 문제를 얼마나 다루고 있다고 느끼게 될지 평가하라(관련성이 있는지).

• 빅은 설교와 교회 용어를 얼마나 이해했을지 평가하라(이해할 수 있는지).

• 빅이 어색해할 만한 일은 없었는지 평가하라(민감한지).

■ 교회 웹사이트

■ 교회 건물 및 정원

■ 주차장과 안내 표시

■ 환영위원들

■ 안내위원들

■ 주일학교 사역자들

■ 로비 실내장식 및 안내 표시

■ 인쇄물

■ 성도들의 반응

■ 광고

■ 예배

■ 헌금

■ 설교

■ 영적인 도전 또는 구원초청

- **축도**
- **예배 후 인사**
- **주차장에서 나가는 길**

평가를 다 마쳤다면, 각각의 항목에 대해 한두 문장으로 기록해 보라. 각 항목에서 빅에게 보여주고 싶은 이상적인 모습은 무엇인 지 정의해보라. 예배의 근본적인 요소들을 살펴보고, 예배 후에 사 람들이 무슨 말을 하고 또는 무슨 생각을 했으면 좋겠는지를 생각 해보면 어떨까? 교회 분위기와 커뮤니케이션과 성도들이 목적하는 바가 교회에서 새신자가 바람직한 경험을 하는 것이 될 수 있도록, 실내장식을 다시 하고 디자인을 바꾸고 성도들을 가르치고 훈련한 다면 어떻게 될까? 교회의 사역팀은 분위기를 바꿀 수 있는 능력을 가지고 있다. 우리 교회의 새신자에 대해 잘 알면 알수록, 새신자들 의 삶이 변화되는 분위기를 만드는 일은 성공할 수 있다.

분위기나 경험을 미리 계획하는 일에 대한 비전을 갖는 것은 매 우 도전적인 일이다. 이에 대한 계획을 세울 때 핵심적인 과제는, 굉장한 민감성과 비전이 필요하다는 것이다. 또한 헌신해야 한다. "이것은 우리가 해야 할 일이지만, 저것은 우리가 해야 할 일이 아 닙니다."라고 기꺼이 말할 수 있는 용기도 필요하다. 성도들과 지 역사회에 대해서 교회가 현재 어떤 관계를 맺고 있으며 또 앞으로 어떤 관계를 맺고자 하는지를 진심으로 이해해야 한다.

교회 안에서의 경험은 교회성장에 매우 중요한 요소이기 때문에, 우리는 항상 컨설팅 과정에서 이 문제를 집중적으로 논의한다. 한 교회가 컨설팅 내용을 잘 이해하고 실행한 결과 정체된 상태에서 약 6개월 후에 25퍼센트의 성장을 이루는 것을 본 적이 있다. 반면에 가만히 앉아서 어떤 변화도 시도하지 않고 아무런 열매도 없는 교회를 본 적도 있다. 결국 좋은 계획이란 실천이 뒤따라야 한다. 바람직한 분위기를 잘 감지하기 위해서는 지속적으로 실행하고 조정하려는 의지가 있어야 한다.

밖에서 안으로 사역하라

내가 왜 새신자가 경험하는 일에 많은 관심을 가지는지 궁금할지도 모르겠다. 야구 예화를 기억하는가? 우리는 야구장 밖에서 무관심한 사람들, 2층 좌석에 앉아 평가하는 사람들, 1층 좌석에 앉아서 헌신하는 사람들, 야구장에서 사역하는 사람들로 분류했다. 2층 좌석에서 정말 좋은 경험을 할 수 있을 때, 사람들은 친구들을 더 데리고 올 것이다. 결국, 2달러짜리 헐값의 표가 없어도 된다면, 처음으로 야구장에 와보는 사람들이 더 많아지지 않을까?

교회의 분위기는 1층 좌석과 운동장에 있는 사람들이 중심이 되고 있다. 그 이유는 무엇일까? 지도자들에게는 그 사람들의 환호 소리가 가장 크게 들린다. 1층 좌석과 운동장에 있는 사람들은 그 자리에 앉기 위해 더 많은 비용을 지불하고 있다. 대부분의 교회가 그런 사실을 알고 일부러 그렇게 한다는 뜻이 아니다. 하지만, 실제로 많은 목회자들이 단지 헌신된 기존 성도들에게만 적용 가능한 설교를 하고 있다. 우리는 교회를 컨설팅하면서, 많은 경우 주일 낮 예배 설교가 불신자들에게는 전혀 감동을 주지 못하고 있음을 깨닫게 되었다. 이러한 분위기 때문에 1층 좌석과 운동장에 있는 사람들은 2층 좌석으로 사람들을 초청하는 일을 꺼리고 있다. 그들도 불신자를 위한 교회사역이 부족함을 알기 때문이다. 교회가 1층 좌석에 있는 헌신된 사람들을 중심으로 사역하면 교회가 성장할 수는 있다. 그러나 이 경우는 단지 수평적 성장으로서 기존의 그리스도인들이 다른 교회에서 옮겨오는 것일 뿐이다. 지역사회의 불신자가 회심하는 교회성장은 이루어지기 힘들다.

다양한 수준의 사람들을 목회하려고 할 때, 일반적으로 교회들은 메시지의 내용을 완화시켜서 전해야 할 것 같다는 생각을 공통적으로 하게 된다. 그러나 실상은 그렇지 않다. 강한 교회는 1층 좌석과 운동장에 있는 사람들, 즉 헌신된 그리스도인들에게 초점을 맞춘 목회를 해야 한다. 이것은 영적인 성장과 관련된 문제이다. 바울도 '젖'에서 하나님 말씀의 '밥'으로 넘어가야 한다고 지적했다(고전 3:2). 이렇게 말하는 것이 모순처럼 들릴 수도 있지만, 같은 예배를 드리면서도 2층 좌석, 1층 좌석, 운동장에 있는 사람들의 영적인 필요를 동시에 채우는 일이 가능하다. 예배를 드리면서 '젖'과 '고기'를 같이 주면 된다는 것을 기억하면 된다. 그리고 그렇게 할 때는, 꼭 '젖'을 먼저 주어야 한다.

어떻게 하면 될까? 이 일을 쉽게 잘하는 목회자들이 있다. 개인적인 차원에서 복음전도를 잘하거나, 아니면 "사람들과 시간을 함께 보내는 일"을 자주해본 목회자들은 다양한 수준에 있는 사람들과 커뮤니케이션 하는 일에 훨씬 능숙하다. 사실 이 일은 근육을 움직이는 것과 비슷하다. 예배 시간에 불신자들과 커뮤니케이션할 수 있는 능력은 개인적으로 영적인 민감성을 요구하는 상황들을 겪으면서 갖추게 된다. 이 능력을 자연스럽게 습득하지 못했다면, 커뮤니케이션을 할 때 바깥에서 시작하여 안쪽으로 들어오는 방법을 사용하면 된다. 이것은 하나의 '방법' 이기는 하지만, 하나의 원리이기도 하다. 바깥에서 안쪽으로 사역하는 방법은 우선 2층 좌석에 있는 사람을 위해서, 그 다음에 1층 좌석에 있는 사람을 위해서, 그 다음에 운동장에 있는 사람들을 향해서 메시지를 상황에 맞게 전달하는 것을 의미한다. 한 가지 예를 들어보겠다.

봉사를 강조하는 교회로 변화된 큰 교회의 주일 예배에 참석한 적이 있었다. 설교자는 교회에서 봉사해야 할 필요성을 설명하려고 그 도입부에서 '목적' 에 대해 언급했다. 그 설교는 다음과 같다.

하나님께서는 여러분 모두에게 목적을 주셨습니다. 자신을 드릴 때 그 목적을 발견할 수 있습니다. 우리 교회에는 봉사자들이 많이 필요합니다. 봉사하는데 시간을 드림으로써, 여러분의 목적이 무엇인지를 알아갈 수 있기를 기도합니다. 여러분 개개인은 모두 교회에서 사역해야 합니다. 이번 달부터 여러분 모두 이 사역에 참여하시기를 바랍니다.

"여러분 개개인은 모두 교회에서 사역해야 합니다."라고 말하면서 한 단락을 맺었을 때, 설교자는 "운동장과 1층 좌석에 있는 사람들", 즉 헌신된 기존 성도들에게만 이 설교를 했다고 생각했을 것이다. 처음 온 새신자에게 직접적으로 그런 설교를 하려고 하지는 않았을 것이다. 그러나 사실은 그 예배에 20명이 넘는 새신자가 있었고, 이달 말까지 주일학교 교사로 봉사하고, 기저귀를 갈아주고, 교회를 청소하라는 설교를 듣고 있었다. 불신자로서, 당황하거나 감정이 상할 수도 있었을 것이다. 그런 설교를 듣다니 주일 오전을 낭비하고 있다고 생각할 수도 있다. 아니면 나의 존재 가치는 내가 누구인가에 있는 것이 아니라 내가 교회를 위해 무슨 일을 하는지에 달려 있다는 뜻으로 들었을지도 모른다. 교회는 그저 사람들에게서 무엇인가를 요구하는 곳으로만 생각하게 되었을지도 모른다. 다음 주에 다시 교회에 오고 싶은 마음이 사라졌을 것이다.

더 안 좋은 일은 대부분의 성도들이 "이번 주일에 새신자를 전도하지 않기를 정말 잘했군."이라고 생각한다는 것이다. 이러한 유형의 설교는 자주 있는 일이며, 사람들은 더 이상 불신자를 초청하지 않게 된다.

같은 주제를 다루면서도 "2층 좌석에 앉은 사람들"의 이해 수준에 맞춘 설교를 살펴보자. 그런 설교는 이렇게 진행될 수 있을 것이다.

오늘 아침, 여러분을 이곳에서 뵙게 되어 반갑습니다. 오늘 우리는 목적에 대해 이야기해보려고 합니다. 우선, 오늘 처음 교회에 나오신 분이 계시다면, 하나님께서 여러분의 삶을 위한 특별한 계획을 가지고 계심을 아시기 바랍니다. 하나님은 여러분을 정말 사랑하십니다. 하나님께서는 여러분이 우선 그분을 알기를 원하십니다. 하나님과의 관계를 시작하는 것입니다. 설교를 하면서, 여러분이 그렇게 할 수 있는 방법을 몇 가지 말씀드릴 것입니다. 오늘 저는 우리 성도님들께 도전을 드리려고 합니다. 우리 교회의 핵심적인 부분을 감당하기로 자신을 헌신하신 '성도님' 들께 이 말씀을 드립니다. 하나님께서는 여러분 모두에게 목적을 주셨습니다. 자신을 드릴 때 그 목적을 발견할 수 있습니다. 우리 교회에는 봉사자들이 많이 필요합니다. 봉사하는데 시간을 드림으로써, 여러분의 목적이 무엇인지를 알아갈 수 있기를 기도합니다. 여러분 개개인은 모두 교회에서 사역해야 합니다. 이번 달부터 여러분 모두 이 사역에 참여하시기를 바랍니다.

같은 설교가 선포된 것을 알겠는가? "성도들"을 향한 설교는 한 단어도 바뀌지 않았다. 달라진 것은 먼저 서론을 제시하고 "2층 좌석에 앉은 사람들", 즉 새신자에게 맞는 말씀을 전했다는 것이다. 새신자들은 설교의 대부분이 자신에게 강요하는 것이 아님을 미리 알게 된다. 아이러니하게도 이런 컨설팅을 하고 몇 달 후에, 이와 비슷한 일이 건너편 지역의 다른 교회에서도 있었다. 우리가 전도하려고 기도 중이었던 아내의 친구가 몇 십 년만에 처음으로 집 근처에 있는 교회에 나가게 되었다. 교회에 다녀온 뒤에 그 친구는 우리에게 전화를 걸어서 이렇게 말했다. "목사님께서 우리들이 모두 다 유아실에서 봉사해야 한다고 말씀하시던걸. 나는 아직 준비가 안 되었는데. 나는 단지 하나님에 대해서 더 알고 싶을 뿐이야. 나는 이해가 안 돼."

우리는 모든 수준의 사람을 다 고려해야 한다. 불신자가 함께 있다면, 이 말씀은 성도들을 위한 것이며 그들에게 해당되는 것이 아님을 설명해야 한다. 이 설교로 더 많은 내용을 다룰 수 있다. 목회자가 현재 봉사하고 있는 성도들에게 더 열심히 사역할 것을 원한다면, "1층 좌석에 있는 사람들"에게 이렇게 상황을 설명하면 된다.

여러분 가운데 많은 성도님들이 이미 헌신하고 있습니다. 여러분이 하고 있는 일은 하나님 나라에 매우 귀중한 일입니다. 저는 여러분이 한 걸음 나아가서 더 많이 섬길 수 있도록 기도하기를 원합니다.

나는 훈련받은 설교자가 아니다. 나는 마케팅 전문가이다. 고객과 상품을 연결시키기 위한 수단으로 인식을 경영하는 일을 사람들이 효과적으로 할 수 있도록 돕는 일이 바로 나의 일이다. 이 주제를 효과적으로 전달할 수 있는 많은 다른 방법을 여러분은 생각해 낼 수 있을 것이다. 기본적으로, 가장 잘 모르는 사람들을 위해서 우선적으로 될 수 있는 대로 많은 상황 설명을 해야 한다는 것을 항상 염두에 두어야 한다. 참여할 수 있는 다양한 단계를 소개하려면 도전의 말씀을 여러 부분으로 나누어 전하라. 그러면 말씀을 듣는 사람들이 현재 자신에게 주시는 도전의 말씀을 이해하고 교회 내에서 자기의 위치를 아는데 도움이 된다. 새신자들의 이해를 돕기 위해 배려하면 할수록, 성도들도 새신자를 편안한 마음으로 초청하게 된다는 것을 항상 기억해야 한다.

이 원리는 교회가 아닌 곳에서도 사용할 수 있다. 가령 내가 에어로빅 강사인데, 더 많은 사람들이 내 수업을 수강하기를 원한다고 하자. 사람들은 더 나은 삶을 원하기 때문에 에어로빅을 배우려고 한다는 것을 나는 알고 있다. 운동을 해본 사람도 있고, 전혀 경험이 없는 사람들도 있다. 나는 모든 상황을 다 설명하고, 초보자들에게는 너무 지나치게 활동해서는 안 된다는 것을 설명하고 수업을 시작할 것이다. 그리고 모든 사람들을 환영하고 있으며, 각자의 수준에 맞게 참여하면 된다고 설명한다. 모두 다 잘하지 못한다고 해서 모든 사람에게 소리치지 않을 것이다. 나는 사람들이 계속해서 높은 단계로 성장하기를 바라지만, 한 번에 한 단계씩만 올라가면 된다.

예수님은 밖에 있는 사람들을 향한 목회부터 시작하여 예수님을 깊이 알고 있는 사람들에 대한 목회로 끝을 맺으셨다.

이것이 바로 예수님께서 하셨던 방법이다. 5천 명의 군중들, 제자들, 그리고 수제자들에게 하셨던 예수님의 목회를 기억해보라(요 6장). 예수님은 밖에 있는 사람들을 향한 목회부터 시작하여 예수님을 깊이 알고 있는 사람들에 대한 목회로 끝을 맺으셨다.

이것은 민감성과 연관성에 근거한 원리를 사용하는 방법이기 때문에, 이 원리에 따라 다른 방법을 사용해도 된다. 영적으로 다른 수준에 있는 사람들을 위해 완전히 다른 방법을 사용할 수 있다. 에어로빅 수업을 초급, 중급, 전문가 과정으로 나누는 것처럼 교회도 그렇게 할 수 있다. 이것은 누구나 실행할 수 있다. 나중에 이에 대한 예를 설명할 것이다. 교회가 이 문제를 어떻게 다루든지 간에, 궁극적인 목적은 모든 사람들에게 적용가능한 목회를 하는 것이다.

설교를 듣는 사람들에게 먼저 전제를 설명할 때 어떤 유익이 있을지 아직도 궁금한가? 바울도 그렇게 했다. 바울은 에베소 교인들에게 보내는 편지의 서문을 이렇게 기록했다. "하나님의 뜻으로 말미암아 그리스도 예수의 사도 된 바울은 에베소에 있는 **성도들과 그리스도 예수 안에 신실한 자들에게** 편지하노니 하나님 우리 아버지와 주 예수 그리스도로 좇아 은혜와 평강이 너희에게 있을지어다"(엡 1:1~2, 저자의 강조). 바울은 에베소에서 많은 복음전도 사역을 했지만, 이 편지는 특히 믿는 자들을 위한 것이었다. 바울은 편지의 수신자를 분명히 밝혔다. 불신자들은 감당하기 어려운 수준의 영적인 문제로 성도들에게 영감과 도전을 주고자 했기 때문이다.

이런 목회를 할 때, 목회자를 향해 비난하는 사람들은 아마 자신이 "1층 좌석"에서 헌신하고 있음을 자랑스러워하는 "평생 교인"

뿐일 것이다. 이런 사람들은 모든 목회가 자기를 중심으로 이루어지기를 원하기 때문이다. 걱정하지 말라. 어차피 그런 사람들은 다른 사람을 전도하지 않는다.

영적인 표지판

최근에 아내와 유람선을 탄 일이 있었는데, 그 배가 얼마나 크고 정교한지 매우 놀랐다. 배에 관한 지도를 보지 않고 배를 둘러본다는 것은 상상할 수도 없었다. 14층으로 되어 있고, 무수히 많은 방과 볼거리가 있었다. 그런데 많은 승객들이 자기가 이용할 수 있는 수많은 볼거리들을 알지도 못한 채 자기 방으로 가버렸다.

자신의 삶에 대한 지도를 가지고 싶어 했던 적이 있는가? 커다란 게시판 크기의 지도에 크고 빨간 점이 찍혀 있고 '현재 위치'라고 기록되어 있는 지도가 있다. 우리 삶에 대한 지도가 있다면, 우리는 삶의 목적을 더 잘 이룰 수 있을 것이다. 우리가 믿음의 길을 걸어가면서, 우리의 현재 위치를 알 수 있는 단 한 가지 방법은 우리 자신을 하나님의 말씀에 비추어 보는 것뿐이다(약 1:23). 그리고 우리를 격려하시고 우리 삶에 주시는 진리의 말씀을 통해서 알 수 있을 뿐이다(예를 들면, 엡 1장).

낯선 교회에 처음 몇 번 출석하는 동안 새신자들이 겪는 어려움은 크게 두 가지가 있다. 새신자는 '배'(교회)가 제공하는 모든 내용에 대한 안내를 잘 받지 못한다. 그리고 안내를 받는다 할지라도, 자신이 어디에 있는지 그리고 배를 둘러보기 위해서 다음에 어떤 단계를 밟아야 하는지를 이해하지 못한다. 그들은 방 하나만 둘러보고 모든 것을 다 보았다고 여길지도 모른다.

우리가 그들에게 지도를 제공한다면 어떻게 될까? 자기가 영적으로 어떤 수준에 올라갈 수 있으며 그런 상황 속에서 자신의 영적인 현재 위치는 어디인지를 알 수 있다면 어떻게 될까? 예배를 드릴 때마다, 모든 사람들이 영적인 생활에서 자신이 얼마나 진보되고 있는지를 알 수 있는 영적인 표지판에 대해 설명을 듣는다면 어떻게 될까?

> 예배를 드릴 때마다, 모든 사람들이 영적인 생활에서 자신이 얼마나 진보되고 있는지를 알 수 있는 영적인 표지판에 대해 설명을 듣는다면 어떻게 될까?

교회마다 사람들의 영적인 수준을 분류하는 단계가 있다. 여러분의 교회는 그 단계를 어떻게 나누고 있는가?

- 출석
- 구원 체험
- 성장 그룹
- 등록 교인
- 리더십 과정

■ 자발적인 봉사
■ 전임 사역자

　각 단계의 명칭이 무엇이든지 간에, 교역자는 이 단계가 무엇을 뜻하는지 알고 있을 것이다. 그러나 많은 성도들이 이러한 단계가 무엇을 뜻하는지, 그리고 자신은 어느 단계에 속하는지를 잘 모르고 있을 것이다. 영적인 성장의 단계는 교역자 회의에서 계속 논의하는 문제이면서도, 예배를 통해서는 사람들에게 직접 설명하는 일이 드물다. 대부분의 성도들은 그저 모르고 있을 뿐이다.

　새신자와 성도들이 자신은 그저 교회에 출석하는 단계에 속해 있으며, 영적인 성장에 있어서 다음 단계는 구원을 경험하는 것임을 이해한다면, 보다 많은 사람들이 다음 단계로 나아가려고 할 것이다. 그저 걸어가기만 하는 것은 지루할 뿐이다. 지속적으로 사람들에게 현재 위치가 어디이며 다음 단계가 무엇인지에 대해서 계속 일깨워줄 필요가 있다. 다시 말하지만, 교회는 다양한 영적 표지판들을 가지고 있다. 그러나 그 표지판을 사람들에게 설명해줄 때, 교회라는 상황 속에서 사람들은 영적으로 성장하기 시작한다.

　영적인 표지판이 없다면, 사람들은 그저 교회에 올 뿐이고 다음 단계에 대해서는 생각지도 못한다. 단순히 교회에 습관적으로 다니게 되거나 아니면 그것도 안하게 된다. 사람들은 본성적으로 배(교회) 안에 다른 무엇이 있는지 보지 않는다. 다양한 단계와 많은 활동이 있는데도 말이다. 그런 상황을 사람들에게 지속적으로 상기시킬 때, 교회는 사람들과 더 친밀한 관계를 맺게 되고 그들의 삶에 열매가 열리는 것을 보게 된다.

지금 내 이론의 원리는 문자 그대로 지도에 대한 것이 아니다(그렇게 생각하는 것이 도움이 되었겠지만). 비유하자면 배의 구조에 대해 계속해서 설명하는 것, 사람들에게 자신이 어디에 있는지 알 수 있는 방법을 계속해서 상기시켜주는 모습에서 그 원리를 발견할 수 있다.

예를 들어, "오늘 아침, 이곳에 계신 많은 분들은 이 교회가 어떤 곳인가를 평가하고 있을 것입니다. 저는 여러분에게 하나님과의 관계를 위한 첫 번째 단계를 시작하도록 도전을 드리고 싶습니다. 그것은 바로 하나님께 여러분의 죄를 고백하고 예수님을 나의 주님으로 인정하는 기도를 드리는 것입니다. 이미 구원의 확신을 가진 분도 계십니다. 그런 분들에게는 그 다음 단계로 다른 그리스도인들과의 교제를 시작하도록 권면을 드립니다."

이렇게 설명하게 되면, 사람들에게 자신이 어느 단계에 있는지 알 수 있도록 도와주는 것이며, 다음 단계를 보여주게 된다. 바울이 사도행전에서 했던 일을 기억하는가? 바울은 고린도교회 교인들이 자기 삶에서 어떤 단계에 있는지를 명확하게 알 수 있도록 영적인 표지판을 사용했다. 바울은 그들에게 성령의 세례를 받았는지를 질문한다. 고린도교회 교인들은 단지 요한의 세례만을 받았다고 대답한다(행 19:1~5). 바울은 그들이 어느 지점에 서 있는지를 이해하고, 그리스도를 주로 인정할 수 있도록 도울 수 있었다. 브리스길라와 아굴라도 그 앞장인 사도행전 18장에서 아볼로에게 같은 일을 했다(행 18:25~27). 사람들이 영적인 행보에서 어느 단계에 있는지를 이해할 수 있도록 돕는 일이 얼마나 명확하게 이루어지고 있는지 생각해보라.

그뿐만 아니라, 목회의 효율성을 평가할 때도 영적인 성장의 단계를 분류하는 일이 얼마나 가치 있는 일인지 생각해보라. 각 영적인 단계에 속하는 사람들이 몇 명이나 되는지 살펴보기만 하라. 교회에 대해 알고 있는 사람들 중 일부가 교회에 한번 와보는 사람이 되고, 또 그들 중의 일부가 다음에 또 교회에 나오게 되고, 그중 일부가 등록 교인이 되며, 그중 일부가 교회 일에 봉사하는 사람이 되며, 그중 일부가 다른 사람이 성장하는데 필요한 도움을 주는 사람이 될 것이다. 야구 예화에서 이야기했던 영역을 기억해보라. 구장 밖에 있는 사람들, 2층 좌석에 있는 사람들, 1층 좌석에 있는 사람들, 운동장의 선수들.

> **한 단계에서 다음 단계로 올라갈 때 어느 수준의 헌신을 요구하는가의 문제는 보다 높은 단계로 올라갈 때 영향을 준다.**

이것은 마치 깔때기처럼 작용한다. 교회에 사역자가 부족하다면, 아마도 파이프 어딘가가 막혀 있을 것이다. 한 단계에서 다음 단계로 올라갈 때 어느 수준의 헌신을 요구하는가의 문제는 보다 높은 단계로 올라갈 때 영향을 준다. 만약 교회가 요구하는 헌신의 수준이 낮으면, 더 많은 사람들이 모여들기는 하겠지만, 봉사에 필요한 영적인 성숙에 대한 책임을 소홀히 여기게 되는 위험을 감수해야 한다. 반면에, 헌신의 수준이 너무 높으면, 단 네 명이 전체 교회 사역을 감당하는 교회처럼 될지도 모른다. 새신자들이 초고속으로 성숙하기를 기대하면서 말이다. 언제부터 예수님을 믿었는지에 상관없이 모든 성도들에게 너무나 완벽한 기준을 요구하기 때문에 (혹은 그런 느낌을 주기 때문에) 성장하지 않는 교회를 본 적이 있다. 그렇게 되면 흑과 백이 분리되는 것처럼 서로 나뉘어져서, 은혜가 간과되어지고 자신을 핵심 교인으로 여기는 사람들이 교회성장에 장애물이 되기도 한다.

교회에 명확하게 분류된 영적인 단계가 없다면, 함께 모여서 한 번 정해보기를 권면한다. 모든 예배 시간마다 영적인 단계에 대해 설명하라. 이를 설명하는데 도움이 된다면, 비디오나 표로 만들어서 보여주어라.

목회 유형을 창안하라

수년 전에 나는 청년부 지도자로 사역하면서 사역의 단계를 구체적으로 구분했었다. '기초', '고급', '전문가' 과정으로 나누었다. 오락, 게임, 음악을 위해 사용하고 있었던 창고에서 금요일 저녁마다 청년 전도집회를 열었다. 나는 하나님께서 내 삶에 행하신 재미

있는 일들에 대해 약 15분 동안 이야기해주고는 했었다. 청년들에게 그리스도를 위해 결단할 수 있는 기회를 주었고, 많은 청년들이 결단을 내렸다. 그리고 그리스도를 영접한 사람들에게 그 다음 단계로 나아가도록 도전을 주었다. "수요일 저녁마다 와서 하나님과 동행하는 법을 배웁시다." 수요일 저녁에 오는 사람들은 이런 도전을 받았다. "하나님과 동행하고 있는 분이라면, 그리고 하나님이 다음 단계로 성장하도록 인도하신다면, 주일 저녁에 와서 지도자 훈련을 받으시기를 권합니다."

이것은 다양한 수준의 사람들을 위해 다양한 예배를 개발할 수 있는 하나의 방법이 될 것이다. 같은 방법을 사용할 필요는 없지만, 어떤 사람들은 이 방법을 선택할 수도 있을 것이다. 다양한 수준별로 개별적인 예배를 드리거나, 같은 예배를 드리면서도 다양한 수준에 있는 사람들을 목회하는 방법을 사용하는 등 목회 유형을 갖추고 있을 때, 성도들은 자기가 전도한 새신자가 영적으로 어떤 단계에 있든지 그들에게 적합한 목회가 이루어질 것이라는 확신을 가질 수 있다.

우리는 개별적인 목표 대상을 향한 구체적인 목표를 가지고 있었다. 금요일 저녁의 "2층 좌석에 앉은 사람들"의 경우에는, 하나님이 실제로 어떤 분이신가를 알 수 있도록 격려하는 것을 목표로 삼았다. 수요일 저녁에는, 그리스도와 동행하는 법을 가르치는 것이 목적이었다. 주일 저녁에는, 사역에 대한 마음을 가지고 있는 사람들을 훈련하는데 헌신했다. "격려하라, 가르치라, 훈련하라." 이것이 우리의 방식이었다. 집회에 오는 청소년들은 그것을 알고 있었고 그에 맞게 사람들을 초청했다. 영적으로 어떤 수준에 있든지 초청하고 싶은 사람이 있으면, 어떤 예배가 그들에게 가장 좋을지 스스로 판단할 수 있었다. 사람들은 그 예배가 어떤 예배인지를 생각해보고 다른 사람을 초청하게 될 것이다. 그렇기 때문에 마지막에 가서 갑자기 설교자를 바꾸고, 주제를 바꾸고, 심지어 예배 스타일을 바꾸게 되면 친구를 데리고 온 성도들은 당황할 수밖에 없다. 그 성도들은 이 친구를 교회로 데려오기 위해 몇 달 동안 노력했을 것이고, 의도적으로 이 예배에 친구를 데려왔을 것이다. 왜냐하면 그 설교자, 그 주제, 그 예배 스타일이 친구에게 맞을 것으로 기대했기 때문이다.

나는 지금도 그 수요일 저녁 집회를 기억하고 있다. 그날은 새신자가 없다는 것을 알고 다른 때와 다르게 예배를 인도하기로 마음먹었다. 소년들과 소녀들을 그룹으로 나누어, 자기 오른 편에 있는 사람을 위해 차례대로 기도하는 시간을 가졌다. 원래 약속된 예배 형식은 아니었지만 좋은 생각인 것 같았다. 나는 예배에 모인 사람들을 다 알고 있었고, 예상했던 대로 기도 시간은 정말 좋았다.

예배는 계속 진행되었고, 끝날 때쯤 되었을 때 한 여학생이 질문했다. "이제 계속해서 이렇게 기도하는 시간으로 진행하실 건가요? 제가 친구를 한 명 데려오고 싶은데, 그 친구에게 다른 사람을 위해 큰 소리로 기도하라고 하면 겁을 먹을 것 같아서 여쭤보는 것입니다. 저는 그 친구가 그리스도인인지도 잘 모르거든요."

그 여학생은 걱정하고 있었다. 친구를 초청하고 싶지만, 걱정이 되었던 것이다. 나는 내가 잘못한 것을 즉시 깨달았다. 나는 생각 없이 예배가 어떻게 진행될 것인지에 대한 그 학생의 믿음을 혼란 스럽게 했던 것이다. 나는 단상 위로 올라가서 문 밖으로 나가고 있는 학생들을 다시 불러 모았다. "모두 알아야 할 일이 있습니다. 오늘 저녁에 기도 시간을 가진 것은, 제가 이곳에 모인 사람들을 다 알고 있어서 그렇게 기도할 수 있다고 생각했기 때문입니다. 여러 분이 다음에 누군가를 데려오게 되면 그들이 소외감을 느끼거나 어색할 수 있는 상황을 만들지 않을 것입니다. 오늘 모임에서 당황한 사람이 있다면 죄송합니다. 하지만 언제든지 친구를 초청할 수 있으며 그 친구가 당황할 만한 일을 하지 않을 것입니다."

여러 명의 학생들이 그렇게 말해주어서 고맙다고 했다. 그 학생들도 오늘 기도시간 때문에 다음에 친구를 초청해야 하는지 고민하고 있었던 것이다. 이 상황은 여섯 가지 원리 중 일관성과 관계되는 것이다. 일관성이 없다면, 친구를 초청할 것인지에 대해 여러 번 생각하게 된다.

예배가 끝난 후에 "구원받지 못한 내 친구가 이 예배를 드렸다면"이라 고 생각하는 사람이 있다면, 그는 친구를 전도하려고 마음먹을 것이다.

이런 이야기를 하면서, 내가 확신하는 한 가지 사실이 있다. 예배가 끝난 후에 "구원받지 못한 내 친구가 이 예배를 드렸다면"이라고 생각하는 사람이 있다면, 그는 친구를 전도하려고 마음먹을 것이다. 만약 한 성도가 3주 동안 예배를 드리면서 "내 불신자 친구가 저 설교를 들어야 하는데"라고 계속 생각했다면, 그 성도는 친구를 반드시 교회로 인도하여 데리고 올 것이다. 때로 문제가 되는 것은, 성도들이 예배 후에 교회 문을 걸어나가면서 "다른 교회에 다니는 친구가 저 설교를 들었다면 좋았을 텐데."라고 말하는 것이다. 그 결과로 얻는 것은 단지 수평적 성장일 뿐이다.

잠시 요약해보자. 교회가 "분위기 자동조절장치"를 설치할 수 있음을 기억하라. 또한 분위기를 만들어 나가야 한다. 사람들이 교회에서 경험하게 될 일을 미리 결정할 수 있다. 사람들이 예배가 끝나고 교회 문을 걸어 나가면서 교회에 대해 어떤 이야기를 하게 될지 교회가 결정할 수 있다. 첫 번째 단계는 그 목표를 정하는 것이다. 일단 목표를 정하면, 그 목표에 맞추어 분위기를 만드는 모든 요소를 평가할 수 있다. 지금 그렇게 해보라.

다음으로, 영적인 표지판에 대해 생각해보라. 교회는 대개 영적인 표지판을 가지고 있지만, 그것을 숨기고 있다. 표지판은 성장을 위한 방향과 길을 제시한다. 표지판이 없다면, 우리가 얼마나 진보하고 있는지 알 수 없다. 당신 자신과 교역자들, 봉사자들, 성도들, 새신자들에게 영적인 표지판을 명확하게 설명하고 있는가? 계속해서 반복해서 전달하고 있는가? 그렇지 않다면, 성도들은 잘 이해하지 못하고 있을 가능성이 많다. 영적인 표지판을 정의해보라. 그것을 기록하라. 명료하게 기록하고, 영적인 성장을 위한 지표로 삼아라.

먼저 "2층 좌석에 앉은 사람들"을 대상으로 목회를 하고 있는가?

먼저 그들과 커뮤니케이션을 하고 영적으로 격려할 때, 교회가 그들에게 관심이 있다는 확신을 주게 되고, 성도들도 다른 사람들을 교회로 초청해도 된다는 믿음을 갖게 된다. 교회가 불신자들에게 관심을 가지고 있으며 그들에게 관련성 있는 목회를 하고 있다는 확신을 줄 수 있는 방법을 기록해보라.

예배는 일관성이 있는가? 일관성이 없는데도 성장하는 교회들은 다른 교회 성도들의 주의를 끌어 수평적으로 성장하는 교회일 뿐이다. 목회 방식에 일관성을 유지하면서 현재의 단계에서 다음 단계로 성장하도록 영적인 도전을 주는 교회는 성도들에게도 확신을 심어주게 된다. 기대했던 대로 예배가 진행되지 않아 성도들이 새신자들에게 사과할 일은 없을 것이다.

마지막으로, 모든 예배에서 성도들이 도전을 받고 있으며, 예배를 마치고 나가면서 "내 불신자 친구가 이 예배를 드렸어야 하는데"라고 생각하고 있는가? 그럴 수만 있다면, 교회가 성장하는 것은 문제되지 않을 것이다.

이러한 일들을 위해 모두가 협력할 수 있다면, 교회성장을 위한 분위기는 만들어진 것이다.

07

대기업의
마케팅 비결

가장 기본적인 마케팅 원리인
"인식의 관리, 경영"에 대해 바울의 예를 살펴보고 하나님의 말씀
을 공부하면서, 우리 교회가 어떤 위치에 있는지를 정립하기 시작
했을 것이다. 이제는 하나님이 원하시는대로 교회가 성장하도록 교
회의 행동과 커뮤니케이션을 조정해야 한다. 이를 위해서는 이해하
고 계획하고 실행하는 과정이 필요하다. 그러나 인식을 관리하고
경영하는 것 뒤에 있는 원리는 보편적이다. 여러분이 보고 있는 모
든 광고 뒤에도 그 원리가 있다. 10억 달러 자산의 회사들도 똑같
은 원리를 이용한다.

인식을 관리하고 경영하는 일을 전략적으로 얼마나 정확하게 하느냐에
따라 대기업은 성공하거나 실패한다.

우선 교회가 어떻게 평가되고 있는지 조사하지도 않고, 전도대상
자로 삼고 있는 사람들에 대해 연구하지도 않고, 커뮤니케이션을
위한 전략적 내용도 개발하지 않은 채, 홍보활동을 시도한다고 상
상해보라. 대기업은 그런 방식으로 일하지 않는다. 대기업은 많은
문제가 걸려있다는 것을 알고 있다. 인식을 관리하고 경영하는 일
을 전략적으로 얼마나 정확하게 하느냐에 따라 대기업은 성공하거
나 실패한다. 큰 회사이건 작은 회사이건 모두 이 문제를 진지하게
생각한다. 거의 모든 산업에서, 마케팅 예산은(조사연구와 광고를 포
함해서) 한 회사의 1년 예산 가운데 적어도 10퍼센트를 차지한다.

정상을 유지하려고 하는 회사들은 마케팅에 20퍼센트의 예산을 배정하기도 한다. 교회도 그렇게 할 수 있을 것이라고 상상할 수 있겠는가? 왜 대기업은 그렇게 할까? 대기업들이 경솔하게 지출하고 있다고 생각하는가? 그렇지는 않을 것이다. 대기업의 경우에는 이윤을 내는 일이 가장 중요하다. 그리고 마케팅은 상품을 많이 판매하는데 도움이 된다는 것을 알기 때문에, 마케팅 비용을 투자로 생각한다. 마케팅은 좀더 많은 이윤과 연결될 것이라는 믿음의 도약인 것이다.

유행은 왔다가 사라진다. 성공적인 기업 마케팅 사례를 보면서, 기업이 위대한 일을 이루기 위해 훌륭한 원리를 어떻게 적용하는지 살펴보는 것은 흥미로운 일이다. 기업이 어떻게 행하고 있는지를 집중해서 보면 다윗과 골리앗의 전투 장면을 읽어보는 것과 비슷하다. 다윗의 담대함이 하나님과의 관계에서 비롯되었다는 것을 이해하지 않으면, 그 이야기는 아무 의미가 없다.

문화에 대한 연구

"사람들과 함께 시간을 보내라."는 원리를 적용하고 있는 기업의 사례로는, 마운틴듀Mountain Dew가 극한 스포츠extreme sports를 후원했던 일을 들 수 있다. 마운틴듀는 전국에 걸쳐 거의 모든 스케이트보드 토너먼트를 후원했다. 그런 활동이 엉뚱하게 보일 수도 있었지만, 마운틴듀는 그 일에 참여했다. 마운틴듀 광고는 극단적인 젊은이 문화를 주제로 삼았다. "Done that! Did that! Been there! Tried that!"라는 광고 방송은 "Done it! Like it! Loved it!"이라는 말과 함께 마운틴듀 음료수를 마시는 것으로 끝이 난다. "Do the Dew"라는 광고는 한 세대를 특징짓는 "거칠고 자유로운 남자"wild man slacker라는 이미지를 만드는데 도움이 되었다. 이 광고로 많은 수익을 올릴 수 있었다.

나는 정말 흥미로운 사실을 발견했는데, 이 회사가 이 세대와의 관련성을 이끌어낸 방법이었다. 펩시콜라는 1964년에 "듀"Dew 브랜드를 사들였다. 그리고 수년 동안 상대적으로 낮은 판매를 기록하고 있음을 알았다. 그래서 그 당시 빠르게 성장하고 있던 사회적 그룹인 소위 'X-세대'를 마케팅 대상으로 삼았다. 초기에 펩시콜라가 진행한 마케팅 연구조사의 일부분은 지속적인 브랜드를 만들기 위한 기초 작업이었다.

마운틴듀는 '대중과 함께하는 방법'으로 그 세대의 심적 경향을 파악하였다. 이 회사는 마운틴듀를 좋아하는 대학생 한 팀을 고용하여 마운틴 듀 허머스Mountain Dew Hummers가 위치한 지방의 고등학교로 갔다. 여러 가지 목적이 있었다. (1) 대중적이고, 유행을 주도하는 십대들을 찾아내어 (2) 그들에게 무상으로 음료수를 제공하고 허머스를 방문하도록 초청한다. (3) 그래서 그들이 말하고 행동하고 옷입는 스타일을 열심히 기록한다.

궁극적인 목표는 학교에서 가장 유행에 민감한 학생들이 멋있다고 생각하는 것을 파악하는 것이었다. 두 번째로 멋있다고 생각하는 것도 파악하라. 마운틴듀는 인류학적인 감각으로 십대들을 관찰하고 그들의 시각으로 살펴보면서 이 목표를 이루었다. 그것이 바로 마운틴듀가 아주 초기에 극한 스포츠 열기에 관심을 갖게 된 이유였다. 특히 "초기 사용자"(마케팅 용어 : 남들보다 먼저 제품을 구입해 평가하는 성향의 소비자군—옮긴이)라고 할 수 있는 십대들에게 주목했다. 이 십대들은 어떤 옷이나 헤어스타일이 유행하기 훨씬 이전에 그것을 소개하여 영향을 미치는 사람들이다. 사람들을 관찰하는 것도 하나의 일이다. 마운틴듀는 유행을 만드는 사람들을 관찰하는 방법을 알고 있었다. 지도자의 마음을 얻게 되면 그 지도자를 따르는 사람들의 마음도 얻게 된다. 그 당시 유행을 만들어내던 사람들은 한 가지 공통점을 가지고 있었고, 마운틴듀는 강한 소속감을 만드는데 그 공통점을 사용했다. 그 공통점은 바로 '두려워하지 않는 용기에 대한 부러움' 이다.

그렇다면 이 사례가 교회에 어떤 도움을 줄 수 있을까? 다시 말하지만, 방법도 변하고 브랜드도 사라진다. 그러나 우리가 전도하도록 부르심 받은 사람들을 이해하는데 그 원리를 적용할 수는 있다. 우리가 전도 대상자들에게 귀를 기울이고 그들을 이해한다면, 그들에게 다가갈 수 있는 좋은 방법을 알게 된다. 우리 회사는 "그리스도인을 바라보는 세상의 시각을 바꾸는 것"이라고 하는 슬로건을 가지고 있다. "세상을 보는 그리스도인의 시각을 바꾸는 것"으로 시작할 때 이 목표를 이룰 수 있다고 나는 믿는다.

사람들과 함께 시간을 보낼 때, 그 사람들이 속마음을 드러내어 자기 자신에 대해 깊이 있는 내용을 분명하게 이야기할 것이라고는 기대하지 말라. 대부분의 사람들은 인생이나 교회에 대해 결정할 때 영향을 주는 진짜 요인에 대해 직접적인 방법으로 이야기하지 않는다. 그러므로 우리는 자료를 해석할 수 있는 방법을 배워야 한다. 마운틴듀의 사례에서 배울 수 있는 실제적인 교훈은 다음과 같은 상황에서도 깨달을 수 있다.

1. 교회가 중산층 이하 사람들을 대상으로 복음을 전하고 있었는데, 이 지역에 중상위층 사람들이 증가하고 있다. 그 사람들과 교제할 수 있는 방법은 교회의 지도자들이 그들과 골프를 치는 것처럼 단순한 일일 수 있다. 농담이 아니다. 물론 모두가 다 그렇게 해서는 안 된다. 그러나 전도대상자들이 가장 편안해하는 환경에서 그들과 개인적으로 교제하는 일이 필요하다. 컨트리클럽 사람들에게 복음을 전하고자 한다면, 그들이 무슨 생각을 하는지를 알기 위해 그들이 있는 곳에 가야만 한다. 처음에는 위축되고 어색하겠지만, 자신감을 가지라. 그들과 함께 있는 것이 편안해지면 그 사람들에게 복음을 전할 수 있는 방법에 대해 통찰력을 얻게 될 것이다.

2. 교회는 주로 중산층 사람들로 구성되어 있다. 이제 지역사회에서 더 많은 부분을 차지하고 있는 하위 계층 사람들을 위한 사역을 효과적으로 해보려고 한다. 그 사람들과 함께하는 방법으로는

실업자 혹은 사회복지 사무실에 자주 나가보는 일이 있을 수 있다. 그러면 그 사람들의 삶과 직접 관련된 사람들의 관점에서 그 과정과 경험을 관찰하고 이해할 수 있다. 전도대상자로 삼은 사람들의 생각을 이해하기 위해 평소에는 자주 가지 않던 시장에 가서 시간을 보낼 수도 있다. 아니면, 실제적인 체험을 해보기 위해서 여러 달 동안 아주 적은 예산으로 살아보는 방법도 있다. 이런 방법을 통해서, 그들의 사고방식에 교회를 맞춰가려고 노력하게 되고, 전도대상으로 삼은 사람들의 필요에 따라 마케팅 전략을 시행할 수 있을 것이다.

> **문화적인 경향에 관한 책을 읽어서 얻을 수 있는 정보보다, 복음 전도 대상자들의 생활 속에서 그 삶을 살펴보고 쉽게 드러나지 않는 그들의 고군분투하고 승리하는 모습을 이해할 때 더 많은 것을 알게 될 것이다.**

이러한 접근방법은 "한 사람을 얻기 위해 그 사람처럼 되라."는 성경의 가르침을 따르는데 있어서 참으로 가치 있는 일이다. 문화적인 경향에 관한 책을 읽어서 얻을 수 있는 정보보다, 복음 전도 대상자들의 생활 속에서 그 삶을 살펴보고 쉽게 드러나지 않는 그들의 고군분투하고 승리하는 모습을 이해할 때 더 많은 것을 알게 될 것이다. 마운틴듀는 책을 읽기 보다는 경험으로부터 지식을 얻었다.

사람들이 느끼는 필요를 놓치지 말라

제2장에서 한밤중에 운전하다가 자동차 가스를 충전해야 했던 여자에 대해 이야기했던 것을 기억하는가? 똑같은 거리에 있는 가스 충전소 두 곳 가운데 그 여자는 어느 곳을 선택할 것인가? 우리의 대답은 불이 더 환하게 켜져 있는 가스 충전소로 간다는 것이었다. 이것은 간단하지만 매우 심오한 문제이다. 손님이 별로 없는 가스 충전소의 주인이 가격을 인하하고 머리를 긁적이고 있는 모습을 상상해보라. "밤이면 우리 충전소에는 이렇게 손님이 없는데, 옆에 있는 충전소는 손님들로 북적이는 이유가 뭘까? 가격을 내려도 소용이 없고, 물건을 더 많이 진열해 놓아도 판매는 늘지 않고, 로고를 다시 디자인하고 광고 예산을 늘리는 것도 소용이 없네."

여기에서 주인이 깨닫지 못한 것은 사람들의 필요, 욕구를 이해하는 일이었다. 물론, 늦은 밤의 고객이라면 다른 시간대에 비해 돈을 절약하기를 원할지도 모른다. 그러나 그 당시 그 여자 손님이 가장 중요하게 생각한 것은 안전이었다.

그렇다면 대기업들은 그들이 파악한 '사람들의 필요'를 어떻게 다루는지 살펴보자. 만약 당신이 조금 나이가 있는 사람이라면, 70년대 후반에서 80년대 초까지 운동화 시장의 초기 상황이 어떠했는지를 기억할 것이다. 브룩스, 퓨마, 써코니, 아식스, 뉴밸런스, 아디다스, 포니 등과 같은 수많은 회사들이 있었다. 그 회사들은 경쟁 관계에 있었고, 서로 비슷한 신발을 판매하고 있었다. 90년대 중반이 되자 나이키가 우세한 자리를 차지하게 되었다. 어떻게 해서 나이키가 전체 시장을 점유하게 되었을까? 재기발랄한 마케팅을 통해서 나이키는 다른 회사들이 간과해버린 사람들의 필요가 무엇인지를 이해했던 것이다.

나이키는 사람들이 느끼고 있는 필요(욕구)인 영감inspiration을 팔았지만, 사실은 사람들의 진정한 욕구인 소속감belonging을 전달하고 있었다. 나이키는 우리들로 하여금 거의 초인적인 업적을 성취할 수 있을 것이라고 믿게 만들었다. 어떻게 그렇게 했을까? 나이키라는 브랜드와 미국 스포츠의 참된 우상인 마이클 조던 사이에 끊어지지 않는 연결고리를 만드는 방법을 사용했다. 거의 모든 스포츠에 있어서 최고의 운동선수들을 내세움으로써 신발 이면에 정체성을 창조한 것이다. 나이키가 "Just do it"이라고 말할 때에는, 그 회사는 이미 실제보다 과장하고 있었다. 그들은 오직 나이키만이 그렇게 할 수 있다는 아주 단순한 메시지를 전달하고 있었다. 그 이유는? 우리들에게 나이키가 단순한 운동화가 아닌 그 이상의 무엇이라는 생각을 주입시켰기 때문이다. 나이키는 우리가 "그렇게 하기만"Just do it 하면 될 수 있는 우리의 모습을 구체적으로 형상화했다. 나이키는 우리에게 소속되라고 격려하지만, 소속되라고 강요하지는 않는다. 대중적인 인식에 있어서, 그 당시 다른 신발들은 그저 '평범한' 것에 그쳤지만 나이키는 위대한 것과 연결되어 연상되었다.

나이키는 우리에게 소속되라고 격려하지만, 소속되라고 강요하지는 않는다.

나이키 신발을 사는 것은 자기 자신보다 더 큰 무엇인가의 일부가 되는 것이었다. 나이키는 소속감에 대한 문제였다. 우리는 모두 소속되어 싶어 한다. 나이키는 믿음과 성취감으로 포장되어 판매되었다. 나이키가 운동 경기를 할 때 더 잘하라고 격려하기 보다는 소속감을 주고 있다고 생각할 수 있는 이유는 무엇일까? 우리들 중 90퍼센트는 토요일에 쇼핑하러 갈 때 외에는 운동을 하려고 나이키를 신어본 적이 없을 것이다. 우리는 달리기가 하고 싶은 것이 아니라 단지 이기는 팀에 소속되고 싶을 뿐이다.

그렇다면 이것이 교회에는 어떤 의미가 있을까?

우선, 진짜 필요한 것true needs과 필요하다고 느끼는 것felt needs 사이에는 차이가 있음을 알 수 있다. 우리는 우리가 복음을 전해야 하는 사람들에게 진짜 필요한 것은 예수님이라는 것을 알고 있다. 하나님께서 모든 사람들의 마음에 빈 공간을 주셨는데 그 공간은 오직 하나님만이 채우실 수 있다는 것을 우리는 알고 있다. 문제는, 사람들이 구원의 메시지를 듣고 이해할 때까지는, 자기에게 하나님이 필요하다는 것을 알 수 없다는 것이다. 사람들은 교회에 가야 한다는 것, 또는 자녀들을 교회에 보내야 한다는 것을 알고 있다. 무엇인가 놓치고 있다거나 아니면 해답이 필요한 문제가 있음을 느끼고 있다. 우리는 궁극적이고 참된 필요는 그리스도에게 소속되는 것임을 알고 있지만, 사람들이 느끼고 있는 필요는 항상 별로 영적이지 않은 것이다.

사람들이 필요하다고 느끼고 있는 욕구와 관련 있는 방법으로 그들에게 다가가지 않으면, 우리는 그들에게 진짜 필요한 것을 소개할 수 없다.

나이키는 영감inspiration으로 포장하여 소속감을 팔았다. 소속감을 팔 수 있는 다른 방법이 있을까? 나이키가 마이클 조던 없이 광고를 했다면, 그리고 대신에 "우리는 당신에게 소속감을 줄 수 있습니다."라는 식의 슬로건을 사용했다면 나이키가 성공할 수 있었을까? 사람들의 관심을 끌지 못해서 아마 실패했을 것이다. 공개적으로 소속감을 파는 것은 효과가 없다. 다른 어떤 것, 다른 멋있는 것으로 포장해야 한다. 나이키는 실제보다 더 위대한 어떤 것에 대한 소속감을 창출함으로서 거의 모든 연령대의 마음을 끌 수 있었다. 나이키는 영감inspiration을 사용했다. 영감은 한계를 모른다. 도전은 한계를 모른다. 다음 단계로 나아가도록 나에게 도전을 주라. 그러면 내가 어느 수준에 있든지 나는 그 도전을 받아들일 것이다.

다음 단계로 나아가도록 나에게 도전을 주라. 그러면 내가 어느 수준에 있든지 나는 그 도전을 받아들일 것이다.

'소속감' 자체를 광고해서 팔 수는 없다. 소속되고 싶은 본질적인 욕구를 의식적으로 생각하는 사람들은 거의 없다. 사람들은 대부분 소속감을 얻고 난 뒤에야 그런 욕구가 있었음을 깨달을 뿐이다. "당신이 소속된 교회"와 같은 슬로건에 진심으로 응답하는 사람이 있다면, 메시지를 듣지 않고 구원 초청에 응답하는 것과 똑같다. 소속감은 기본적인 욕구라는 것을 우리 모두는 알고 있다. 그러나 소속감을 성취하기 전까지는 대체적으로 깨닫지 못한다.

1900년대 중반에, 새로운 현상이 미국을 휩쓸었다. 바로 게이티드 커뮤니티(gated community : 게이트gate와 펜스fence로 외부를 차단, 자체적인 치안과 편의를 제공하는 주택단지를 지칭함-옮긴이)의 출현이었다. 교외지역이 성장하고 새로운 지역사회가 이루어지면서, 부부가 새 집을 구하기 위해 근교로 나가는 것은 일반적인 현상이 되었다. 마케팅 전문가들은 "저 안에"in there 원리에서 착안했다.

지역에 있는 여러 집을 둘러보면서, 부부는 서로 싫고 좋은 점을 이야기한다. 수도 없이 여러 번 찾아가 보고, 이 거리 저 거리에 있는 집을 살펴본다. 그러다가 울타리로 둘러싸인 주택지를 보게 되면, 특히 아내가 이렇게 말한다. "나는 '저 안에' in there 살고 싶어요." 그 집은 아마도 길가에 있는 다른 집과 똑같을 것이다. 그러나 울타리가 둘러쳐진 주택은 다르게 보인다. 울타리 안에서 보면 다른 사람들은 "저 밖에" 살고 있는 것이다. 울타리 밖에서 보면 "저 안에" 살고 있는 것이다. "저 안에" 포함되고 소속되고자 하는 사람의 마음 때문에 현재의 경관이 조성되었다.

"저 안에" 포함되고 소속되고자 하는 사람의 마음 때문에 현재의 경관
이 조성되었다.

이것은 우리가 잘 깨닫지 못하는 방법으로 우리 삶에 작용하고
있는 소속감의 욕구에 대한 하나의 예일 뿐이다. 이것을 요약하면,
우리의 필요, 예를 들면 매슬로우의 욕구 위계론에서 살펴본 욕구
(음식, 안전, 소속감, 자기 확신, 자기 실현)는 교회 안에서 충족될 수
있다는 것이다. 교회 밖에서는 본질적으로 이 필요를 깨달을 수 없
다. 좀더 쉽게 알 수 있는 개념은 현재 단계에서 더 높은 단계로 올
라가게 하는 것, 예를 들면 영감inspiration과 같은 것이다. 사람들
에게 영감을 줄 수 있는 방법을 찾으라. 그러면 자기가 소속감에 대
한 욕구를 가지고 있었는지 없었는지 몰랐던 사람들도 자기가 어디
에 소속되어야 할지를 알게 된다.

경험적 세계에서 살라

또 하나의 이상적인 마케팅 모델은 스타벅스이다. 스타벅스의 아
이디어는 우리를 당황스럽게 하기 때문에 오히려 영감을 준다는 생
각이 든다. 커피 한 잔에 4달러나 쓰다니 믿기지 않지만, 사람들은
그렇게 하는 것을 좋아한다. 이 사례는 교회가 이해해야 하는 마케
팅과 브랜딩에 대한 첫 번째 예가 된다. 스타벅스의 마케팅은 사회

적인 공허함을 만족시키는 방법을 사용하면서 힘을 발휘했다. 옛날에는 에어컨이 있는 집이 거의 없어서 밤이면 가족들이 현관 앞에 앉아 시원하게 바람을 쐬면서 이웃들과 교제하던 때가 있었다. 현관 앞에서 공동체가 이루어지고 이웃과 교제했다. 그러한 공동체 의식이 수년 간 감소하고 있었다. 스타벅스는 커피를 통해 그런 분위기를 다시 만들었다. 스타벅스는 나이키가 그랬던 것처럼, 커피 그 이상의 필요를 실현하고 있다. 스타벅스는 컵을 카페인으로 채울 뿐만 아니라, 소속감, 편안함, 공동체 등의 요소를 동시에 채우고 있는 것이다.

스타벅스의 브랜드 개발을 담당했던 아서 루빈펠드Arthur Rubinfeld는 이렇게 설명했다. "스타벅스는 사람들이 매일 쇼핑하는 거리, 출퇴근하는 길, 영화를 보고 집으로 돌아가는 길에 위치한 가게를 원한다. 스타벅스는 이웃과 친구들을 만나기 위해 사람들이 모이는 장소인 미국의 현관이 되고 싶다."

스타벅스 창업자이자 회장인 하워드 슐츠Howard Schltz은 더 큰 소명을 가지고 있었다.

"미국의 사회와 문화의 모든 분야에서 가치관이 무너지고 있다. 영웅이 없다. … 수많은 공교육 기관에 대한 신뢰도 사라지고 있다. … 스타벅스가 세상을 구원하겠다는 말이 아니다. 그렇게 할 수도 없다. 우리가 한 일은 떠나는 사람들에게 안전한 항구를 제공한 것이다. 스타벅스 브랜드의 가치는 믿음과 확신을 주고 있다. 이는 제품과 상표를 통해서 뿐만 아니라 스타벅스에서 경험하게 되는 일을 통해서 줄 수 있다. 믿을 수 있는 것이 거의 없는 시대이다. 믿음은 정말 깨지기 쉬운 것이다. 당연한 것으로 여길 수가 없다. 믿음은 존경받아야 할 그 무엇이며, 계속해서 강화되어야 한다.

안식처와 지역사회 중심. 그렇다면 커피에서 어떻게 안식처를 발견할 수 있을까? 고객이 긍정적인 경험을 할 때 가능하다. 스타벅스의 CEO 오린 스미스Orin Smith는 "가장 지속적이며 경쟁력 있는 우리의 장점은, 경쟁 관계에 있는 다른 커피숍보다 고객에게 더 좋은 경험을 제공할 수 있다는 점이다."라고 말한다.

조셉 파인과 제임스 길모어가 공저한 책인 「The Experience Economy」에서, 저자들은 사람들이 스타벅스에 중독되는 이유를 분명하게 설명하고 있다. 기본적으로, 커피는 일상용품 시장에서 톤ton 단위로 거래 가능한 일회용품이다. 스타벅스는 한 잔의 커피를 '경험'으로 포장했는데, 이것은 앞장에서 이야기했던 분위기 혹은 솔로몬의 성전 안에서 볼 수 있었던 것과 다르지 않다. 스타벅스는 단순한 경험이 아닌 특별한 경험을 창조했기 때문에 탁월할 수 있었다. 스타벅스는 멋지고 편안한 분위기를 위해 수천 번 동안 새로운 것을 창조하고 연습했다. 바닥의 색깔, 벽면, 컵 크기에 따른 이름, 고객의 친구가 되도록 훈련받은 직원. 이 모든 것은 고객이 좋은 경험을 할 수 있도록 미리 준비되고 계획된 내용이다. '경험'

experience이라는 개념은 스타벅스가 만든 것도 아니고 스타벅스의 소유도 아니다. 다만 그 개념을 일상생활 속으로 끌어들였을 뿐이다. 유명 브랜드의 경우, 수년 동안 차별화를 위해 사용한 요인이 바로 경험이었다. 왜 리츠칼튼 호텔을 이용하는가? 경험 때문이다. 왜 디즈니월드에 가는가? 경험 때문이다. 위대한 기업들은 그 기업의 정체성을 드러낼 수 있는 구체적인 경험을 구성하여 스스로를 구별시킨다. 어번 아웃핏Urban Outfitters와 홀리스터Hollister는 단순한 옷 가게가 아니다. 맥Mac은 단순한 컴퓨터가 아니다. 이러한 상품에 대해 고객이라고 생각하는 사람들은 그 상품에 대해 큰 열정을 가지고 있다. 자부심, 다시 말하면 소속감을 가지고 있다. 영화 〈유브 갓 메일〉You've Got Mail에 이를 잘 설명하는 대사가 있다. 톰 행크스Tom Hanks가 배역을 맡았던 주인공인 조 팍스Joe Fox는 이렇게 말한다. "작고, 크고, 색이 밝은, 색이 진한, 카페인이 있고, 카페인이 없고, 저지방의, 지방이 없는 등. 한 잔의 커피를 사는데도, 최소한 여섯 가지의 사항에 대해 결정해야 한다. 스타벅스는 그런 능력이 없는 사람들을 위해서도 존재한다. 그래서 자기가 무엇을 하고 있는지 혹은 도대체 자기가 누구인지를 알지 못하는 사람들이 단 2.95달러에 한 잔의 커피를 살 뿐만 아니라 자기 자신에 대해 절대적으로 정의를 내릴 수 있다. 큰 것! 디카페인! 카푸치노!"

「The Experience Economy」의 저자들은, 현대 경제에서 기업들은 '서비스'services와 구별되는 '경험'experiences를 창조해낸다고 설명한다. 상품을 거래하는 것은 단계적으로 발전하는데, 일용품에서 상품, 서비스, 경험 순으로 발전한다. 전형적인 예로, 어떻게 해서 커피가 단순한 일용품(특징이 없고, 대량 생산되며, 톤 단위로 팔리던 물건)에서 상품 또는 생산물(지역별로 판매가 되는 포장된 품목)로 변화되었는지를 보여준다. 커피에 따뜻한 우유와 향료를 첨가하여 당신 앞에 놓는다면, 이것은 서비스이다. 더 성공하려면, 서비스를 경험 또는 분위기로 포장해야 한다. 스타벅스는 좋은 예가 된다. 사람들은 커피를 사는 것이 아니라 스타벅스의 경험을 사는 것이다. 웨스틴 호텔에 묵는 것이 아니라 "천상의 침대"에 푹 빠지는 경험을 하게 된다.

이런 차원에서 새신자들이 교회에서 하는 경험을 생각해보자고 하면 기분이 상할지도 모르겠다. 그러나 교회를 단순한 일회용품으로 생각하게 하는 것은 더 큰 죄악이라고 생각한다. 그리스도와의 관계는 통조림 같은 것이 아니다. 대량 생산될 수 없다. 그리스도와의 관계는 친밀하고 강력한 것이다. 그래서 우리는 새신자들이 메시지를 잘 받아들일 수 있는 마음의 준비가 되도록 좋은 경험을 하게 해야 한다. 솔로몬이 준비가 전혀 안된 상황에서 훈련받지 못한 신하들과 되는 대로 스바 여왕을 맞이했다면, 스바 여왕이 솔로몬에게 그토록 호의적일 수 있었을까? 스바 여왕은 솔로몬 성전에서의 경험에 압도당했다. 기업이 커피를 팔기 위해서도 이렇게 열심히 노력하는데, 사람들에게 그리스도를 소개하는 교회가 노력하지 않아도 되겠는가?

이런 점을 생각할 때, 모든 것을 아무렇게나 던져놓은 듯한 교회, 아니면 "주님을 위해서 그렇게 하는 것"이라는 핑계만을 내세우는 교회를 성공적이고 전략적인 회사를 운영하는 기업가들이 보게 된다면 어떤 느낌을 갖게 될까? 하나님을 위한 것이라면, 더 많이 생각하면서 계획을 세우고, 더 많이 주의를 기울이면서 탁월하게 일을 진행해야 하지 않겠는가? 작은 교회에는 기업가로 성공한 사람이 거의 없다는 것을 눈여겨본 적이 있는가? 그 이유는 무엇일까? 너무 강압적인 분위기 때문이다. 교회에 오면 교회를 성장시킬 수 있는 수백 가지의 방법이 보이는데, 교회 지도자들에게 역동적인 변화를 이해시키거나 그런 변화를 일으키는데 도움을 줄 수 없어서 부담스러워할 사람이 누가 있겠는가?

> 교회에 오면 교회를 성장시킬 수 있는 수백 가지의 방법이 보이는데,
> 교회 지도자들에게 역동적인 변화를 이해시키거나 그런 변화를 일으키
> 는데 도움을 줄 수 없어서 부담스러워할 사람이 누가 있겠는가?

파인과 길모어는 경험보다 한 단계 더 높은 것을 설명한다. 그것은 바로 변화transformation이다. 흥미롭게도, 이러한 기업경영 전문가들은 경험을 삶이 달라지는 것과 결합시켜서 '변화'를 창조해 내는 사례로 〈프라미스 키퍼스〉Promise Keepers와 같은 교회 내 사역을 들고 있다. 그것이 바로 우리 교회가 목표로 하는 모습이다. 변화에 도달하기 위해서, 우선 명확하고 강력한 경험을 창조해야

한다. 서비스를 제공하는 교회는 많이 있다. 경험을 제공하는 교회도 있다. 그러나 '경험'이 '변화'로 승화될 수 있도록 경험과 하나님의 손길을 결합시키는 교회는 많지 않다. 변화는 사람들이 경험으로 감동 받을 때 일어난다.

차별화 전략을 사용하라

만약 교통사고를 당해서 척추가 부러졌다면, 어느 병원으로 가야 할까? 정형외과 전문의? 아니면 일반 의사?(가족 주치의) 대부분 정형외과 전문의에게 가려고 할 것이다. 전문적인 기술을 가진 사람에게 도움을 받을 수 있는데 왜 일반적인 지식만 가지고 있는 사람에게 가겠는가?

쇼핑몰에 가서 올드네이비(Old Navy, 의류 브랜드)를 보게 되면 대개는 바나나리퍼블릭(Banana Republic, 의류 브랜드)과 갭(Gap, 의류 브랜드)을 같이 보게 된다는 것을 눈여겨본 적이 있는가? 우연이라고 생각하는가? 그렇지 않다. 갭Gap이라는 기업은 이 세 개의 회사를 경영하고 있는데, 각 회사는 각기 다른 고객을 대상으로 한다. 일반적으로, 올드네이비는 젊은이를 대상으로 '기본 의류'를 판매하는 낮은 가격대의 브랜드이다. 갭은 조금 더 '패션 지향적인' 캐쥬얼 의류를 고가에 판매한다. 바나나리퍼블릭은 현대의 여피족(도시의 젊은 전문인들)에게 맞는 고급스러운 브랜드로서, 최신 유행을 따르면서도 출근할 때 입을 수 있는 옷이다. 왜 이 세 가지 브랜드의 옷을 한 가게에 진열하지 않는지 생각해본 적이 있는가? 각각의 브랜드는 젊은 사람들의 취향에 맞춘 것이지만, 한편으로는 서로 다른 취향을 가진 젊은이들을 대상으로 하기 때문이다. 사람들이 이 세 가지 브랜드의 옷을 모두 사지 않는다는 뜻은 아니다. 그러나 올드네이비 스웨터(14.99불)가 바로 옆에 있는데 바나나리 퍼블릭 셔츠 하나에 85불을 지불하기는 어려울 것이다.

미국의 위대한 기업들은 차별화 전략의 기술과 지식을 알고 있다. 사우스웨스트 항공사는 자신을 "저가 항공사"로 광고한다. 사우스웨스트는 불필요한 장식이나 부가적인 사항을 없애고 기본적인 상품이나 서비스만을 제공한다. 예를 들어 루이비통과 같은 회사들은 브랜드 자체가 높은 가격을 요구하기 때문에 선택 사양을 제공한다. 랄프로렌과 같은 회사들은 고전적인 특징을 확립하기 위해 노력한다. 자기 정체성을 세우기 위해 애쓰는 회사들도 있는데, 루비스Luby's와 같은 회사는 노인들을 위한 식당으로 사람들에게 알려져 있다. 타겟Target은 일반적인 중산층을 위한 월마트의 대형 할인점이다. 사실, 서로 경쟁하는 세상이기 때문에, 기업들은 사람들에게 경쟁사가 아닌 자사를 선택해야 하는 이유를 제시해야만 한다. 서로 손해를 끼치지 않으면서 대등하게 갈 수 있는 방법은 거의 없다.

같은 방법으로, 지역사회 내 모든 교회를 평가할 수 있다. 예배가 좋은 교회, 성도들이 점점 줄어들고 있는 교회, 겉만 화려한 설교자가 있는 교회, 지옥불과 유황에 대해 설교하는 교회, 훌륭한 건물을 가진 교회가 있다. 이것은 당신이 상상할 수 있는 여러 유형의 교회들일 뿐이다. 성장하기를 원하는가? 사람들이 원하고 필요로 하는 교회가 어떤 교회인지를 알아내고 그런 교회가 되라. 이미 그런 교회라면, 차별화 전략을 사용해야 할 것이다.

교회의 경우에는, 일반적으로 차별화할 수 있는 방법이 교단에 의한 것이다. 어떤 사람들은 '감리교'라고 하면 그 교회에 대한 거의 모든 것을 알 수 있다고 생각한다. 그러나 그것만으로 명확하지 않다. '교단 한계선' 밖에서 활동하는 사역이 많아지고 있어서 한때 존재했던 교단간의 분명한 특징이 점점 흐려지고 있다. 침례교는 예전의 침례교를 의미하지 않는다. 교회들은 이러저러한 방법으로 교단적인 특징에서 벗어나고 있다. 어떤 사람들에게는 교회를 선택하기 위해 심사숙고하는 것이, 그 안에 어떤 상점이 있는지 하나도 모르는 쇼핑몰에 들어가는 것과 비슷하다. 안에 들어가서 어떤 물건을 파는 곳인지를 물어보아야 한다. 여러 가지 어려움이 있을 것이다.

컨설팅을 위해 교회 운영위원회와의 모임을 준비하는데, 목사님이 웃으면서 내게 경고하셨다. "우리 교회의 평균 연령은 126세입니다." 나는 실제로 목사님 말씀이 옳다는 것을 보기 전까지는 그 말을 심각하게 생각하지 않았다. 운영위원회에 앉아계신 한 분은 모임이 끝날 때까지 무사하기를 내가 기도해야 할 정도였다. 나는 우리의 사역에 대해 설명하고 그들을 도울 수 있는 방법에 대해 설명했다. 모임은 참 좋았다. 토론이 끝나기 전에, 목사님은 나에게 도전을 주셨다. 목사님은 이렇게 말씀하셨다. "우리 교회 건물은 135년이나 되었습니다. 성도들은 약 400명인데, 그중 70퍼센트가 60세 이상입니다. 그 동안 청년들을 전도하지 못했습니다. 우리 교회를 젊은이 취향으로 만드는 것이 아무래도 어렵습니다. 사람들은 한번 왔다가 다시는 오지 않을 것입니다. 우리는 원래 그런 교회가 아닙니다. 어떻게 하면 교회가 성장할 수 있습니까?"

목사님은 또 이 교회는 문화적으로나 교리적으로 매우 변화를 싫어해서 한 가지 예로 전통적인 찬송가만 고집한다고 말씀하셨다. 목사님은 교회가 직면하고 있는 문제를 이해하고 있었다. 그 교회의 나이 많은 성도들이 찬양과 예배로 생각하는 것을 젊은 사람들은 그렇게 생각하지 않았고, 그 반대의 경우도 마찬가지였다.

나는 목사님을 뵙고 마음이 아팠다. 목사님은 열정과 지혜가 있는 분이었다. 그분이 무엇을 걱정하고 있는지 알 수 있었다. 나는 목사님에게 자신감을 주었다. "목사님을 위해서 거짓 광고를 하려는 의도는 없습니다. 우리는 이 교회의 정체성에 맞게, 하나님께서 이 교회만이 전도할 수 있도록 맡겨주신 사람들과 연결될 수 있도록 노력하려고 합니다. 이 교회가 2-30대에게 복음을 전하고자 한다면, 그렇게 할 수 있는 몇 가지 방법이 있습니다. 그 방법은 인간의 본성에 근거한 것입니다. 우선 첫 번째로 선택할 수 있는 것은, 친밀감 있는 성경공부 모임을 만들어 목사님이 인도하는 것입니다. 시작하는 것은 제가 돕겠습니다. 젊은 세대를 양육하고 가르치는 모임으로 만드십시오. 목사님은 청년들이 좋아할 만한 분입니다. 목사님은 쉽게 친해질 수 있고, 마음이 따뜻하고 현명하십니다. 소그룹 환경에서 청년들과 교제해보신 후에, 기존 성도들과 그들을 어울리게 하는 방법을 생각해보십시오."

두 번째 선택사항으로 제시한 것은 "피리 부는 사나이", 즉 젊은 이들을 위한 프로그램을 개발하는 영감 있는 젊은 지도자를 사역자로 쓰는 것이었다. 프로그램이 성공한다 해도, 같은 문제는 여전히 존재할 수 있다. 정말 서로 다른 삶의 방식대로 살고 있는 기존 성도들과 청년들을 어떻게 연결시킬 수 있을까? 서로 화합할 수 없다면, 청년 프로그램이 성공한다 해도 그 때문에 교회가 분열될지도 모른다.

그러나 목사님에게는 세 번째 선택 사항이 있다. 교회가 전체적으로 연로해지는 것을 약점으로 생각할 수도 있지만, 그 점을 교회의 강점으로 바꿀 수도 있다. 그 점을 발판으로 삼아 주일 아침이면 "나를 위한 교회가 있었으면 좋겠다."라고 생각하면서 앉아 있는 지역사회의 수천 명의 노인들에게 복음을 전하는 것이다. 이 노인들은 젊었을 때 하나님을 만났던 경험을 가지고 있을지도 모른다. 그러나 세월이 흐르면서 교회를 떠나게 되었을 것이다. 이 교회가 그들의 필요를 채우고 그들의 삶 속으로 들어가 복음을 전한다면 어떨까? 이 교회는 다른 교회들이 간과하고 있거나 복음을 잘 전하지 못하는 세대를 가치 있게 여길 수 있다.

목사님은 나에게 며칠 동안 생각할 시간을 달라고 했다. 그후 목사님은 전화로, "세 번째 제안이 좋겠습니다. 그것이 우리 교회에 맞을 것 같습니다. 우리는 연로하신 분들이 영원히 복음을 들을 수 없는 상황에 이르기 전에, 하나님이 우리에게 주신 그들에게 복음을 전할 수 있는 능력을 사용하고 싶습니다." 목사님은 새로운 열정을 갖게 되었다. 목사님은 자신의 교회가 어떤 교회인지 알았고, 어떤 사람들에게 복음을 전하도록 부르심을 받았는지 이해했다. 나는 목사님의 결정에 감히 이의를 제기하지 못했다. 그 일은 목사님과 하나님 사이의 문제였다. 그러나 나는 목사님이 복음을 전하도록 부르심을 받았다고 믿는 연로한 세대를 가능한 한 효과적으로 전도할 수 있도록 함께 사역할 것이다.

현실을 직시하자. 청년들에게 복음 전하는 일을 더 잘하는 교회가 있다. 다른 민족에게 복음 전하는 일을 더 잘하는 교회가 있다. 부유한 계층의 사람들에게 복음 전하는 일을 더 잘하는 교회가 있다. 당신의 교회가 몸 전체가 아니라는 것을 기억하라. 몸의 일부일 뿐이다. 어떤 교회는 눈이다. 어떤 교회는 치아이다. 어떤 교회는 손가락이고 어떤 교회는 발가락이다. 우리가 동시에 모든 것이 될 수 없다고 해서, 몸을 위해 효과적이지 않다고 말할 수 있을까? 우리 교회는 몸의 어떤 부분인지를 이해해야 한다.

우리 동네의 중국인 침례교회를 보면서, "저 교회는 중국인뿐만 아니라 전체 지역사회를 대상으로 해야 해."라고 생각하지 않는다. 그 생각은 불합리하다. 사람들은 자기에게 맞고 편안하게 느껴지는 교회에 갈 것이다. 정말 다양한 사람들이 모이는 큰 교회에는 개별적인 소그룹 모임들이 있다. 그 이유를 궁금하게 여긴 적이 있는 가? 사람들이 솔직하게 말하지는 않겠지만, 사실은 다양한 심리적인 콤플렉스를 가지고 있다. 사람들은 자기와 비슷한 사람들과 함께 있으면 편안해 하고, 자기와 다른 사람들과 함께 있으면 불편해한다. 비슷한 사람들끼리 모인 교회라면, 바로 그런 사람들을 전도하는데 효과적일 수 있다. 교회를 차별화해야 하는지 아니면 일반적인 교회가 되어야 하는지 어떻게 알 수 있을까? 기도해야 한다. 어떤 교회가 되어야 하는지를 하나님께 기도로 구해야 한다.

문화적인 그룹을 대상으로 마케팅하는 것은 넓게 퍼진 불을 향해 소방 호스를 조준하는 것과 같다. 모든 불을 한꺼번에 끄려고 호스를 빙빙 돌리기만 하면, 물은 불이 퍼진 넓은 자리를 한번 치고만 지나갈 뿐이다. 불을 약화시키기 위해 영향을 미칠 수 있는 한 지점에 충분한 힘을 가하지 못한다. 만약 한 지점을 향해서 집중적으로 계속 호스를 붙들고 있다면, 그 목표 지점은 흠뻑 적시겠지만 불이 붙은 다른 부분은 놓치게 될 것이다. 초점을 모을 것인지, 아니면 물을 넓게 뿌릴 것인지 결정하라. 전문가가 되든지 만물박사가 되라. 당신의 결정에 따라, 하나님이 당신에게 복음을 전하라고 맡기신 사람들을 찾아내고 그들에게 복음 전하는 일을 교회가 얼마나 효과적으로 할 수 있는지가 결정될 것이다.

특정한 사람들에게만 복음을 전하는 것이 비기독교적이라고 생각하는가? 바울을 보자. 바울은 자신을 "이방인의 사도"(롬 11:13)로 칭했다. 바울은 자기 자신을 그렇게 차별화시키고 모든 사람들을 대상으로 자유롭게 사역하지 않았다. 바울이 약속한 것은 "유대인에게나 헬라인에게나 하나님의 교회에나 거치는 자가 되지"(고전 10:32) 않는 것이었다. 바울은 자신의 장점을 부르심, 이성reason, 관계로 생각했고, 자기 생각에 가장 좋은 방법으로 그 장점을 사용했다. 모든 사람에게 모든 것이 된 후에, 바울은 부르심 받았다고 생각한 곳, 궁극적으로 가장 효과적으로 사역할 수 있는 곳에 집중했다. 바울은 차별화되었다. 바울은 생활양식이 다른 하나의 집단, 즉 이방인들을 향한 사역에 자신의 노력을 집중했다.

> 모든 사람에게 모든 것이 된 후에, 바울은 부르심 받았다고 생각한 곳, 궁극적으로 가장 효과적으로 사역할 수 있는 곳에 집중했다. 바울은 차별화되었다.

잠시 요약해보자. 대기업들이 적용한 원리들은 무엇이었는가?

마운틴듀는 사람들과 함께 시간을 보내야 한다는 원리를 활용했다. 그 사례에 놀라지 않았는가? 바울과 예수님처럼, 마운틴듀는 생활양식의 연결고리를 개발하기 위해 같은 접근방법을 사용했다. 그 방법은 바로 당신이 마음을 움직이고 싶은 사람들과 함께 시간을 보내는 것이다.

나이키는 궁극적으로 사람들에게 소속감을 불러일으키는 탁월한 원리를 사용했다. 이것은 바로 복음의 특징이 아닌가? 사람들에게 안락한 생활을 약속한다는 의미가 아니다. 나이키는 목적을 이루기 위해 고통, 땀, 인내가 필요할 것이라고 예상했다. 우리가 제시하는 목적은 얼마나 영광스러운 것인가? 이 왕관을 얻기 위해서 감내해야 할 일은 모두 가치가 있다. 나이키는 사람들이 느끼고 있는 필요와 연관 지을 때 깊이 숨어 있는 진짜 필요를 만족시킬 수 있음을 보여주었다.

스타벅스와 여러 대기업들은 솔로몬과 같은 원리를 활용했다. 세부적인 일까지 탁월하게 해내는 것은 강력한 효과가 있으며, 효과적인 분위기를 창출하는데도 본질적인 요소이다. 당신이 원하는 분위기가 무엇인지를 결정하라. 그것을 디자인하라. 그것을 훈련하라. 그것을 지속하라. 경험을 창조하는 것이 불가능하다고 생각된다면, 이러한 회사들은 영적인 도움이 없이도 지속적으로 계속 반복해서 그 일을 해냈다는 것을 기억하라. 노력해볼 만한 가치가 있지 않은가?

갭Gap 회사는 수년 동안 모든 유형의 젊은이들에게 모든 것을 시도해본 후 그 경험을 통해서 차별화 전략의 능력을 갖게 되었다. 이 기업은 하나의 회사보다는 세 개로 나눌 때 효과적일 수 있다는 것을 알았다. 고객의 특성에 따라 구분한 후 개별적으로 집중하여 노력할 때 각 분야에서 더 잘 경쟁할 수 있었다. 각각의 경우에, 바로 자기 자신이 될 때 성공할 수 있음도 알게 되었다. 교회는 기도를 통해서 자기의 부르심이 무엇인지를 진정으로 이해하려고 노력해야 한다. 우리 교회는 어떤 교회가 되어야 하는가? 교회의 장점과 약점은 무엇인가? 우리 교회만이 복음을 전하도록 맡겨주신 사람들, 우리 교회가 가장 잘 복음을 전할 수 있는 사람들은 누구인가? 세상에 대한 부르심을 받았는가? 아니면 이방인에 대한 부르심을 받았는가? 가난한 사람들에게로? 부유한 사람들에게로? 위에서 말한 모든 사람들에게로? 하나님이 부르셨다면, 하나님이 준비시키신다.

우리 교회에 이러한 원리들을 어떻게 적용할 수 있을까? 그것을 기록해보라. 그 원리들이 어떻게 이루어질까?

08

브랜딩 전략

Church Marketing 101

정탐꾼과 전략

나는 고등학교를 졸업하고 얼마 후에, 교회 여자 집사님으로부터 특별한 선물을 받았다. 나는 그 집사님과 그 선물을 잊지 못할 것이다. 집사님은 몇 달이 지나서야 졸업선물을 주게 되었다며 미안해 하셨다. 그러면서 나에게 정확하게 맞는 선물을 찾느라고 조금 늦었다고 말씀하셨다. 집사님이 주신 선물은 "나 여호와가 말하노라 너희를 향한 나의 생각은 내가 아나니 재앙이 아니라 곧 평안이요 너희 장래에 소망을 주려 하는 생각이라"(렘 29:11)는 말씀이 기록된 작은 액자였다.

그 말씀을 보고 내 안에서 무엇인가 불꽃이 튀는 것 같았다. 나는 수년 전에 내 삶을 그리스도에게 헌신했고, 그리스도를 위해 살기로 내 자신을 드렸었다. 그러나 나는 그 성경 말씀을 들은 적이 없었다. 그 집사님이 옳았다. 그분은 나에게 정확하게 맞는 것을 주셨다. 기다릴만한 가치가 있는 선물이었다.

처음에는, 이 말씀이 그저 하나님은 좋으신 분이며 하나님이 나와 맺으시는 관계는 기본적으로 그분의 선하심에서 비롯된다는 의미로 다가왔다. 예수님이 우리의 선하신 목자가 되신다는 말씀을 비롯해서 성경에는 이와 비슷한 말씀이 많이 있다. 나는 하나님을 신뢰할만한 인도자로 생각하게 되었다. 다시 말하면 대학에 갈 때, 그리고 '진짜' 세상으로 나아갈 때 정말 필요한 인도자였던 것이다. 나이가 들면서, 하나님을 계획을 세우시는 분으로 보게 되었다. 궁극적으로 하나님께서는 우리도 계획을 잘 세우기를 원하신다는 것을 알게 되었다. 하나님께서는 우리의 계획을 통해서 우리와 상호작용하시며 일하신다. 우리에게는 우리의 역할이 있고, 하나님에게는 하나님의 역할이 있다. "마음의 경영은 사람에게 있어도 말의 응답은 여호와께로서 나느니라"(잠 16:1).

"너의 행사를 여호와께 맡기라 그리하면 너의 경영하는 것이 이루리라"(잠 16:3).

"부지런한 자의 경영은 풍부함에 이를 것이나 조급한 자는 궁핍함에 이를 따름이니라(잠 21:5).

하나님은 백성들에게 성장을 위한 계획을 세우라고 말씀하기도 하셨다.

"잉태치 못하며 생산치 못한 너는 노래할지어다 구로치 못한 너는 외쳐 노래할지어다 홀로 된 여인의 자식이 남편있는 자의 자식보다 많음이니라 여호와의 말이니라 네 장막터를 넓히며 네 처소의 휘장을 아끼지 말고 널리 펴되 너의 줄을 길게 하며 너의 말뚝을 견고히 할지어다 이는 네가 좌우로 퍼지며 네 자손은 열방을 얻으며 황폐한 성읍들로 사람 살 곳이 되게 할 것임이니라"(사 54:1~3).

이미 말한대로, 제8장의 주제는 '계획과 전략'에 대한 것이다. 2004년 여름, 나는 영광스럽게도 서아프리카의 콩고 민주공화국을 방문하게 되었다. 그곳에서 약 2,500명의 현지 목회자들에게 강의했다. 나는 하나님의 사람들에게 강의할 수 있는 기회를 갖게 되어 황송했지만, 사실 마음속으로는 내가 하고 있는 일을 정확히 어떻게 설명해야 하는지 당황스러웠다. 교회를 위해 사역하는 마케팅 전문가로 나 자신을 소개하면 몇 사람은 이해하겠지만, 모든 목회자들이 계속해서 나에게 집중할 수 있도록 나를 충분히 이해시킬 수 있는 상황을 생각해내는 일은 힘들었다.

바로 그때 좋은 아이디어가 떠올랐다. 교회가 전도할 수 있도록 돕는 나의 특별한 사역을 잘 설명할 수 있는 방법을 하나님께서 알려주셨다. 나는 목회자들에게 가나안의 지형을 철저하게 조사하도록 모세가 파견했던 여호수아와 갈렙 등 열두 정탐꾼 이야기를 상기시켰다. 정탐꾼들이 모세와 이스라엘 백성들에게 보고하면서, 가나안을 어떻게 분석하고 평가했는지를 설명해 주었다. "(갈렙이 모세 앞에서 백성을 안돈시켜 가로되) 우리가 곧 올라가서 그 땅을 취하자 능히 이기리라"(민 13:30).

이 말씀을 공부하기 시작하면서, 나는 놀라운 사실을 발견했다. 모세가 정탐꾼들에게 내린 그 지시내용이 놀랍게도 우리가 오늘날 시장조사, 인구통계학, 사이코그래픽스라고 부르는 것과 유사했다. 모세는 그들에게 이렇게 지시한다.

"그 땅의 어떠함을 탐지하라 곧 그 땅 거민의 강약과 다소와 그들의 거하는 땅의 호 불호와 거하는 성읍이 진영인지 산성인지와 토지의 후박과 수목의 유무 나라 담대하라 또 그 땅 실과를 가져오라 하니 그 때는 포도가 처음 익을 즈음이었더라"(민 13:18~20).

지금 우리는 모세 시대처럼 육감에 의존하는 방법을 사용하지는 않는다. 그러나 하나님을 위해 땅을 취하는 방법을 알기 위해서는 조사research하는 일이 정말 중요하다는 사실을 다시 한 번 알 수 있다.

교회가 복음을 전해야 할 전도대상자에 대해 연구하는 것, 즉 그 땅을 조사하도록 보냄을 받은 정탐꾼으로서 교회와 협력하는 일을 하나님께서 나에게 맡기셨다고 목회자들에게 설명했다. 나의 사역은 그 땅에 거하는 사람들을 분석하여 교회에 보고하는 일이다. 그리고 나는 영광스럽게도 그들에게 그들의 비전을 성취하고 그 땅을 취하도록 도전을 주었다. 또 이 영적 전투에서 어떤 무기를 써야 하는지를 제안하는 것이고, 이 무기를 내려놓고 다른 무기를 들어야 한다는 것과 그들이 잘하는 분야에 집중하거나 연약한 부분을 보강해야 한다는 등의 조언을 해주는 것이 나의 사역이기도 하다.

잠언 20장 18절은 "무릇 경영은 의논함으로 성취하나니 모략을 베풀고 전쟁할지니라."고 말씀한다. '모략'에 해당하는 용어가 무엇인가? 바로 '전략'이다. 우리의 귀한 콩고 목회자들은 미국의 사역자들은 전략을 짜는 일은 거의 하지 않는다는 것으로 내 말을 이해했다. 나는 하나님께서 그들에게 사역지를 확장할 수 있는 위대한 전략을 주셨다고 믿는다.

영혼을 구원하는 일과 그 일을 계획한다는 것을 관련시키기 어려워하는 사람들이 있다. 그렇다면, 이 두 가지를 연결시키는 것이 옳다는 것을 증명하는 아주 좋은 성경적인 예가 있다. 요한복음 21장에는 예수님께서 교회성장에 대해 그려주신 아름다운 그림이 있다. 그 이야기를 알고 있겠지만, 잠깐 다른 시각에서 살펴보고자 한다. 제자들은 그들의 방법대로 물고기를 낚고 있었지만 아무 것도 잡지 못하고 있었다. "날이 새어갈 때에 예수께서 바닷가에 서셨으나 제자들이 예수신줄 알지 못하는지라 예수께서 이르시되 얘들아 너희에게 고기가 있느냐 대답하되 없나이다 가라사대 그물을 배 오른편에 던지라 그리하면 얻으리라 하신대 이에 던졌더니 고기가 많아 그물을 들 수 없더라"(요 21:4~6).

좀더 자세히 말씀을 살펴보자. 그날 아침, 그곳에 있었던 것은 제자들의 계획이었다. 어떤 사람들은 그것이야말로 성장은 하나님의 섭리 또는 뜻에서 비롯된다는 것을 보여주는 것이라고 말할 것이다. 나도 그 생각에 동의한다. 그러나(배를 옮기는 것이 아닌) 다른 방향으로 그물을 던지기만 하면 되었을 정도로 그들은 정확한 위치에 있었다는 것을 생각해보라. 그날 아침 일찍 일어나서 그들이 계획했던 대로 따르면서, 제자들은 정확한 시간에 정확한 장소에 있었고 단지 그물을 던진 방향이 달랐을 뿐이었다. 전략적인 계획은 일반적인 영역 안에 거할 때 얻을 수 있다. 이것을 아는 것이 중요하다. 하나님의 뜻에 순종할 때 성장할 수 있다. 물고기들은 그곳에 있었지만 제자들은 단지 물고기를 잡지 못하고 있었다. 제자들이 그 시간에 그곳에 가기로 계획을 세우고 실행하지 않았다면 기적은 일어날 수 없었을 것이다.

어린이 사역 팀이 더 많은 어린이를 감당할 수 없다면, 더 많은 부모들
도 감당할 수 없다.

결론적으로 전략과 계획은 교회성장에 기초가 된다. 준비되지 않으면, 하나님이 원하시는 교회성장을 감당하는 귀중한 삶을 살 수 없을 것이다. 하나님은 우리가 계획을 세우고 성장할 수 있도록 준비하기를 원하시는데, 그저 우리가 행할 일을 준비만 하는 것이 아니라 사람들의 반응에 따라 준비하기를 원하신다. 어린이 사역 팀이 더 많은 어린이를 감당할 수 없다면, 더 많은 부모들도 감당할 수 없다. 정말 그렇게 간단하다.

마케팅 방법을 살펴보면, 지금까지 우리가 이야기했던 방법들, 즉 관련성, 민감성, 일관성 등을 볼 수 있는데 이것은 모두 삶에 강력한 영향력을 미칠 수 있는 방법들이다. 잘 사용하기만 한다면, 좋은 인상을 줄 수 있는 또 다른 방법이 있는데, 그것은 바로 '브랜딩'(branding, 브랜드 관리)이다. 브랜딩은 사람들의 인식에 영향을 줄 수 있는 역동적인 방법이다. 전략적으로 사용하면, 교회성장에 큰 도움이 될 수 있다.

교회의 입장에서 '마케팅'이라는 단어가 적당하지 않다고 생각한다면, '브랜딩'에 대해서 논의해보라. 사실, 브랜드 관리가 되지 않는 곳에서는 마케팅도 찾아보기 힘들다. 브랜딩은 "통합적인 마케팅 커뮤니케이션"으로 불리는 마케팅의 한 분야에서 비롯되었다. 중심이 되는 강한 이미지와 주제를 지속적으로 전달하기 위해 모든 마케팅 방법을 사용하는 것을 말한다. 마케팅이 인식을 관리하고 경영하는 것이라고 이해한다면, 브랜딩이란 지속적으로 인식에 영향을 미치기 위해 분명한 일관성을 가지고 행하는 것으로 이해하면 쉬울 것이다.

브랜딩의 본질

브랜딩 개념의 기원은 매우 단순하다. 한 조각의 철로 모양을 만들어 불에 넣어 달군 다음 가축의 가죽에 갖다 댄다. 땀과 불과 고통이 따르지만, 지워지지 않는 인상을 남긴다. 소속된 곳을 표시하고 다른 것과 구별되는 영원한 표식이 된다.

오늘날, 브랜딩은 단순한 디자인이 아니다. 로고가 아니다. 인쇄 문구가 아니다. 관계를 맺고자 하는 사람들의 마음에 창조하는 인식의 총체이다.

시간이 지나면서, 성공적인 브랜딩은 훨씬 더 복잡해지고 있다. 물건에 상표를 아무렇게나 붙여놓고 사람들이 그 상표와 회사를 알 아주기만을 기대하는 것은 불가능하다. 사람들은 너무 많은 정보를 접하고 있기 때문에, 그저 상품에 고무도장으로 이름을 새겨 넣는 것만으로는 생생하고 기억할 만한 이미지를 남길 수 없다. 오늘날, 브랜딩은 단순한 디자인이 아니다. 로고가 아니다. 인쇄문구가 아 니다. 관계를 맺고자 하는 사람들의 마음에 창조하는 인식의 총체 이다. 디자인, 커뮤니케이션, 문화는 각각 한 가지 역할을 담당할 뿐이다. 그리고 마케팅 목표 대상은 다림줄을 놓는다.

마케팅 대가인 나이키는 브랜딩의 본질을 잘 보여준 사례라고 할 수 있다. 나이키는 전성기인 90년대 초반에 275명의 그래픽 디자 이너를 직원으로 고용했다. 그 당시 회사 내 디자인 부서로 그렇게 큰 규모는 없었다. 그러나 그렇게 많은 디자이너가 있었어도 유명 한 나이키 로고가 나오기 전까지, 나이키 디자인이라고 생각했던 것이 하나도 없는 것이 재미있지 않은가? 그 이유는 무엇일까? 나 이키는 치밀하게 정의내린 철저한 자기 정체성을 가지고 있었기 때 문에 나이키라는 브랜드의 취지에 맞지 않으면 개인적인 창의성은 소용이 없다는 것을 디자이너들도 금방 깨달았기 때문이다.

이러한 개념은 특히 지난 20년간 세계에서 가장 위대한 브랜드 의 기초가 되어왔다. 광고를 보게 되면 회사 이름이 나오기도 전에 어느 회사의 광고인지를 알 수 있다. 그 이유는 무엇일까? 효과적 으로 정의한 '자기 정체성'에 근거하여 마케팅 전략을 수행하고 있기 때문이다. 그들은 다른 기업과 다르게 자신을 차별화시키고, 자사 브랜드에 호감을 가지는 사람들에게 더 견고한 소속감을 줄 수 있는 본질적인 요소를 제공한다.

이것을 생각해보라. 맥도날드의 커피잔과 스타벅스의 커피잔을 혼동한 적이 있는가? 그렇지 않을 것이다. 그 기업들은 그들만의 고유한 브랜드 – 고유한 외양, 고유한 색감 체계, 고유한 스타일, 고유한 분위기와 문화 – 를 가지고 있다. 그리고 그 브랜드를 대중에게 성공적으로 전달해 왔다.

교회가 일관성이 없다면, 전도대상자에게 절대 다가가지 못할지도 모른다.

각 지역의 기업뿐만 아니라 법인체 담당자들도 오늘날처럼 미디어에 중독된 세상에서는 일관성이 없으면 효과가 없다는 것을 알고 있다. 여러 개의 로고를 사용하고, 수많은 유형의 사람들을 대상으로 하고, 대체적으로 일관성이 없는 커뮤니케이션은 정신분열증이거나 지나치게 감상적이고 비전문적인 것으로 간주된다. 연구에 의하면, 사람들은 그 출처를 구별하기까지 다섯 번에서 일곱 번 정도보아야 한다고 한다. 반복이 필요해진 것은 과도한 미디어로 인한 결과이다.

교회가 일관성이 없다면, 전도대상자들에게 절대 다가가지 못할지도 모른다. 한 교회에서 여러 가지로 노력하는 행동이 서로 다른 여러 교회가 제각각 하고 있는 일로 생각될 수도 있다. 광고 대행사들은 사람들에게 무엇을 보았는지를 질문하는 조사를 통해 새로운 광고를 평가하는 작업을 자주한다. 사람들은 구체적인 광고를 생각해내기는 하는데, 그 광고를 같은 업계의 다른 회사의 광고로 생각하는 것이 일반적인 경향이라고 한다. 일반적으로 사람들은 잘 구별되지 않는 광고는 그 분야에서 선두주자인 기업의 광고로 생각한다. 만약 큰 교회와 작은 교회가 동시에 교회 홍보 우편물을 발송하고 있을 때, 작은 교회가 특별히 구별되지 않는다면, 작은 교회의 이름이 분명히 인쇄되어 있는 우편물도 큰 교회의 것으로 인식될지 모른다.

교회 주변의 기업들이 일관성 있는 커뮤니케이션으로 성공하는 모습을 보면서도, 왜 교회는 그렇게 하지 못하는 것일까? 결국에는, 통일된 이미지, 디자인, 커뮤니케이션 요소들을 사용하는 것이 시간과 자원을 절약하는 길이다. 디자이너들과 행정담당 직원들이 아무 것도 없는 상태에서 개별적으로 계획하지 않도록 일관성 있는 브랜드 전략을 확립해야 한다. 왜 교회는 그렇게 하지 않는 것일까?

많은 교회가 명확하게 모르고 있을 뿐이다. 처음부터 그 일관성을 유지하기 위해 노력할 만큼 자기가 누구인가에 대해서, 그리고 어디로 가야 하는지에 대해서 강한 정체성을 가지고 있는 교회가 거의 없다. 그렇다면 앞으로 교회가 가야 할 길은 힘들기만 할 뿐이다. 교회는 우선 생각과 방법에 있어서 단기적인 목표와 장기적인 목표를 결정하는 일에 헌신해야 한다.

브랜딩의 본질은 계획적으로 행동하는 것이다.
계획의 기초는 자신이 누구이며 어디로 가야 하는지를 아는 것이다.

브랜딩의 본질은 계획적으로 행동하는 것이다. 계획의 기초는 자신이 누구이며 어디로 가야 하는지를 아는 것이다. 예수님은 예루살렘을 냉정하게 바라보셨다. 바울은 로마에 가기로 예정되어 있었고, 그렇게 하기로 결심했다. 교회가 계획성 없이 대상도 정해지지 않은 광고 우편물을 발송할 때 긍정적으로 반응하는 사람들은 이미 "한번 교회에 다녀보려고" 생각해본 사람들 뿐이다. 다른 사람들은 잠깐 보고 지나갈 뿐이다. 이런 경우라면, 교회의 분명한 정체성을 각인시키고 그 우편물을 받아보는 사람들을 전도할 수 있는 가능성은 거의 없다. 계획적으로 행동하기 위해서는 기본적으로 모든 일에 있어서 분명한 목적을 가지고 행해야 한다. 계속해서 같은 목적을 가지고 행할 때 브랜드가 창출된다.

본질적으로 브랜딩은 커뮤니케이션을 집중적으로 사용하는 것이다. 여기에는 딱 한 가지 불리한 면이 있다. 잘 만들어진 브랜드가 성장에 도움을 주는 만큼, 전략이 부실하거나 목표가 분명하지 않은 브랜드를 강조하게 되면 오히려 사람들은 교회를 멀리하게 되고, 심지어는 성도들과의 관계도 악화될 수 있다.

브랜드를 개발해야 하는 이유를 최선두에 서기 위한 것으로 생각한다면 그것은 오해일 수 있다. 한 지역사회에서 여러 교회가 최고의 자리를 놓고 경쟁하게 되면, 대개 한두 교회만이 그 방법으로 인정을 받고 다른 교회들은 그렇게 되고 싶은 교회로만 비춰지게 된다. 최선두(cutting edge, '칼날'이라는 뜻도 있음 - 옮긴이)는 칼에 있어서 가장 무뎌지기 쉬운 부분이기도 하다.

적절한 예로, 최근에 나는 국내 큰 교회의 한 부서와 컨설팅 모임을 가지게 되었다. 그들에게는 목표가 있었다. 열정도 있었다. 막대한 예산도 있었다. 세상에서 영향력 있는 사람들도 여러 명 있었다. 잘 정리된 행동계획도 가지고 있었다. 이 행동계획은 그 지역에서 성장하고 있는 교회들의 행동계획과 서로 통하는 것이었다.

컨설팅 모임이 항상 그러하듯이, 인식의 관리·경영이라는 측면에서 그 부서의 계획을 분석하기 시작했다. 이 지역사회가 교회를 어떻게 생각하고 있는지를 파악하기 시작했다. 그 지역사회에 뿌리 깊이 박힌 고정관점을 분석하는 것으로 시작했다. 분석하는 과정을 통해서, 교회는 특정한 홍보활동과 계획을 세우는 일에 쓰려고 했던 수백만 달러가 단지 사람들에게 교회에 대한 부정적인 감정만을 강하게 주고 있다는 것을 알게 되었다. 처음에 직관적으로 생각했던 일은 모두 자연스러운 것이었다. 그러나 결국에는 다른 교회만을 도와주었을 뿐이었다. 그 교회의 경우에는, 현재 성도들에게 유익을 주고 관계가 단절되어 있는 지역사회 사람들과 연결될 수 있는 기초를 세울 수 있는 방법으로 예산을 집행하는 것이 중요했다. 이를 위해서 조사하고 사람들과 함께 시간을 보내는 방법을 사용하기로 했다.

정말 효과 있는 강력한 브랜드를 개발하기 위해서는 지금까지 논의한 모든 것을 고려해야 한다. 브랜드를 개발하는 일은 디자이너, 기획팀, 또는 커뮤니케이션 담당 부서가 해야 할 일이 아니다. 교회의 리더십 팀이 해야 할 일이다. 전략을 실행하기 위해서는 지금까지 언급했던 사람들도 중요하지만(이러한 팀들이 있다면), 정체성을 확립하고 비전을 결정하는 것은 반드시 위에서부터 내려와야 한다. 목회자와 리더십 팀이 이러한 커뮤니케이션 노력을 주도적으로 감당하지 않는다면, 성공을 기대하지 말라. 마이크로소프트Microsoft의 정체성에 대해 빌 게이츠보다 잘 아는 사람이 없고, 애플Apple의 정체성에 대해서 스티브 잡스보다 더 잘 아는 사람은 없다. 최고 지도자는 통합적인 브랜드 사용을 위한 선동가가 되어야 한다. 지도자는 브랜드를 형상화하고, 그 브랜드를 잘 활용하도록 사람들을 훈련시켜야 한다.

브랜딩의 본질은 교회가 하는 모든 일에 있어서 교회의 본질이 무엇인가를 전달하는 것이다.

브랜드를 만들라

다음은 비전을 성취하는 과정에서 자연스러운 요소들이다. 비유를 들어 정의해 보았다. 영적인 것이기도 하지만, 기독교적인 목적에만 한정되지 않는다는 의미로 '자연스러운' 이라는 단어를 사용했다.

- 비전 : 최종 결과, 배의 목적지
- 사명 : 목적, 바다로 나가야 하는 이유
- 교회 건물 : 실질적인 배
- 성도들 : 배의 승객
- 지도자 : 승무원
- 목표 대상 : 배에 승선시키도록 부르심 받았다고 생각되는 지역사회 또는 지역사회의 일부분
- 마케팅 : 항로를 유지하기 위해 계획하고, 진행하고, 조정하는 기술
- 브랜드 : 다른 사람들이 배를 보거나 배에 올라탔을 때 그 배를 어떻게 생각하는가
- 브랜딩 : 배의 외관이나 커뮤니케이션을 통해 배의 명확한 정체성을 전달하는 것
- 성장 : 항해한 장소에서 그물을 던진 결과 - 비전의 성취, 그리고 비전을 성취하기 위한 에너지원 모두를 의미한다.

모든 단체는 대상으로 삼고 있는 사람들의 마음에, 자신이 어떤 존재인가에 대한 정체성을 심어주고 있다. 모든 단체는 브랜드를 가지고 있다. 어떤 단체는 계획성 있게 브랜드를 창조해서 사람들이 인지할 수 있도록 한다. 그런 기회를 놓쳐버리면 자기 정체성에 대해 정의를 내릴 수 있는 권위와 책임을 외부 사람들에게 넘기게 된다. 예를 들어, 브랜딩과 커뮤니케이션을 통해 "흥미진진하고 새

로운 교회"라는 이미지를 창조한 교회가 있다면, 사람들은 다른 사람에게 그 교회를 설명할 때 그 정의를 사용할 것이다. "저기에 있는 교회? 나는 그 교회를 흥미진진하고 새로운 교회로 알고 있어. 그 교회는 여러 가지 일을 하던걸. 모든 사람들이 다 그렇게 말해. 나도 항상 저 교회에서 오는 우편물을 받고 있지."

만약 브랜딩을 잘못했다면, 사람들은 그들 나름대로 정의를 내리는 수밖에 없을 것이다. "저기에 있는 교회? 나도 잘 몰라. 내 친구가 한번 가본 적이 있기는 한데, 그 친구는 그 교회를 좋아하는 것 같아. 고상한 교회인 것 같아. 잘 모르겠네."

어떤 마케팅 메시지가 더 좋은가? "흥미진진하고 새로운 교회", 아니면 "고상한 교회인 것 같아." 교회는 교회가 정의한 정체성을 사람들에게 알릴 수 있다. 그렇지 않으면 사람들은 그들 마음에 떠오르는 대로 교회를 생각하게 될 것이다.

정체성을 생각나는 대로 정의하고 그 정체성을 고집해야 한다는 의미가 아니다. 교회의 실제 모습과 부합되지 않으면, 거짓 광고를 조작하는 죄를 범하게 된다. 그렇게 되면 사람들 마음대로 교회에 대한 정의를 내리게 하는 것보다 더 나쁜 결과를 낳게 될 것이다. 흥미진진한 교회로 광고만 할 수는 없다. 실제로 흥미진진한 교회가 되어야 한다. 실제 모습이 그렇지 않다면, 아무도 속일 수 없을 것이다.

흥미진진한 교회로 광고만 할 수는 없다. 실제로 흥미진진한 교회가 되어야 한다. 실제 모습이 그렇지 않다면, 아무도 속일 수 없을 것이다.

브랜드에 대한 정의를 내리고 브랜딩 전략을 구상하는 일은 자기 정체성과 자기 목표를 가장 분명하게 제시하는 것이 되어야 한다. 그렇게 하면, 홍보 방법에서부터 카페트 색깔까지 결정해야 할 모든 어려운 사항이 쉽고 간단하고 전략적인 문제로 바뀐다. 교회의 브랜드는 교회가 결정을 내리고 커뮤니케이션 하는 과정에서 필터 역할을 한다. "이렇게 커뮤니케이션을 하고 행동하는 것이 우리의 정체성과 일치하는가?" 하는 리트머스 테스트가 된다.

브랜딩은 마음을 얻고자하는 사람들과 관련하여 자기 정체성을 분명하게 인식하게 한다. 사람들 간의 상호작용에 영향을 미치는 것 뒤에 숨겨진 목적을 정의하는 것이다. 각자의 개별적인 의견을 내는 대신 전략적인 목적을 다루게 된다. 사람들에게 주고자 하는 경험을 미리 결정해서, 해야만 하는 일에 대한 소모적인 논쟁을 줄이고, 배가 앞으로 나아가도록 하는 일에 더 많은 시간을 사용하게 된다. 궁극적으로 교회를 위한 결정을 내리게 된다.

몇 년 전, 우리 회사가 너무 크게 성장하고 변화하고 있어서 우리의 행로를 점검하고 우리 브랜드를 다시 정의해야 할 시점이라고 느낀 적이 있었다. 우리 팀은 일주일 동안 우리가 깨달은 것과 하나님이 우리에게 원하시는 사역방향에 대해서 평가하는 시간을 가졌다. 비전을 견고히 할 수 있는 놀라운 시간이었다. 우리의 정체성에 대해 강한 확신을 가지고 모임을 끝마쳤다. 마케팅과 브랜딩 회사로서, 우리는 고객들에게 브랜딩 파트너가 되어야 한다고 생각했다. 그 당시 우리와 협력하고 있던 대부분의 기관들과 그런 일을 하고 있었지만, 전략적으로 더 이상 단순히 디자인이나 기술을 '판매하는' 역할은 하지 않기로 결정했다. 우리는 단순히 프로젝트를 시행하도록 부르심 받은 것이 아니라, 해결책을 제시하고 그로 인해 고객에게 발생한 결과에 대해 책임을 지도록 부르심 받았기 때문이다. 우리 고객들이 자신에 대해 생각한대로가 아니라 부르심 받은 대로 사역할 수 있도록 돕는 방향으로 인간관계를 맺어가기로 우리는 결정했다.

여러 달 후에, 한 고객이 전화를 걸어서 웹 기술 프로젝트를 맡아줄 수 있는지 문의해왔다. 중요한 사역기관의 고객이었고, 그 프로젝트는 여섯 자리 숫자의 사례비를 받을 수 있는 일이었다. 그 고객은 소프트웨어에 필요한 사항의 목록을 가져와서는 각 구체적인 사항에 대한 디자인을 요구했다. 그러면서(그들에게 필요한) 컨설팅이나 마케팅 조언은 원하지 않는다고 강조해서 말했다. 그러나 그 프로젝트는 매우 상당한 양이었다. 나는 우리 회사의 IT 담당 관리자인 마이클에게 "어떻게 생각합니까? 이 일은 여러 달이 걸리고 많은 헌신이 필요할 것 같습니다. 하지만, 우리에게는 좋은 기회인 것 같습니다."라고 말했다.

마이클은 나를 보더니 이렇게 물었다. "하나님이 우리에게 시키신 일은 무엇입니까? 우리는 어떤 존재가 되어야 합니까?" 이 프로젝트는 우리의 비전에 맞는 일이 아니었다. 우리는 우리의 정체성을 확립했고 그것을 힘들게 유지해왔다. 이 일을 맡는 것은, 많은 돈을 벌 수는 있을지 몰라도, 우리의 목적을 이루는 것과 관련해서는 소모적인 일일 수 있었다. 나는 마이클이 하는 말을 금방 이해했다. 내가 어떻게 그것을 모를 수 있겠는가? 이제, 우리는 사무실에 표어를 걸어두고, 우리의 정체성에 맞지 않는 다른 존재가 되도록 유혹을 받을 때마다 그 표어를 바라본다. "그것이 우리의 브랜드입니까?"라고 누군가 질문할 것이다. 우리는 기쁘게 대안을 제시하고, 효과적이고 전략적으로 성장하고자 하는 일에 헌신된 사람들과 동역하는 일에 집중하고 있다.

기회가 주어지거나 어떤 일을 결정해야 할 때, 브랜드의 정체성으로 돌아가는 습관을 가져야 한다. 스스로에게 물어보라. "이것은 우리의 정체성에 일치하는가? 우리의 브랜드를 정의할 때, 그것이 우리에게 맞는 것이며 하나님께서 우리 마음에 확증해주셨다는 느낌이 있는가?" 그렇다면, 그렇게 결정하라. 복음을 전하고자 하는 사람들의 상황 속에서 교회로서의 정체성에 부합하는 것을 선택하라.

앞으로 남은 9장과 10장에서는 브랜드의 기술적인 요소에 대해서 논의할 것이다. 이제, 브랜드의 본질을 중심으로 우리의 마음을 집중하는 것이 가장 중요하다.

지역사회에서 가장 탁월한 교회를 생각해보라. 그 교회의 브랜드를 평가하라. 단순한 디자인이 아닌 브랜드를 평가하라. 그 교회 옆을 지나갈 때 무슨 생각을 하게 되는가? 매력적인가 아니면 혐오감을 주는가? 최상의 교회인가? 사람들은 그 교회에 대해 무엇이라고 말하는가? 그 교회가 전도대상으로 삼은 사람들은 누구인가? 그 교회의 모습에 가장 큰 변화를 주기 위해서 바꿀 수 있는 것 한 가지는 무엇인가? 당신은 그 교회의 목표를 알고 있는가? 그 교회는 지역사회의 관심을 끌고 있는가? 전체적으로 더 나은 모습을 보여주기 위해 그 교회가 할 수 있는 일은 무엇일까?

우리 교회에 대해 이런 질문을 한다면 외부 사람들은 어떻게 대답할까?

효과적인 디자인의 요건

그래픽 디자인은 교회 브랜드를 사람들 마음에 인지시키는데 도움이 되는 기초사항이다. 광고용 물건, 인쇄물, 웹사이트에 자주 사용되기 때문에, 교회 이미지에 영향을 준다. 다른 커뮤니케이션 방법이 없는 경우에는, 그래픽 디자인이 말 그대로 교회의 얼굴이다. 정확한 디자인으로 전도 대상자들의 공감을 얻지 못한다면, 잘못된 디자인으로 오히려 사람들에게서 소외당할 수 있다.

그렇다면, 좋은 디자인은 어떤 것일까? 우리는 효율성으로 좋은 디자인인지를 판단한다. 첫째로, 전도대상자들의 공감을 얻기 위한 것이기 때문에 그들의 마음을 사로잡고 끌어들여야 한다. 둘째로,

전도대상자들의 자기 정체성, 필요, 스타일 등과 관련이 있어야 한다. 셋째로, 의사전달이 분명해서 의문점을 갖게 하기 보다는 대답을 주는 것이어야 한다.

> **효과적인 디자인은 사람들을 끌어들이고, 브랜드의 핵심을 전달하며,**
> **미리 예상한 반응을 이끌어낸다.**

효과적인 디자인은 사람들을 끌어들이고, 브랜드의 핵심을 전달하며, 미리 예상한 반응을 이끌어낸다.

가끔 자기 교회의 디자인을 평가해달라고 부탁하는 사람들이 있다. 그 교회의 전도대상자를 알지 못하는 상황에서, 내가 평가할 수 있는 디자인의 측면은 얼마나 전문적인가, 어떤 느낌을 주는가, 그리고 얼마나 분명하게 의사를 전달하는가 하는 것뿐이다. 그러나 그럴 때에도, 그 교회가 누구에게 복음을 전하려 하고 어떤 방식으로 복음을 전하려고 하는지를 정확하게 알기 전까지는 여전히 알 수 없는 부분들이 있다.

부유한 사람들이 살고 있는 대도시에 있는 한 작은 교회가 브랜딩과 컨설팅을 요청해 왔다. 익명으로 새신자와 면담하고 그 교회를 분석한 결과, 그 교회는 우리가 생각할 수 있는 다른 교회와 마찬가지로 특별하고 사랑이 많은 교회임을 알았다. 그 교회에는 많은 노인과 다수의 대학생, 그리고 젊은 직장인들이 다니고 있었다. 그러나 그 중간에 속하는 사람들은 한 사람도 없었다. 그 지역에 사는 부유한 30대와 40대들은 공교롭게도 그 길 아래쪽에 생긴 같은 교단의 큰 교회에 다니고 있었다.

그 교회가 교회로서의 정체성을 확립하고, 가장 잘 전도할 수 있는 사람들이 누구인가를 파악하는 컨설팅을 통해, 이 작은 교회는 이웃교회를 이기려고 해서는 성공할 수 없음을 알 수 있었다. 그 교회는 같은 거리에 있는 큰 교회와 대등하게 경쟁할 수 없었다. 이 교회에는 300명의 교인이 출석하고 있고, 저 큰 교회에는 만 명의 성도들이 출석하고 있다. 우리는 작은 교회가 자신의 정체성에 자부심을 갖도록 격려했다. 대도시에 잠깐 머물다 떠나는 가족들이 점점 증가하고 있는 상황에서 이런 사람들을 전도하는데 이 교회의 사랑이 많은 분위기는 도움이 되고 있었다. 사실, 이 교회는 이들을 전도 대상자가 아닌 주변부의 사람들로만 생각했었다. 그러나 이제 이들이 바로 교회가 전도해야 할 사람임을 깨닫게 되었다. 이런 사람들은 공통적으로 시골에서 올라온 젊은 청년들이나 가정들로 이 커다란 도시에서는 이방인들이었다. 이 사람들에게는 "이 커다란 낯선 도시에서 고향에서 느낄 수 있는" 사랑이 많은 교회가 필요했고 그들도 그런 교회를 원하고 있었다. 바로 이 작은 교회에서 그런 분위기를 느낄 수 있었다.

컨설팅을 하면서 교회를 위한 귀중한 정보를 많이 얻게 되었다. 운영위원회 뿐만 아니라 목회자도 교회의 정체성과 분명한 목회 방향을 깨닫게 되어 한껏 고무되었다. 아이러니하게도, 우리가 컨설팅 모임을 가지기 전에 운영위원회는 교회 앞에 세우게 될 새 표지판을 주문했었다. 표지판의 새로운 디자인은 우리가 도착하기 직전에 승인한 것이었다. 그 디자인은 옛 글씨체로 문자 도안된 것으로 말씀 위에 칼이 교차하고 있었다. 내가 그 디자인을 어떻게 생각했는지 궁금할 것이다. 장점을 들자면, 그 디자인은 매력적이고 미적 감각이 있었다. 그러나 마치 교회 앞에 커다란 칼을 걸어두고 있는 것과 같았고, "우리는 친절하고, 사랑이 많고, 소박한 교회입니다."라는 메시지는 전혀 담겨있지 않았다.

효과적인 디자인이 되기 위해서는 사람들의 마음을 움직여야 한다. 자신이 누구인지 또는 대상자가 누구인지에 대해서 전적으로 확신하지 못한다면, 그것을 정의할 수 있을 때까지 디자인 계획을 미루어야 한다. 이 교회는 칼 대신에 최신 유행하는 디자인이나 아주 현대적인 디자인을 시도하는 편이 좋았을 것이다. 그런 식의 디자인을 사용하는 것은 지역 주민들이 보기에 저 길 아래쪽에 있는 교회와 직접적으로 경쟁하겠다는 뜻으로 비춰질지도 모른다. 저 큰 교회가 가지고 있는 자원을 이 작은 교회는 가지고 있지 않다는 것이 분명하다. 이 교회는 차별화할 필요가 있다. 이 도시에 낯설어 하는 사람들에게 사랑이 많은 교회로 다가갈 필요가 있다. 일시적으로 화려한 모습을 보여주는 것이 아니라 부드럽고 진정한 모습을 보여주어야 한다.

이미 말한대로, 디자인에는 전문적이거나 최첨단의 것 이상의 요소가 있다. 기존의 디자인에 대해 어떤 점수를 주겠는가? 단순한가 아니면 복잡한가? 단조로운가 아니면 극적인가? 재미있는가 아니면 경직되어 있는가? 남성적인가 아니면 여성적인가? 전통적인가 아니면 현대적인가? 자연 그대로인가 아니면 잘 다듬은 것인가? 계속해서 나열할 수 있다. 중요한 요소는 전도대상자에게 어떤 영향을 미치는가 하는 것이다. 사람들이 현대적인 교회로 봐주기를 원하는가? 어떤 현대적인 모습? 교회로서 지나치게 시대를 쫓아가는 것은 아닌가? 그 지역에 있는 다른 교회의 디자인은 이 기준에 비추어 볼 때 어떠한가? 존스톤 & 머피Johnston & Murphy와 같은 현대성을 원하는가 아니면 케네스콜Kenneth Cole과 같은 현대성을 원하는가? 연령층과 지역에 따라 현대성에 대해 서로 다른 개념을 가지고 있다. 전도대상자들이 받아들일 만한 현대성은 어느 정도인가?

전도 대상자들의 마음을 효과적으로 얻기 위해서는, 교회로서의 정체성과 복음을 전하고자 하는 지역 사이의 연결고리에 그 근거를 두고 디자인해야 한다. 좋은 디자인은 그리스도인으로서 당신과 내가 좋아하는 것을 다루는 것이 아니다. 최우선적으로는 전도대상자들의 마음을 끌 수 있는 것이 무엇인지를 고려하고 그 다음으로는 전도대상자와 교회 사이에 존재하는 공통 분모에 따라 디자인해야 한다. 미끼에 비유하는 것이 조금 그렇기는 하지만 그렇게 생각하는 것이 이해하는데 도움은 된다. 전도대상자들이 교회를 이해하고 싶을 때 교회에 대해 알아야 할 내용을 다루는 디자인이 되어야 한다. 예를 들어, 교회 사역자들의 기호에 따라 디자인이 결정된다면, 전례 중심의 교회는 지루한 그래픽을 사용할 가능성이 높고, 은사

중심의 교회는 극히 자극적이고 열정적인 디자인을 선택하는 경향이 있다. 결국, 사람들이 우선적으로 떠올리게 되는 전형적인 특성을 반복할 뿐이다. 이 두 가지 경우에, 교회의 특성을 표현하는 것은 교회하기에 달려 있다. 교회의 전형적인 특성만을 강조한다면, 이미 이 교회를 좋아하고 있는 사람들만 얻게 될 것이다. 그러나 교회와 다른 생각을 가지고 있는 사람들도 전도할 생각이 있는지 확인해보라. 그렇다면 디자인은 교회의 취향이 아니라 더 폭넓게 여러 사람들의 취향에 맞춰야 한다.

> **교회와 다른 생각을 가지고 있는 사람들도 전도할 생각이 있는지 확인해보라. 그렇다면 디자인은 교회의 취향이 아니라 더 폭넓게 여러 사람들의 취향에 맞춰야 한다.**

마지막으로, 다른 교회의 디자인을 단순히 모방하지 말라. 다른 교회의 디자인이 마음에 들 수는 있지만, 그렇다고 해서 그 디자인이 그 교회와 우리 교회에 반드시 효과적이라는 뜻은 아니다. 많은 교회가 좋지 않은 디자인에도 불구하고 성장하고 있으며, 꼭 디자인 때문에 성장하는 것도 아니다. 지금까지 성공한 교회들을 보면 디자인을 제외한 다른 요인 때문에 성장한 것을 알 수 있다. 실제로 전략적인 디자인을 가지고 있는 주요한 교회들은 찾아보기 힘들다. 사람들의 마음을 얻을 만한 자체적인 브랜드를 개발할 수 있도록 전도대상자를 충분히 아는 일에 더 관심을 가지라. 효과적인 디자인을 만들어내기 위해서는 그 일에 능력이 있는 전문가와 상담을 하거나, 시간을 들여서 디자인의 레이아웃, 색깔 이론, 문화적 경향, 디자인 도구, 전문가의 경험, 현재의 디자인 요소 등을 연구하라. 그리고 몇 년 동안은 안목을 키워야 한다. 큰 효과를 보기 위해서는, 디자인을 하기 전에 교회의 브랜드를 설명할 수 있어야 한다. 그후에 개인적인 선호도에 따라 디자인 하지 말고, 지역사회를 겨냥한 브랜드가 되도록 하라. 궁극적으로 브랜드는 교회가 나아가는 방향과 교회의 커뮤니케이션에 대한 필터 역할을 해야 한다.

커뮤니케이션이 가장 중요하다

수많은 다양한 목소리로 가득 찬 세상으로 오신 여러분을 환영한다. 날마다 수없이 많은 커뮤니케이션이 우리를 겨냥하여 쏟아지고 있지만, 우리가 얻을 수 있는 귀중한 정보는 별로 없다. 가족들과의 시간, 쇼핑, 광고, 광고방송, 인터넷, 비디오 게임, 텔레비전, 라디오, 자녀들을 축구 경기장에 데려가는 것, 그 밖의 많은 일을 하면서, 오늘날처럼 정보가 과도하게 쏟아지는 환경에서 우리가 얻은 것이 주의력결핍장애ADD라는 것은 전혀 놀라운 상황이 아니다. 정해진 대로 길을 갈 수 있도록 계획을 세워주는 사람이 없어도 되는 삶을 상상할 수 있겠는가?

나는 '생각만 하는 사람'으로 유명하다. 친한 친구들은 내가 머리로 대화하고 있는 것을 알 수 있을 정도라고 나를 놀리고는 한다. 그 결과, 내 아내는 한 번도 근교로 나가는 여행을 미리 준비한 적이 없다. 나는 맹세코 그녀에게 미리 말했다고 하지만, 나중에 생각해보면 그저 아내에게 말해야지 하고 생각만 했던 것이다. 이것이 바로 의도와 커뮤니케이션의 차이점이다. 목회자의 마음과 그 마음이 어떻게 전달되고 있는가 하는 문제에도 이와 비슷한 차이가 있다. 문제는, 온전하고 분명하게 생각을 전달하기 전까지는 그 생각은 오직 당신의 마음 안에만 존재한다는 것이다. 사람들의 마음을 얻으려고 서로 경쟁하는 이 세상에서, 영향력 있는 기업은 자신의 메시지를 거듭해서 반복적으로 전달하는 기업들이다. 처음에 그 기업의 메시지를 듣지 못했다 해도 그 메시지를 또 들을 수 있는 기회는 얼마든지 있다.

라디오 프로그램 진행자들도 대중음악과 관련해서 이와 비슷한 이야기를 한다. 어떤 노래가 유행하려고 하면 그 노래 때문에 정말 미칠 지경이 된다고 말한다. 많은 사람들이 동시에 전화해서는 그 음악을 틀어달라고 거듭 요청하기 때문이다. 그 노래가 유행하게 되면 진행자들에게는 이미 그 노래가 식상해진다. 진행자들은 그 노래를 반복해서 틀어주었지만, 그 노래를 처음 듣는 청취자들도 많이 있다.

교회에서도 이와 같은 일이 일어난다. 때로 목회자는 어떤 사항에 대해 한두 번 말하고 나서 모든 사람들에게 다 전달되었을 것이라고 생각한다. 그러나 그렇지 않다. 사람들이 서로 다른 시간대에

라디오의 주파수를 맞추는 것과 같다. 목회자가 여러 번 말했어도 그 내용을 처음으로 듣는 사람들이 있다. 그러므로 어떤 내용을 확실하게 전달하기 위해서는 쉴 새 없이 반복해야 한다. 중요한 부분에 있어서는, 특히 사람들에게 '배'(교회)의 활동영역이나 영적인 표지판에 대해서 설명하려고 할 때는, 모든 모임에서 이 내용을 설명하는 일을 필수적인 일과로 삼지 않으면, 그 내용을 듣지 못하는 사람들이 생기게 된다. 오늘날, 커뮤니케이션을 위해서는 '과도한 커뮤니케이션'을 해야 한다. 말하는 사람이 자신이 하는 말에 싫증 날 정도가 되지 않으면, 충분히 말하지 않은 것일 수 있다. 교회의 브랜드와 비전을 전달하는 것과 마찬가지로 교회의 영적인 표지판을 설명하는 일도 마찬가지이다. 목회자는 닳아빠진 레코드처럼 되어야 한다.

가능성 있는 모든 의문점에 대해 미리 대답해주고, 사람들이 "언제, 왜, 어떻게"에 대해서 목회자에게 전화할 필요가 없는 분위기가 만들어질 때, 바로 그때 온전한 커뮤니케이션이 성공적으로 이루어진 것이다. 대부분의 사람들이 보기에는 과도한 커뮤니케이션이겠지만, 우리는 과도한 커뮤니케이션을 기준으로 삼아야 한다. 그렇게 할 때 그것을 듣는 사람들이 판단할 수 있고, 그들을 섬기고자 하는 우리의 마음을 전할 수 있다. 일상적인 어조로 이야기할 때, 최신 정보를 줄 때, 전화를 걸어 안부를 물을 때, 새신자를 환영할 때, 영적인 단계를 설명할 때, 뜻밖의 일로 당황하지 않게 할 때, 미리 설명해줄 때, 우리는 동역자 관계를 맺게 되고 신뢰하는 분위기가 만들어진다.

> 일상적인 어조로 이야기할 때, 최신 정보를 줄 때, 전화를 걸어 안부를
> 물을 때, 새신자를 환영할 때, 영적인 단계를 설명할 때, 뜻밖의 일로
> 당황하지 않게 할 때, 미리 설명해줄 때, 우리는 동역자 관계를 맺게
> 되고 신뢰하는 분위기가 만들어진다.

단계를 명확하게 보여주라. 진행과정을 설명하라. 사역자들을 일일이 열거하라. 일을 분명하게 정의하라. 명확하지 않으면 혼란을 초래할 뿐이다. '명확한 것'이 공동체의 기초가 된다. 분위기 자동조절장치를 설치하라. 브랜드를 관리하라. 마이크는 당신 손 안에 있다.

▶ 요약 및 적용 ◀

잠시 요약해보자. 계획을 세우는 것은 성장을 위해 필수적이다. 전략적인 계획을 세우면 성장을 위해 그물을 던질 수 있는 장소로 갈 수 있다.

브랜딩은 자신이 누구인지 알고, 목회의 모든 영역에서 일관성 있는 커뮤니케이션을 하기 위해 반드시 필요하다. 자신의 정체성을 아는 일에는 복음을 전하고자 하는 사람들에게 다가가는 방법을 아는 일도 포함된다. 일반적이 아니라 구체적으로, 전도대상자들에게 어떻게 감동을 주기를 원하는가? 사람들이 교회를 어떻게 보았으면 좋겠는가?

브랜딩 전략 없다면, 목적보다는 선호도에 따라 결정하기 쉽다. 이 색깔을 더 좋아하는 사람이 있어서 혹은 다른 교회가 이 색깔을 사용하고 있기 때문에 그 색깔로 결정하는 것이 아니라, 교회의 목적과 전략적 의도에 부합하기 때문에 그 색깔로 결정하는 교회를 원하는가? 분명한 브랜드를 가진 교회가 되라. 그러면, 색깔을 선택하는 것도 교회의 정체성과 복음을 전하고자 하는 대상이 누구인가에 따라 달라진다. 비전이 없으면 결정을 내릴 때 분열될 수 있다. 그러나 교회의 정체성을 강하게 인식하고 있으면 그 결정으로 인해 사람들은 연합하게 된다.

잠시 생각해보자. 교회의 브랜드를 어떻게 요약하겠는가? 감동을 주고 싶은 사람은 누구이며 어떻게 하면 되겠는가? 교회는 어떻게 보이고, 어떤 느낌을 주고, 어떤 맛을 느끼게 하며, 어떻게 행동하고 있는가? 기록해보라.

마지막으로, 지나칠 정도로 커뮤니케이션해야 한다는 것을 기억하라. 기회가 있을 때마다 교회의 기초가 되는 부분을 지나칠 정도로 이야기할 수 있는 체제를 만들라. 목회자는 식상할지 모르지만, 그렇게 해야 모든 사람에게 다 전달될 수 있다. 모든 예배 시간마다 사역의 과정을 설명하라.

교회는 계획을 세우고 있는가? 모든 사역에 있어서 분명한 브랜드를 창출하기 위해 팀이 연합하고 있는가? 모든 사역에서 브랜드를 전달하고 있는가? 이와 동일한 문제를 해결하는 일에 교역자들도 많은 시간을 보내고 있는가? 앞의 질문에 대답하기 위해 더 많은 시간을 들여야 할 것이다.

09

미래에 대한
비전

Church Marketing 101

이 모든 것을 실천하기 시작하면서, 우리의 온전한 목적은 성장을 위해 교회를 준비시키는 것임을 기억하라. 이 책에서 구체적인 홍보 방법, 예를 들면 광고 우편물 발송이라든가 표지판 광고 같은 내용은 다루지 않았다. 디자인 경향과 색깔 조합에 따른 인지적인 반응도 다루지 않았다. 우리가 논의한 내용은 교회를 홍보하기 전에 갖춰야할 준비 단계인 사전 마케팅 pre-marketing이다.

(입소문을 제외하고) 외부적인 홍보 활동 없이 교회가 꾸준히 성장할 수 있을 때까지는, 교회를 홍보하는 것이 교회에 도움이 될 것이라고 결론 내리기 어렵다. 오히려 그 반대일 수도 있다. 이 책의 처음 부분에서 내가 주장했던 내용을 기억하는가? 대부분의 교회는 오히려 교회를 홍보해서는 안 된다. 성도들이 사람들을 적극적으로 초청하지 않는다면, 그럴만한 이유가 있다. 성도들이 초청한 사람들이 다음 주에 교회에 나오지 않고 교회에 정착하지 않는다면, 거기에도 그럴만한 이유가 있다. 그 이유가 무엇인지 알아야 한다. 이런 문제를 가진 교회를 홍보하는 것은 그저 외부 사람들로 하여금 교회에 들어와서 왜 아무도 사람들을 교회로 전도하지 않는지 또 새신자들이 왜 교회에 정착하지 못하는지 그 이유를 알도록 하는 것 밖에 되지 않는다. 새신자들은 한 번 교회에 나온 후 다시는 교회로 돌아오지 않을 것이다. 그리고 친구들과 이웃에게 교회에서 겪은 부정적인 경험을 전할 것이다.

비전가가 될 준비를 하라

지금까지 많은 성경적인 내용을 언급했지만, 이 과정은 홍보하기 이전의 세상적인 기업들을 평가하는 것과 비슷하다. 개업을 앞둔 식당은 대개 일주일 정도 시험 운영을 한다. 아니면 화려한 개업식을 알리기 전에 그렇게 하기도 한다. 그럴 만한 충분한 이유가 있다. 식당 운영과 관련해서 모든 일에 숙달될 시간이 필요하다. 그리고 주방장에서부터 웨이터, 웨이터 조수에 이르기까지 모든 직원들이 새로운 환경 속에서 일하는 방법을 배워야만 한다. 극장에서는 새로운 쇼를 개막하기에 앞서 실제로 의상을 입고 수많은 리허설을 해본다. 그렇게 해서 실제 관객으로부터 얻게 될 반응을 가늠해보는 것이다. 광고주들은 실제로 광고하기에 앞서 여러 다양한 그룹의 사람들에게 광고 내용을 미리 시험해보는데 수천 달러를 쓰기도 한다. 전국에는 "몰래 하는 쇼핑"을 전문적인 직업으로 삼고 있는 수천 명의 남녀가 있다. 이들은 전형적인 소비자로서 물건을 구매하도록 고용된 사람들이다. 쇼핑하면서 경험한 좋고 나쁜 일을 상세히 보고한다. 경쟁 관계에 있는 상점에서 구매하면서 그 상점의 강점과 약점을 살피기도 한다. 이 모든 일은 그들의 고객인 소비자들에게 보다 좋은 경험을 제공하기 위한 목적으로 진행된다. 우리가 이야기했던 "상대방의 입장에 서보기" 원리와 비슷하지 않은가?

기업의 경우에도 교회와 마찬가지로 마법과 같은 즉각적인 해결책은 없다. 그러나 초청하고, 추천하고, 참석하도록 사람들의 마음을 움직이는 원리는 있다. 이러한 원리가 성경적인 근거를 가지고 있다는 것을 깨닫기 훨씬 이전부터 우리는 기업에 적용하고 있었다. 교회를 관찰할 때와 마찬가지의 동일한 시각으로 기업을 한번 살펴보자.

과거에는 몇 번 갔었지만 지금은 가지 않는 한 상점에 대해 생각해보자. 여론조사를 해본다면, 대부분의 사람들은 다음의 보기 중에서 한두 가지를 언급할 것이다. 직원이 불친절하다. 서비스가 일관성이 없다. 불편하다. 내게 필요한 물건을 가져다 놓지 않았다. 새로운 매니저가 마음에 들지 않는다. 새로 생긴 상점이 더 편안하다. 그 상점에 있는 물건들은 차를 타고 가서 구입할 만한 가치가 없다. 집 근처에 있는 상점에도 같은 물건이 있다.

이제는 당신이 단골로 이용하고 있는 상점, 즉 당신이 자랑스럽게 거래하고 있고 다른 사람에게 추천해주고 싶은 상점에 대해 생각해 보자. 아마 당신은 이런 종류의 대답을 할 것이다. 직원들이 너무 친절하다. 직원들이 어떻게 행동할지 잘 알고 있다. 항상 따뜻하게 환영받는다는 느낌을 준다. 꼭 필요한 물건을 가져다 놓는다. 매니저는 내 이름을 부르며 인사한다. 내가 그 상점에서 물건을 산다고 다른 사람들에게 말하는 것이 자랑스럽다. 그 상점의 물건이 정말 가치가 있다는 것을 알기 때문에, 멀어도 그 상점까지 가게 된다.

이해하겠는가? 물건을 살 때도 우리는 모두 같은 생각을 한다.

왜 어떤 상점은 번창하고 어떤 상점은 문을 닫는지를 아는데 박사 학위는 필요치 않다. 필요한 것은 인간의 본성을 이해하고 상점의 특징과 지역 간에 존재하는 상황을 이해하는 것뿐이다.

앞에서 이야기한 상점 이야기를 교회의 경우에 비추어 다시 생각해보자. 같은 방식으로, 교회가 성장하거나 성장하지 않는 이유에는 근본적인 이유가 있다. 이 원리를 이해하기를 바란다. 그 원리를 적용한다면 교회는 성장할 것이다.

우리의 목표는, 그리고 내가 기도하는 것은, 여러분의 교회가 하나님이 주시고자 하는 성장을 위해 준비되는 것이다. 그리고 이것은 여러분이 반드시 목표로 삼아야 하는 것이기도 하다. 성장을 위한 기초는 교회성장을 촉진하는 분위기를 형성하는 것, 즉 사람들의 삶에 가치를 부여하기 때문에 교인들이 사람들을 쉽게 초청할 수 있고 새신자도 계속해서 출석하는 교회가 되는 것이다. 교회가 이미 그렇게 성장하고 있다면, 이미 "칼을 날카롭게 하는" 수많은 방법을 발견했다고 확신할 수 있다. 교회가 성장하지 않는다면, 어디에 문제가 있는 것인지 보여달라고 하나님께 기도하라.

> 성장을 위한 기초는 교회성장을 촉진하는 분위기를 형성하는 것, 즉 사람들의 삶에 가치를 부여하기 때문에 교인들이 사람들을 쉽게 초청할 수 있고 새신자도 계속해서 출석하는 교회가 되는 것이다.

목표를 설정하라

지금부터 1년, 2년, 그리고 5년 후의 교회 모습을 그려보라. 눈을 감고 그 모습을 상상해보라. 무엇이 보이는가?

교회의 다른 지도자들도 같은 그림을 그리고 있는가? 그렇지 않다면, 비전에 문제가 있을 수 있다. 이것은 사소한 문제가 아니다. 극히 중대한 문제이다. 나를 믿지 못하겠다면 성경을 찾아보자.

"묵시가 없으면 백성이 방자히 행하거니와(Where there is no vision, the people are unrestrained[run wild]"(잠 29:18 NASB). 킹 제임스 버전에는 이렇게 기록되어 있다. "비전이 없으면 백성은 망한다(Where there is no vision, the people perish)."

비전은 교회에 절대적으로 필요하다. 비전이 없는 교회는 쉽게 알아볼 수 있다. 열정이 부족하고 목표가 불분명하다. 성경에서 "Where there is not vision"이라고 하지 않고 "Where there is no vision"이라고 말한 것에 주목하라. 이것은 문제가 되는 것이 시력(볼 수 있는 능력)의 부재가 아니라 비전(독특하고 응집력 있는 이미지에 집중하는 것)의 부재임을 가리킨다.

그렇다면 비전이란 정확하게 무엇일까? 비전은 모든 사람들이 볼 수 있는 그림, 사진과 같은 것이다. 교회의 리더십 팀은 같은 비전을 향해 움직여야 한다.

몇몇 기업들과 마찬가지로, 소위 "비전선언문"vision statement을 개발하는데 상당한 시간과 노력을 기울이는 교회들이 있다. 비전선언문이란 무엇일까? 나는 정말 모르겠다. 여러분은 지금 보고 있는 모든 것을 단 한 문장으로 요약할 수 있겠는가? 사무실 창밖을 내다보면, 나무, 사무실 빌딩, 길거리, 자동차, 아파트 등을 보게 된다. 빨간 신호등을 무시하고 달리는 차도 보인다. 여섯 명이 도보를 걷고 있는 것도 보인다. 약국과 호텔도 보인다. 호텔에는 약 열두 대의 차가 주차되어 있다. 나무들 중에는 상당히 잎이 무성한 나무들도 있다. 소화전도 보인다. 멀리 높이 솟아 있는 빌딩도 보인다. 그 빌딩은 약 40층 정도 되어 보인다. 내가 볼 수는 없지만 그 빌딩 안에 사람들이 있다는 것을 알고 있다. 하늘은 약간 흐리다. 도보 옆의 잔디는 인조 잔디로 보인다.

교회에는 비전선언문이 아닌 비전이 필요하다.

내가 보고 있는 것을 상세히 전달할 수 있지만, 그렇게 하면 상대방을 지루하게 할 뿐이다. 교회에는 비전선언문이 아닌 비전이 필요하다. 그러나 목적선언문mission statement 또는 그 일을 해야 하는 이유에 대한 설명은 가치가 있다. 목적선언문은 매우 어려운 문제이다. 목적을 설명한다. 한 문장으로 기술할 수 있을 것이다. 비전을 한 문장으로 맞추는 것은 특별한 것 같지 않다. 요한은 요한계시록에 자신이 본 것, 비전을 기록했다. 비전을 기록하는데 22장이 필요했다.

나는 고객에게 항상 비전을 가지라고 도전을 준다. 내 가족, 회사, 그리고 나 자신도 비전이 없이는 성장하고 성공할 수 없다. 최근에 우리 회사는 많은 변화를 겪고, 어떤 분야에서는 새로운 방향으로 전환하는 중이었다. 나는 이러한 변화들을 직원들과 함께 논의했고, 우리가 해야 할 새로운 일에 대해 흥분하고 있었다. 나는 항상 그렇듯이, 내 머릿속에 여러 계획들을 담아두고 다른 사람들도 모두 나와 같은 생각을 하고 있을 것이라고 가정하고 있었다.

기획회의를 하면서 앞으로 몇 달 동안 진행될 일에 대해 논의했던 일이 있다. 나는 내 머릿속에 있는 계획에 기초하여 설명하면서 모든 사람들이 다 이해하고 있을 것이라고 생각했다. 그러나 사실은 그렇지 않았다. 한 부서의 담당자인 케이티가 나를 보면서 말했다. "리차드, 지금 하신 말씀의 기본적인 생각은 알고 있습니다. 그러나 세부적인 많은 사항에 대해서는 그저 얼버무리고 있습니다. 그 목적을 이루기 위해 우리가 무엇을 해야 하는지 잘 알 수가 없습니다." 그리고 계속해서 말했다. "우리가 당신을 도와 함께 사역할 수 있도록 자세하게 설명해주신다면 좋겠습니다. 예루살렘 성벽이 어떻게 무너져 있는지 아무도 몰랐을 때, 예루살렘을 재건하는 일을 상상하지도 계획을 세우지도 못하고 있었을 때, 느헤미야가 이스라엘 백성에게 그의 비전을 설명하고 그 일을 이루기 위한 단계를 설명했던 것처럼 말입니다. 우리가 이해할 수 있다면 큰 도움이 될 것입니다. 그러면 우리는 달라질 수 있습니다."

나는 몹시 놀라고, 감동을 받고, 흥분되고, 긍정적으로 도전을 받았다. 지난 몇 달 동안 내가 느헤미야서를 얼마나 많이 읽었던가?

케이티의 도전을 받고 열정이 되살아났다. 나는 말했다. "좋은 지적입니다. 내일 다시 이 문제를 논의합시다." 나는 그날 집으로 가서 하나님이 나에게 주신 비전을 정리했다. 그 비전을 이루기 위해 감당해야 할 단계들도 문서로 정리했다. 다음날, 담당자들을 회의실로 불러서 우리의 목표와 그 목표를 이루기 위해 해야 할 일에 대해 45분간 설명했다. 담당자들은 나를 보더니 이렇게 말했다. "감사합니다. 이제 당신이 목표로 하고 있는 것을 우리도 보게 되었습니다. 이 목표를 이룰 수 있도록 당신을 돕겠습니다."

목표를 분명하게 제시하라

비전은 인내를 요하는 그림이다. 모든 사람들이 알 수 있도록 비전을 생생하게 그려주어야 한다. 비전을 자세히 그려주지 않으면 비전을 갖지 못한 사람들처럼 '망하게' 될지도 모른다.

비전을 자세히 그려주지 않으면 비전을 갖지 못한 사람들처럼 '망하게' 될지도 모른다.

구약에 이렇게 기록되어 있다. "여호와께서 내게 대답하여 가라사대 너는 이 묵시를 기록하여 판에 명백히 새기되 달려가면서도 읽을 수 있게 하라 이 묵시는 정한 때가 있나니 그 종말이 속히 이르겠고 결코 거짓되지 아니하리라 비록 더딜찌라도 기다리라 지체되지 않고 정녕 응하리라"(합 2:2~3).

비전을 혼자서 성취할 수 있다면, 비전을 기록할 필요가 없다. 그러나 다른 사람들의 도움이 필요하다면, 같은 목표를 향해서 함께 달려갈 수 있도록 비전은 명확해야 한다.

비전이 분명하지 않은 교회를 진단하는 일은 쉽다. 한 눈에 알 수 있는 혼란스러움, 사기 저하, 무관심 등의 증상이 나타난다. 이러한 증상은 최종 목적 또는 그 목적을 이루기 위한 단계가 불분명할 때도 나타난다. 내가 청년부 목회자로 사역하고 있었을 때, 목사님은 가끔씩 내게 광고하는 일을 맡기고는 하셨다. 나는 그 일을 기쁘게 감당했지만, 목사님은 내가 그 일을 잘하지 못했다고 말씀하셔서 당황스러웠다. 나는 목사님께 분명하게 지시해달라고 말씀드렸고 목사님도 그렇게 하려고 노력하셨다. 목사님은 여러 주 동안 나에게 그 일을 맡기셨는데, 그때마다 광고 후에 나에게 오셔서 광고를 더 잘할 수 있었던 방법을 말씀하시곤 하셨다. 나와 목사님은 좌절감을 느꼈고, 우리는 아무 것도 하지 못했다. 어느 주일에 목사님은 직접 광고를 하기로 하셨다. 어떤 식으로 광고하는 것을 원하셨는지 내게 보여주고자 하셨던 것이다. 목사님이 광고하시는 것을 보고 들은 다음에야, 목사님이 요구하시던 뉘앙스를 이해할 수 있었다. 나는 목사님의 방식을 내 것으로 만들었다. 그 이후로 모든 것이 잘 되었다.

내가 어떻게 해야 한다는 것을 결국에는 어떤 방법을 통해 이해하게 되었는가? 나는 그것을 '보았다.' 이것이 바로 비전이 하는 일이다.

이와 마찬가지로, 팀team으로서, 교인들 및 새신자들과 하게 되는 모든 상호작용을 상세히 기록해야 한다. 안내위원이 실천해야 할 완전한 '인사'의 방법을 기록하라. 이야기 형식으로 상세히 기술하라. 유아실 담당자들과 어린이 사역자들이 해야 할 일도 기록하라. 사역자, 안내위원, 음악 담당 사역자들이 행할 일에 대해 비전이 담긴 형식으로 기록하라. 그런 다음, 웹사이트를 이용하여 새신자, 교인, 자원봉사자를 섬길 수 있는 방법을 기록하라. 웹사이트에 교회의 특징을 집어넣도록 하라. 비전을 기록하라. 브랜드를 의식하라. 브랜드를 정의하라. 브랜드를 디자인하라. 브랜드를 훈련하라. 브랜드를 유지하라. 자원봉사자들과 교인들은 이러한 교회 사역을 통해 더 행복해질 것이다. 자기가 개인적으로 교회의 비전을 성취하는데 도움이 되고 있음을 알 수 있기 때문이다. 또한(비전을 실행하기 위한 계획에 따라서) 자기가 해야 할 일을 올바르게 하고 있는지도 알게 될 것이다. 그리고 그것을 자랑스러워할 것이다. 지도자들은 사역자들이 비전을 실행하기 위한 새로운 단계로 올라서는 것을 보면서 행복해질 것이다. 해야 할 일에 대한 비전이 크리스털처럼 분명하다면, 질책하고 조언할 필요가 전혀 없다.

내 말이 지나치다고 생각할지 모르겠다. 그러나 브랜드와 비전에 관련된 일을 세분화해서 모든 직위, 기능, 임무를 수행하는 모습을 그려낸 회사를 떠올릴 수 있는데, 바로 스타벅스이다. 비전은 그저 말만 하지 않는다. 비전은 정의를 내리고 증명한다. 비전은 미래에 대한 것이 아니다. 오늘 당신이 어떤 존재가 되어야 하며 어떤 방법으로 그렇게 될 수 있는가에 대한 것이다.

비전은 그저 말만 하지 않는다. 비전은 정의를 내리고 증명한다.

비전을 글로 기록해야 하는 또 다른 중요한 이유는, 전쟁과 같은 복잡한 상황에 처하면 당장 눈에 보이는 즉각적인 필요 때문에 더 큰 목적을 보지 못할 때가 있기 때문이다. 당신은 그럴 리가 없다고 생각하는가? 감옥에 갇힌 세례 요한을 생각해보자.

> "요한의 제자들이 이 모든 일을 그에게 고하니 요한이 그 제자 중 둘을 불러 주께 보내어 가로되 오실 그이가 당신이오니이까 우리가 다른 이를 기다리오리이까 하라 하매 저희가 예수께 나아가 가로되 세례 요한이 우리를 보내어 당신께 말하기를 오실 그이가 당신이오니이까 우리가 다른 이를 기다리오리이까 하더이다 하니 마침 그 시에 예수께서 질병과 고통과 및 악귀 들린 자를 많이 고치시며 또 많은 소경을 보게 하신지라"(눅 7:18~21).

예수님께 세례를 주었던 바로 그 세례 요한의 모습이다. 그리스도를 예언하고 그분을 알아보았던 요한이 지금 감옥에 앉아서 "그분이 바로 그리스도입니까?"라고 묻고 있다. 요한의 한 가지 목적은 그리스도를 선포하는 것이었다. 요한이 예수님에 대해 이렇게 질문한 것은 사실상 "나는 내 삶의 목적을 잃어버렸습니다."라고 말하는 것과 같다.

> "대답하여 가라사대 너희가 가서 보고 들은 것을 요한에게 고하되 소경이 보며 앉은뱅이가 걸으며 문둥이가 깨끗함을 받으며 귀머거리가 들으며 죽은 자가 살아나며 가난한 자에게 복음이 전파된다 하라"(눅 7:22).

요한이 믿지 못하고 자신의 목적을 잃어버리고 있을 때, 그에 대한 치유책으로 예수님은 무엇을 말씀하셨는가? 예수님은 요한에게 비전을 주셨다. 예수님은 요한의 제자들에게 그들이 본 장면을 알려주라convey a picture고 말씀하셨다. "너희가 보고 들은 것을 요한에게 전하라." 요한은 예수님이 그리스도라는 믿음을 잃어버렸다. 그리고 예수님은 요한의 믿음이 비전으로 회복될 것을 아셨다.

비전은 믿음을 세운다. 비전은 목적을 갖게 한다. 비전은 방향을 설정하게 한다. 왜 "비전이 없으면 백성이 방자히 행하게" 되는지 궁금한가? 전쟁과 같은 상황에서, 교역자와 교회는 하나님이 주신 목적을 잊어버리라고 유혹을 받는다. 그러므로 비전을 기록해 놓는 것이 필요하다. 비전과 계획은 삼투압 현상처럼 자동적으로 전달되지 않는다. 의식적인 노력과 주의가 필요하다.

비전과 계획은 삼투압 현상처럼 자동적으로 전달되는 것이 아니다.
의식적인 노력과 주의가 필요하다.

비전을 상세히 기술하다보면, 교회의 모든 사람들을 위해 평범한 내용을 특별한 것으로 만들어 제안하는 일은 참 흥미로울 것이다. 비전은 흥미롭다! 비전은 창조적이다. 과정을 진행하고, 평가하고, 그림을 다시 그리고, 모든 것을 다시 재조직하는 일은(대부분의 경우에) 이보다 재미있지는 않을 것이다.

기억해야 할 것이 있다. 비전을 보여주면서 그 비전을 유지하기 위해 노력하지 않는다면, 교회의 노력은 점차 시들해지고 비전은 좌절될 것이고 사람들은 실망하게 될 것이다. 나는 이런 상황을 체험적으로 알고 있다. 나는 회사의 최고 경영자로서 이 문제와 씨름하고 있다. 비전과 관련해서 여러 가지 상황을 유지하도록 팀의 구성원들을 불러모아 그 책임을 맡기는 것은 매우 중요한 문제이다. 진행상황을 점검하는 담당자가 있고, 계속해서 새로운 비전을 보여주는 일을 확인하고 팀에게 그 비전을 정기적으로 확인시키는 담당자가 있다. 이렇게 일을 맡은 사람들이 있지만, 나는 여전히 틈 사이로 비전이 빠져나가는 듯한 느낌이 들 때가 있다. 위기를 겪거나 변화를 겪게 되는 시점에는 이러한 헌신을 유지하는 일이 특히 더 어렵다. 비전이 흐릿해질 수 있다. 아니면 현실의 상황이 너무 힘들어서 비전이 허무한 공상처럼 여겨질 때도 있다.

나는 지도자로서 상황이 분명하게 진척되지 않으면, 그 다음 단계를 위해 논의하기 위해 예정된 회의를 취소하고 싶은 마음이 들 때가 있다. 특히 계속해서 회의를 하는데도 일이 잘 되지 않을 때 그런 생각이 든다(솔직히 고백하자면 그렇게 한 적도 있다). 사실, 너무 큰 비전은 무거운 짐이 될 수 있지만, 그 비전에 참여하고 있는 다른 사람들은 지도자가 느끼는 중압감을 조금 밖에 알 수가 없다. 농구 팀에 코치가 필요하고 축구 팀에 치어리더가 필요한 것처럼, 교회에도 그런 모임이 필요하다. 사람들에게 계속해서 목표가 무엇인지를 보여주고, 하나님이 이 비전을 주시면서 그들에게 맡기신 일이 무엇인가를 계속해서 상기시켜주어야 한다.

비전을 성취하는데 있어서 또 하나의 문제는, 목회자와 지도자들은 열정에 휘둘리는 경향이 있다는 것이다. 그 결과, 마치 바람이 부는 것처럼 새로운 아이디어를 마구 쏟아내고 사람들에게 목표만을 추구하도록 다그친다. 하나를 취하기 위해 다른 하나를 내려놓게 되고, 결국에는 순간의 목적을 이루기 위해 궁극적인 목적을 향해 가는 길을 놓치게 된다. 학교, 복음전도 프로그램, 건축 프로그램, 우리가 배운 새로운 성장 모델, 훈련센터, 이것을 철저히 조사하고 저것을 바꾸는 일. 모두 다 좋지만, 이것은 비전을 이루기 위한 것이어야 하고 비전에 맞아야 한다. 이런 일이 비전을 대신하거나 오직 이런 일에만 초점을 맞춘다면, 팀은 아무 것도 예상할 수 없게 된다. 내일이면 또 어떤 새로운 바람이 불어 지금 하고 있는 일이 다 바뀌는 것이 아닐까 하는 생각을 갖게 한다.

비전과 브랜드는 함께하는 것이기 때문에, 누군가가 헌신해서 교회의 모든 영역에서 교회의 브랜드를 지켜보고 추진하는 것이 중요하다.

비전과 브랜드는 함께하는 것이기 때문에, 누군가가 헌신해서 교회의 모든 영역에서 교회의 브랜드를 지켜보고 추진하는 것이 중요하다. 나의 고객이자 친구인 제프는 회사를 위해 개발하고 있는 브랜딩 전략에 대해 이런 말을 했다. "브랜딩이란 단순히 목적을 위한 수단이 아니라는 것을 깨달았습니다. 브랜드는 사역의 모든 부분을 구체화하고 비전을 이루는 것이군요." 브랜딩을 통해 정말 그런 일을 할 수 있다. 어린이 사역, 청년 사역, 안내위원, 환영위원, 설교, 예배, 웹사이트, 외부 홍보, 건축 논리, 그리고 그 외 모든 일에서 브랜드의 일관성(모든 부분에서 전달하고자 하는 정체성의 본질)을 유지하지 않는다면, 교회로서의 정체성에 대한 인식을 효과적으로 관리할 수 없다. 이것은 교회의 비전을 이루는데 필요한 일이기도 하다.

결과적으로, 컨설팅을 통해, 교회 지도자(담임목사, 부목사, 커뮤니케이션 담당자 등)가 앞장서서 '브랜드 챔피언'(옹호자)이 된다면, 브랜드로 중요한 변화와 성장을 이끌어낼 수 있는 가능성은 점점 커진다. 교회에는 브랜드 챔피언이 필요하다. 전적으로 교회의 리더십에 순종하고, 문화적인 감각이 있고, 전도대상자들의 스타일에 대한 관점을 다양한 시각으로 이해하고, 비전을 온전히 이해하는 사람이 바로 브랜드 챔피언이다. 이 브랜드 챔피언은 교회에서 이루어지는 모든 일이 교회 브랜드와 일치하는가를 판단한다. 브랜드 나치brand-Nazi 혹은 브랜드 폭군이 되면 안 된다. 모든 부분에서 비전을 가진 행동가로서, 브랜드와 일관성있는 행동을 그려나가는 브랜드 치어리더가 되어야 한다. 그리고 동일한 목적을 이루기 위해 교회에 대한 외부의 시선과 홍보 활동을 관리해야 한다.

컨설팅 회사로서, 우리도 이러한 역할을 해야 할 때가 있다. 우리가 브랜드 치어리더의 역할을 하는 것은 예외적인 일인데, 교회 일에 항상 관여할 수는 없기 때문이다. 우리는 새신자처럼 제삼자의 입장에서 평가할 수 있다. 그러면서도 동시에 그 교회의 리더십 팀과 똑같은 열정과 비전을 품을 수 있다. 조금 더 큰 교회에는, 교회 안의 브랜드 챔피언과 교회 밖의 브랜드 챔피언이 필요할 것이다. 스타벅스와 같은 회사도 제삼자인 컨설턴트의 시각으로 평가를 받는 동시에 내부적으로도 회사를 평가하도록 하고 있다. 평가받는 것은 강하고 매력적인 자아상을 가진 교회로 만들어 가는 일에 필요한 기본 사항이다.

평가받는 것은 강하고 매력적인 자아상을 가진 교회로 만들어 가는 일에 필요한 기본 사항이다.

조언하자면, 목회자로서 거대한 비전을 가지고 있다면 그 비전은 지도자들과만 공유하는 것이 좋을 것이다. 교인이 열네 명밖에 없는데 그들에게 앞으로 2만 명의 교인이 출석하는 교회를 목표로 한다고 말하면, 그들은 당신의 정신 상태를 의심할지도 모른다. 창세기 37장에서 요셉에서 일어난 일을 기억하는가? 요셉이 형제들에게 자기가 꾸었던 큰 꿈을 이야기하자 노예로 팔리게 되었다. 민감하라. 일반 성도들에게는 그들이 지금 감당할 수 있는 것만을 말하고, 가까운 장래에 필요한 것을 이해하는데 도움이 되는 것만을 나누라.

비전의 구체적인 사항을 계획할 때는, 모든 일을 완벽하게 하라. 각 부서에서 일을 어떻게 진행해야 하는가? 분위기는 어떻게 조성해야 하는가? 얼마나 많은 새신자가 오고 있는가? 그러한 새신자들은 어떤 느낌을 받고 있는가? 얼마나 많은 새신자가 계속해서 교회에 나오게 될까? 설교는 영적으로 다양한 수준에 있는 사람들에게 모두 관련성이 있는가? 새신자들은 어떻게 생각하는가? 사람들은 교회에 대해서 무엇이라고 말하는가? 어린이 부서는 어떻게 보이고 어떤 느낌을 주는가? 안내위원들은 어떻게 인사해야 하는가? 교회의 가장 큰 장점은 무엇인가? 다른 교회와 차별화되는 점은 무엇인가? 교회가 열정을 가져야 할 부분은 무엇인가?(시간과 열정을 어디에 쏟아야 할까?) 교회의 목적은 무엇인가?

비전을 명확하게 정의하지 않았다면, 지금이 바로 그때이다. 성도들, 그리고 전체적인 지역사회와 관련되는 교회의 모든 부분을 포함하여 비전을 정의하라. 2장에서 토론했던 목록을 기초 자료로 삼으라.

10

교회성장을 위해
준비하라

이 책에서 정말 많은 주제를 다루었다. 전도 대상자, 야구 경기장, 인식의 관리 및 경영, 브랜딩, 비전, 인구통계, 그 밖의 많은 주제를 다루었다. 우리가 목표로 한 것은, 마케팅이란 의례히 생각해왔던 것보다 교회에서 훨씬 더 중요한 주제라는 것을 이해시키는 것이었다. 교회가 깨닫고 있든지 모르고 있든지 간에, 마케팅은 현재 세계 모든 교회에 존재하고 있다. 지금부터 10년 동안, 복음전도가 잃어버린 영혼을 찾기 위한 것인 만큼, 마케팅도 중요한 주제가 될 것이다. 복음전도는 마케팅이기 때문이고, 핵심적인 마케팅의 원리를 고려하지 않고 복음전도를 한다면, 이를테면 사람들이 어떤 삶을 살고 있는지를 살펴보지 않는다면, 전도를 운에 맡기는 셈이다. 사람들의 마음을 끌기 위해 마케팅 원리를 사용할 때, 그들을 이해하는 마음으로 복음을 전할 수 있어 효율성을 극대화할 수 있다. 간단히 말하면, 사람들과 관계를 맺게 되는 모든 상황에는 마케팅 원리를 사용한 대화 방법이 필요하다.

간단히 말하면, 사람들과 관계를 맺게 되는 모든 상황에는 마케팅 원리를 사용한 대화 방법이 필요하다.

기업의 경우에는 모든 것이 계산되고 평가를 받는다. 가격을 인상하게 되면 상품 판매에 어떤 영향이 있을지를 예상한다. 시장에서 자신의 위치를 알고 있다. 마케팅 대상인 고객들이 자기 회사를 어떻게 생각하는지를 알고 있다. 상품을 연구한다. 상품을 시험 판매한다. 인식을 관리하고 경영하고 브랜딩을 통해 마케팅을 진행한다. 얼마나 많은 광고를 해야 판매가 증가하는지를 알고 있다. 고객들의 생활방식과 사고방식을 알고 있다. 한번 이상 자사 상품을 구매하는 사람이 고객의 몇 퍼센트인지를 알고 있다. 그리고 정기적인 구매자도 몇 퍼센트인지를 안다. 경쟁사의 상품을 구매하는 사람들은 어떤 사람들인지도 알고 있다.

이러한 정보를 아는 것이 나쁜 일인가? 얼마나 많은 사람들이 교회에 오게 되고 그리스도를 만나게 될지 알 수 있게 한다고 해서 마케팅을 교묘하게 조작하는 것이라고 말할 수 있을까? 아니면, 이 모든 것을 모르고 있거나 아예 무시하는 것이 미덕일까? 교회 지도자들이 다른 선진화된 조직을 이해하는 것보다 교회 성장의 역동성을 잘 이해하지 못하기 때문이라고 말하는 것이 더 정직할 것이다. 자료나 지식이 없을 수도 있다. 너무 개인적인 문제이기 때문에 사실을 직시하고 싶지 않을 수도 있다. 우리는 "뱀같이 지혜롭고 비둘기같이 순결하라"(마 10:16)는 명령을 받지 않았는가? "네 양떼의 형편을 부지런히 살피며 네 소떼에 마음을 두라"(잠 27:23)고 말씀하지 않았는가? 그러므로 우리의 양떼를 관리하도록 하자.

현재를 정확하게 평가하라

비전을 글로 기록하는 것이 필요한 것처럼, 현재 자신의 모습을 글로 기록할 필요가 있다. 내일로 건너가는 다리를 세울 수 있는 단 한 가지 방법은 어디에서부터 시작해야 하는지를 확실히 아는 일이다. 새신자와 교인의 숫자를 세는 것과 같이 양적인 자료와 관련된 일은 쉬운 부분이다. 질적인 자료, 예를 들면 교회가 어떤 이미지를 가지고 있는지, 사람들은 교회 사역에서 어떤 느낌을 받는지 등과 같은 내용을 분석해야 할 때는 일이 다소 어려워진다. 전에 말한 것처럼, 사람들은 어떻게 해서 그런 의견을 갖게 되었는지를 말하려고도 하지 않고 말할 수도 없다. 다른 사람들에게는 말할지 모르지만, 교회에 직접 말하지는 않을 것이다.

식당에서 식사를 하고 있을 때 종업원이 당신의 의견을 묻는다면, 당신은 아마 일반적인 내용만을 말할 것이다. 예를 들면, "좋습니다."라거나 "서비스가 조금 느리군요."라는 식이다. 조명이 너무 밝아서 로맨틱하지 않다거나, 업무를 겸한 점심식사로는 너무 가격이 낮다거나, 의자의 쿠션이 편하지 않다거나, 메뉴가 실내장식과 어울리지 않는다거나, 샐러드가 신선하지 않다거나, 음료수를 더 달라는 말을 종업원에게 여러 번 해야 했다거나 하는 식의 말은 거의 하지 않을 것이다. 샐러드에 고춧가루가 들어있어서 소화가 잘 되지 않았다고도 말하지 않을 것이다. 현관에 안내원이 있어서 직접 주차하기는 미안하고 그렇다고 안내원에게 차를 주차하도록 맡기면서 5달러의 팁을 주기는 아깝기 때문에 이 식당에 오지 않았었다고 말하지도 않을 것이다. 비록 안내판에는 "대리 주차 무료"라고 쓰여 있지만 무료로 느껴지지 않기 때문이다.

그렇게 말하는 대신, 당신은 "좋습니다."라고만 말할 것이다. 그리고는 다시는 이 식당에 오는 일은 없을 것이다.

그렇다면, 새신자들이 실제로 느끼는 기분은 어떻게 알 수 있을까? 새신자를 연구하라. 사람들과 함께 생활해보라. 그들의 입장에 서보라. 외부의 시각으로 바라보라. 현세대의 경향에 대한 책을 읽는 것도 좋지만, 실제로 중요한 문제는 그리스도를 위해 복음을 전해야 할 사람들과 효과적으로 관계를 맺고 있는가 하는 것이다. 당신이 복음을 전하고자 하는 사람들은 책에서 읽은 경향대로 행동하지 않을 수도 있다. 그들의 입장에서 생각해보고 그들의 눈으로 바라보는 것을 대신할 수 있는 방법은 없다. 당신이 그리스도인이 되기 전에 어떠했는가를 다시 기억하는 것을 목표로 삼으라. 그때 불신자의 시각으로 다시 바라보는 것이다. 어떤 교회 지도자들에게는, 주일에 교인의 입장에서 자기 교회에 출석해보거나 이웃 교회에 나가보는 일이 될 수도 있다. 아마도 이것이 마케팅에 있어서 가장 어려운 부분이겠지만, 가장 가치 있는 일이기도 할 것이다.

몇 년 전에, 한동안 성장이 정체되어 있는 교회를 컨설팅한 적이 있다. 지난 5년간 새로운 가정이 교회에 등록을 하면 대개 그와 비슷한 수의 가정이 교회를 떠났다. 컨설팅을 하면서, 우리는 예배를 평가하고 우리가 조사한 자료를 토대로 불신자의 입장에 서보려고 노력했다. 이 교회에서 우리는 정말 영감 있는 설교를 들었다(헌신적인 성도들을 위한 설교). 믿음이 좋은 성도들에게 더 강한 책임감을 가지도록 도전을 주는 설교였다. 그러나 불신자들은 거의 적용할 수 없는 설교였다. 설교를 하면서, 중요한 주제들은 모든 사람들이 필요한 배경지식을 가지고 있어서 부연 설명이 필요 없을 것이라는 가정하에 대충 넘어갔다. 예를 들면, "여러분은 모두 아브라함이 이삭을 드리라는 명령에 순종하도록 시험받았다는 것을 알고 있습니다."라고 말씀하면서 이 사건에 대한 다른 설명은 해주지 않았다. 교회에서 사용하는 언어도 오랫동안 신앙생활을 한 사람들만이 알아들을 수 있었다. 이에 대해 목사님은 "복음을 완화시켜서 말하고 싶지 않았을 뿐"이라고 말씀하셨다.

그 교회에 앉아 있는 사람들을 생각하니 낙심이 되었다. 다음 날로 예정된 모임에서 우리가 보고 느낀 것을 정확히 말하는 것은 컨설팅을 담당한 사람으로서 나의 책임이었다. 내 일이 매우 무겁게 느껴졌다. 그 목사님으로 인해 마음이 아팠다. 나는 그 목사님이 하나님께 받은 비전을 이룰 수 있기를 진심으로 바랐다. 나는 진리가 그분을 자유케 할 것임을 알았다.

다음 날 컨설팅 모임에서, 새신자에게 감동을 주지 못하는 설교에 대해 내가 본 대로 자세히 설명을 했다. 성도들의 표정에서 받은 느낌, 예배 시간 내내 새신자들이 보여주었던 태도 등을 설명했다. 설명하는 일은 힘들었지만 가치 있는 시간이었다. 처음 반응은 방어적이었다. 이를테면 "마음에 들지 않는 사람, 그 사람이 교회를 나가면 그만입니다."라는 식이었다. 나는 마음속으로, 저 말은 어제 떠오른 말일 것이라고 생각했다. 어제 새신자들이 정말 설교에 부담을 느꼈는지, 구원초청을 하기도 전에 일어나서 나가버렸기 때문이다.

잠시 후에 목회 사역 팀 중 한 사람이 목사님은 어떻게 해서 그리스도를 알게 되었는지를 물었다. 목사님은 금세 눈물을 글썽이면서 말했다. "저는 어렸을 때, 항상 하나님에 대해 궁금했습니다. 하지만 모든 것이 혼란스럽기만 했습니다. 많은 사람들로부터 서로 다른 많은 이야기를 들었습니다. 부모님은 교회에 다니지 않으셨습니다. 하루는 친구와 함께 작은 시골교회에서 열리는 성경학교에 가게 되었습니다. 사람들이 제게 그리스도인이 되는 것에 대해 설명해 주었습니다. 쉬운 말로 그림을 보는 듯한 설명을 듣고 복음을 이해하게 되었습니다. 저는 그날 제 삶을 예수님께 드렸습니다." 목사님은 하나님의 사랑의 손길을 느끼는 듯 했다.

쉽게 이해할 수 있는 것, 삶을 변화시킬 정도로 강력한 것, 이것이 바로 우리가 영광스럽게 선포하고 있는 복음이다.

쉽게 이해할 수 있는 것, 삶을 변화시킬 정도로 강력한 것, 이것이 바로 우리가 영광스럽게 선포하고 있는 복음이다. 목사님은 자신의 이야기를 하면서 내 말을 이해하게 되었다. 그리스도가 없는 삶이 어떤 것인지를, 밖에서 안을 들여다볼 때의 느낌이 어떤 것인지를 기억했다. 다른 어떤 것보다도 새신자가 이해할 수 있는 말씀을 전해야 한다는 것을 목사님은 이해하셨다. 새신자의 입장에 서 보기 위해 목사님은 자기가 하나님의 사랑 없이 살았던 때를 기억해야 했다.

자신의 현 위치를 진단하는 것은 민감한 문제이다. 날카로운 감각과 위엄을 가지고 이 문제를 처리하라. 정직하라. 필요한 곳에서 하나님이 일하시도록 하라. 열린 마음을 가지고 협력하라. 불필요한 충고를 하지 말라. 선을 넘어서지 말라. 충분한 이야기를 나누어 해결할 수 있도록 팀으로서 노력하라. 필요하다면 도움이 될 만한 통찰력을 가진 외부 지도자에게 도움을 청하라.

각 장마다 "요약 및 적용" 부분에서 기록했던 내용을 모아 보라. 아래의 각 사항에 따라 교회의 현재 상황을 요약하라.

- 교회의 현재 마케팅 상황에 대한 최초의 반응(제1장)
- 커뮤니케이션의 다양한 측면에 대한 최초의 평가(제2장)
- 불신자들이 보고 있는 교회의 모습(제3장)
- 서로 다른 영적인 수준에 있는 사람들과 얼마나 잘 연결되고 있는가(제4장)
- 지역에 거주하는 다양한 전도 대상자들(제4장)
- 새신자, 그리고 교인들과 얼마나 잘 연결되고 있는가(제5장)
- 교회의 분위기와 문제의식(제6장)
- 교회의 사명(제7장)
- 교회의 브랜드와 커뮤니케이션(제8장)
- 비전 제시와 열정(제9장)

당신이 기록한 내용을 살펴보라. 그림으로 그려보라. 기록한 내용을 거기에 덧붙여 보라. 내용을 구체화하라. 위의 주제에 근거하여 계획을 세우라. 계획을 세울 뿐만 아니라 실천사항에 점수를 주도록 하라. 이 점수는 교회의 성장을 평가하는데 도움이 될 것이다. 각 분야에서 교회의 강점과 약점을 파악하고 설명하라. 더 큰 성장을 위해 준비하려면 교회의 강점을 최대화해야 한다.

미래로 가는 다리를 놓으라

이제 교회의 현재 위치를 알았으므로, 앞으로 1년 후, 2년 후, 그리고 5년 후에 교회가 어떤 모습이 되어야 할지에 대해 생각해보라. 교회의 현재 상황을 분석하고 그 내용을 바탕으로 교회의 이상적인 자아상에 대한 비전을 작성하라. 미래로 가는 다리를 놓는 방법은 하나님이 교회에 주셨다고 생각되는 비전을 향해 교회가 나아갈 수 있도록 목표와 과제를 창조하는 것이다. 그리고 그 일을 감당하기 위한 효과적인 커뮤니케이션이 필요하다.

교회성장의 가능성은 교회로서의 정체성과 교회가 복음을 전하도록 부르심 받았다고 생각되는 이 지역의 전도대상자 간에 얼마나 연결이 잘되어 있느냐에 달려있다. 그 잠재력은 교회가 미래에 대해 가지고 있는 비전에 근거한다. 그러나 현재의 상황에도 기반을 두어야 한다. 이 두 가지 요소를 제대로 평가하지 않는다면 아무리 열심히 노력해도 잘해봐야 비효율적이고 안 좋으면 오히려 손해를 볼 수도 있다. 사람들은 이미 교회에 대한 고정관념을 가지고 있기 때문이다. 고정관념을 무시할 수는 없으며, 그 인식을 바꾸기 위해서는 사람들의 생각이 어떠한지를 알아야 한다. 사람들이 우리 교회의 존재를 모르고 있다 해도, 꼭 알 필요가 없는 여러 교회 중의 하나로 우리 교회를 생각하는 것이기 때문에, 여전히 인식을 바꾸는 작업이 필요하다.

그러므로 하룻밤 새에 비전을 이룰 수 없다는 것을 기억하라. 교회가 목표로 하는 곳에 이르기까지 필요한 장점을 갖추기 위해서는 몇 년이 걸린다. 민감해야 하고, 교회가 할 수 있는 모든 방법을 이용하여 미래로 나아가는 다리를 놓을 수 있도록 훈련해야 한다.

이 일은 리더십 팀으로부터 시작한다. 정의하라. 설계하라. 훈련하라. 지속하라. 교회가 어디로 가야 할지에 대한 비전을 일단 정의하고 나면, 최고 지도자가 그 비전을 품고 구체화시켜야 한다. 리더십 팀이 비전에 대한 본을 보일 수 있다고 생각되면, 사역자들과 자원봉사자들이 그 본을 따라갈 수 있도록 훈련을 시작하라. 그 훈련이 힘을 얻게 되면, 교회의 정체성과 앞으로 나아갈 비전에 대한 메시지를 강단에서 선포하라. 성도들이 그 비전에 대해서 듣기만 하는 것보다는 실제로 행해지는 것을 볼 수 있으면 더 좋다. 느헤미야가 성벽을 재건할 때 일꾼들에게 그랬던 것처럼, 교회가 성장하기 위해 비전으로 삼은 여러 부분에 대해 사역자들에게 개별적인 지시를 해야 한다.

교회의 실내장식이나 내부구조를 고쳐야 한다면, 눈에 보이는 외적인 변화를 시도하기 전에 먼저 하는 것이 좋다. 교회가 속한 이 지역 사람들은 오랫동안 같은 시각에서 교회를 보아왔다. 내적인 변화가 진행되고 난 다음에 교회의 새로운 모습을 공개하라. 교회의 이름을 바꾸거나 슬로건을 내걸거나 외벽에 페인트를 다시 칠하거나 새로운 캠페인을 전개하는 방식으로 교회를 공개할 수 있다. 교회의 새로운 분위기와 문화가 내적으로 정착되기 전에는 그렇게 하지 않는 것이 좋다. 그렇지 않으면 새로워진 교회 건물 안에 들어와서도 사람들은 여전히 교회가 내적으로는 변화가 없음을 보게 될 것이다. 지속적이고 효과적이기 위해서는, 변화는 항상 내부에서 시작되어 밖으로 표출되어야 한다.

본질적인 행동 목록

그동안 컨설팅을 하면서 똑같은 분석결과를 내리거나 같은 행동 목록을 두 번씩 내준 적은 한 번도 없다. 물론, 문제점과 성공 사례, 경향과 유사성이 여러 개의 범주로 구분되기는 한다. 그러나 똑같은 교회는 하나도 없다. 컨설팅을 위한 특정한 틀은 존재하지 않는다. 틀에 박힌 정답을 내리기에는 너무나 많은 역학관계가 존재한다. 그러나 교회가 최상으로 성장하기 위해서 교회가 필수적으로 진행해야 하는 마케팅 단계는 있다. 그 단계는 (1) 연결성

connectivity (2) 브랜딩branding (3) 홍보promotion이다. 이러한 단계는 서로를 지지하고 있어서, 세 번째 단계 사역을 진행하는 교회라도 처음 두 단계 사역을 중단하면 안 된다.

첫 번째 단계인 연결성을 살펴보자. 연결성은 교회가 불신자와 관련을 맺고, 불신자를 이해하고, 불신자의 주의를 끄는 능력이다. 연결성을 갖추기 위해서 생활양식 문제, 인구통계 자료와 사이코그래픽스의 문제를 다룬다. 사람들의 영적인 수준이 어떠한지, 그리고 교회와의 관계는 어떠한지도 다룬다. 매슬로우의 욕구위계설과 같은 인간의 기본적인 욕구도 포함된다. 우리는 "한 사람을 얻기 위해 그 사람처럼 되는" 방법을 알고 있는가를 핵심적인 문제로 다룬다. 현재 전도대상자들의 수준에 맞게 그리스도를 강력하게 증거할 수 있는가? 복음을 듣지 못하도록 방해하는 상황을 만들지 않고, 일관성 있게 복음을 전할 수 있는가?

연결성은 간단한 통계로 쉽게 판단할 수 있다. 교인들은 얼마나 많은 사람들을 교회로 초청하고 있는가? 교인 중 몇 퍼센트나 적극적으로 전도하고 있는가? 새신자 중 몇 퍼센트나 교회에 정착하고 있는가?(등록 교인이 되고 있는가) 한 교회를 예로 들어 살펴보자. 쉽게 계산할 수 있도록, 천 명이 정기적으로 출석하는 교회가 있다고 하자. 주일에 25명이 새로 교회를 방문한다(전체 성도의 2.5퍼센트이다). 15명은 교인이 전도한 것이고(새신자의 60퍼센트), 10명은 스스로 찾아온 사람들이다(40퍼센트). 25명 중에서 8명이 다음 달까지 계속 교회에 오고 있다(새신자의 32퍼센트). 그리고 그 8명 중 5

명이(전체 새신자의 25퍼센트) 교회에 완전히 등록한다. 여기에서 계산한 것은 "2층 좌석"에서 "1층 좌석"으로 내려온 사람들이 25퍼센트라는 것이다. 이 비율로 약 1년이 지나게 되면, 교회의 성도 수는 대략 250명 정도가 늘어나게 된다(여기에서는 예를 들기 위해 간단하게 계산했다). 성도들 중에 이사를 가거나, 다른 교회로 옮기거나, 아니면 다른 이유로 교회에 나오지 않는 사람들의 비율이 10퍼센트 정도라면, 대략적으로 그 해 연말에 교회 성도 수는 1,150명이 될 것이다. 그렇다면 최종적으로 15퍼센트 성장한 것이다. "1층 좌석"에 앉아 있는 사람들 중 최소한 15퍼센트를 실제 사역하는 교인들로 변화시키지 못한다면, 교회성장을 감당할 수 없어 고심하게 될 것이다. 결국 이 예로 든 교회는 15퍼센트 성장한 것이다. 이것을 받아들이겠다. 나는 300퍼센트 이상 성장하는 교회를 본 적이 있고 그 일에 참여한 적도 있다. 그러나 15퍼센트를 인정하겠다. 만약 15퍼센트 이하라면 연결성이 부족하다는 것을 나타낸다. 실제로 20퍼센트 정도는 성장해야 내 마음은 조금 더 편안하다. 20퍼센트는 되어야 모든 일이 잘 연결되고 있다고 말할 수 있을 것이다. 이는 큰 교회와 작은 교회 모두에게 해당된다. 단지 큰 교회라는 이유만으로, 과거에 그랬던 것처럼 지금도 연결성에 문제가 없다고 생각할 수는 없다. 성장한다는 것은 건강한 교회의 필수요건으로서 계획이 필요한 일이다. 성장하지 않는다면 심각한 문제이다.

그렇다면, 교회가 5퍼센트이든 300퍼센트이든 성장하기 위해서 반드시 실천해야 하는 필수사항은 무엇인가? 연결성을 강화시키는 방법은 무엇일까? 지금까지 이야기해왔지만, 아래는 구체적인 행동 목록이다.

- 위에서 언급한 예화처럼, 교회성장률을 계산하는데 필요한 자료를 수집하고 정기적으로 분석하라.
- 지역의 인구통계 자료를 파악하고 이해하라. 그리고 최소한 1년마다 새로운 자료를 수집하라.
- 리더십 팀으로서, 교회 밖에서 개인적인 전도에 헌신하라.
- 리더십 팀으로서, 불신자와 함께 시간을 보내는 일에 헌신하라. 특히 전도대상자들과 시간을 보내라.
- 새신자를 관찰하라. 새신자가 방문 카드나 설문조사에 기록한 것보다 그들의 표정과 반응에서 더 많은 정보를 얻을 수 있다.
- 전도대상자를 정하고 그들과 관계를 맺을 수 있는 방법을 강구하라.
- 전도대상자에게 말하는 방법, 그리고 "2층 좌석에 앉은 사람들", "1층 좌석에 앉은 사람들", "운동장에서 뛰는 사람들"에게 설교하는 목회 방식을 구상하라.
- 잘 연결되고 있는 부분과 그렇지 못한 부분을 논의하고 각기 다른 영적인 수준에 있는 사람들에게 더 잘 다가갈 수 있는 방법을 토론하기 위해 한 달에 한 번(일주일에 한 번씩 할 수 없다면) 모임을 가지라.
- 영적으로 은혜를 받은 사람들에게 지도자와 봉사자로 사역하는 구체적인 목표를 갖게 하라.
- 제삼자의 시각으로 평가 받을 수 있도록 전문가의 도움을 받으라.
- 수평적 성장(교회를 옮겨오는 성도들) 보다는 수직적 성장(불신자를 전도하는 것)에 헌신하라.

- 사람들을 복음 밖으로 밀어내는 요소를 제거하라.
- 어떤 교회가 되도록 부르심 받았는지, 그리고 교회가 전도해야 할 대상이 누구인지를 알라.

이 목록은 대부분의 교회들이 절대로 간과할 수 없는 단계이다. 안타깝게도, 연결성에 문제가 있는 교회들이 성공적인 교회가 하고 있는 세 번째 단계의 홍보 활동을 열심히 모방하면서 교회성장에 대한 해답을 힘들게 찾고 있는 경우가 있다. 그렇게 하면서 교회를 홍보하는 것이 문제에 대한 해답이라고 생각한다. 사실은 정반대이다. 세 번째 단계에 있는 교회의 역동적인 창조성을 따라가고 싶은 마음은 당연하다. 그러나 첫 번째 단계를 마치기 전에(최소한 20퍼센트 수직적으로 성장하는 것), 홍보활동을 하게 되면 오히려 교회가 연결성이 부족하다는 것을 강조할 뿐이다. 그러면 시간만 낭비하고 비싼 대가를 치르고 교훈을 얻게 된다.

첫 번째 단계의 사역이 잘 되지 않을 때, 하나의 해결책은 교회의 문화 혹은 인식의 전환일 수 있다. 많은 교회가 그렇게 하는 것을 보았다. 교회가 효과적으로 사역하고자 할 때 가장 큰 문제점이 현재 교인들인 경우가 있다. 현재 헌신하고 봉사하는 성도들이 교회가 변화하는데 가장 큰 걸림돌이 될 수 있다. 그런 성도들은 교회의 현재 모습에 만족하고 있다. 자기들만의 공동체를 좋아한다. 현재 예배 스타일을 좋아한다. 지금 그들의 교회생활은 너무 안락하다. 하나님은 우리에게 여러 모양이 되라고 하시지만, 안락함은 하나님이 원하시는 것이 아니다. 교회가 연결성에 헌신하게 되면 두 가지 변화가 함께 일어난다. 불신자를 전도하기 보다는 현상유지를 더 중요하게 생각하는 성도들은 마음이 불편해져 교회를 떠나기도 한다. 이러한 사람들의 공통점은 연결성을 과소평가하기 때문에 사람들을 전도하는 일을 우선순위로 생각하는 일이 결코 없다는 것이다. 이런 사람들이 성도들을 대표하는 사람들이라면 문제는 더 심각해진다. 교회의 사회적인 환경은 어려워진다. 성도들은 편을 짜야 한다고 느끼게 된다. 재정은 어려워진다. 동시에, 불신자들에게 민감한 성도들과 친구와 가족을 교회로 인도하고 싶은 성도들은 열정적으로 교회의 비전을 지지하기 시작한다. 일시적으로 교회의 출석 교인 수는 감소할지도 모른다.

하지만, 교회의 새로운 모습, 즉 더 이상 교회에서 헌신적으로 봉사하는 사람들과 등록교인에게만 초점을 맞추지 않고 새신자와 불신자에게 더 많이 헌신하는 교회로서의 재능을 보여주게 될 것이다. 교회의 새로운 문화는 새신자에게 권한을 주고 교회 밖의 불신자에게 복음 전하는 일에 초점을 맞추기 때문에, 장기적으로는 교회가 성장하게 된다.

두 번째 단계인 브랜딩branding에 대해 이야기해보자. 브랜딩은 교회로서 강한 정체성을 갖는 것, 그리고 교회가 행하는 모든 일에서 교회의 정체성을 효과적으로 전달하는 것에서 시작된다. 복음을 전해야 할 사람들에게 교회가 어떤 모습이 되어야 하는가를 아는 것이 연결성에 포함된다면, 브랜딩은 본질적으로 그런 교회가 되는 것이다. 교회성장이 자연스럽게 일어나는 분위기를 만드는 것, 영적 성장을 위한 길잡이를 제시하는 것, 인내가 필요한 도전을 주는 목회 방식을 개발하는 것 등이 포함된다. 이것은 자기 확신, 비전에 대한 강한 인식, 사람들에게 소속감을 불러일으키는 존재가 되는 것과 관련된다. 분명한 목표를 제시하여 모든 사람들이 알 수 있게 하고 그 일에 기여하게 하는 것이다. 잘 계획된 커뮤니케이션과 일관성 있는 디자인도 필요하다. 6장에서 이야기했던 "여자 친구 원리"가 실행된다. 교회는 성도들과 쉽게 끊어지지 않는 친밀한 관계를 맺게 되고 성도들은 봉사하는 것을 자랑스러워하게 된다.

1단계에서와 같이, 브랜딩이 잘 이루어지고 있는가를 알 수 있는 몇 가지 분명한 지표가 있다. 성도 중 몇 퍼센트가 교회의 리더십과 동일하게 교회의 비전을 설명할 수 있는가? 다음 사항은 교회의 특성을 얼마나 잘 나타내고 있는가. 로고, 웹사이트, 교회안내 소책자, 주보, 교회 광고 우편물, 표지판, 건물, 그리고 실내장식 등. 커뮤니케이션과 디자인은 일시적인 기분에 따라 결정되는가 아니면 브랜딩 정책에 따라 결정되는가? 교회는 교회만의 정체성을 잘 알고 있는가? 지역사회는 교회를 어떻게 보고 있는가? 교회는 누구에게 복음을 전할 수 있는가? 교회는 그들에게 어떻게 복음을 전할 수 있는가? 새신자를 등록교인으로, 등록교인을 헌신된 성도로 변화시키는 일을 얼마나 성공적으로 하고 있는가?

비전에 이끌리는 교회, 목적이 분명한 교회, 브랜드를 잘 개발하는 교회가 되기 위해 반드시 실천해야 하는 사항은 무엇인가? 지금까지 논의해 왔지만, 아래는 구체적인 행동 목록이다.

- 리더십 팀으로서, 교회의 정체성을 분명히 하라.

- 교회의 브랜드가 이 지역의 구체적인 전도대상자들에게 공감을 얻고 있는지 파악하라 – 제삼자인 전문가의 조언을 들으라.

- 온전한 비전에 대한 그림을 그리라. 그 비전을 이루기 위해 필요한 것을 상세히 기록하라. 그리고 그 비전을 직원, 봉사자들, 교인들, 새신자에게 맞춰서 기록하라.

- 교회로서 열심히 섬기고 있는 핵심적인 사람들 혹은 주민들의 목록을 기록하라. 너무 포괄적이면 안 된다. 이 목록은 교회로서의 특징을 나타내야 한다.

- 정의된 교회 브랜드에 따라 커뮤니케이션을 하고 일을 추진하라.

- 비전과 브랜드를 설명하기 위해 비전을 기록한 문서(브로셔)와 이를 지지해주는 대중매체를 확보하라.

- 브랜드라는 필터를 통해 대중의 인식을 만들어가는 결정을 내리라.

- 브랜드를 표현할 수 있는 디자인을 개발하라. 마케팅 전문가의 도움을 받아 방향을 설정하고, 상황에 정확하게 맞는지를 확인하라.

- 새신자를 위한 환영물품을 준비하되 교회에 대한 소개와 교회가 제공할 수 있는 프로그램을 내용으로 하고, 새신자가 교회에 적응하고 성장할 수 있는 방법에 대한 '영적인 지도'를 함께 제공하라.

- 일주일에 한번씩, 교회가 제공할 수 있는 프로그램과 교회와 관련을 맺고 성장할 수 있는 방법에 대해 강단에서 설교하라.

- 디자인 스타일을 일관성 있게 사용하라. 브랜드를 중심으로 그래픽 디자인에 대한 지침서를 마련하고 브랜드를 강화하라.

- 분기별로 할 수 없다면, 6개월마다 브랜드 경영에 대한 모임을 가지라. 교회로서 어떻게 커뮤니케이션 하고 있는지, 그리고 성도들과

지역사회 주민들이 (1) 교회의 정체성 (2) 교회의 목적 (3) 교회와 함께 그들이 성장하기 위한 단계에 대해 잘 이해하고 있는지를 토론하라.

■ 봉사자 비율과 영적 성장을 위한 수업 참여도에 대한 통계를 내라. 그 추이를 기록하고(매달 할 수 없다면) 분기별로 모임을 가지라.

■ 교회 내에서 영적인 성장에 대한 단계에 대해 주일마다 성도들에게 설명하라. 인내가 필요한 도전 과제를 지속적으로 제시하라.

■ 일관성을 가지라.

첫 번째 단계에서와 마찬가지로, 두 번째 단계에서도 스스로의 판단에만 의존하는 것을 피하는 것이 중요하다. 많은 교회가 "우리는 할 수 있는 모든 일을 다 해보았지만, 이루어진 것이 하나도 없습니다."라고 말하고 있다. 그럴 때, 외부에 있는 누군가가 평가를 해준다면, 어느 부분에서 단절되어 있는지가 분명해진다. 외부 전문가의 의견은 매우 중요하다. 개인적으로 나도 외부 전문가의 의견이 필요하고, 회사를 위해 그에 대한 대가를 지불하고 있다.

나는 행동하는 쪽에 더 가까운 사람이다. 다른 관점을 가지고 있는 사람이 필요하다. 교회에는 모두 그런 사람이 있어야 한다. 우리는 동떨어진 섬들이 아니다. 우리는 몸이다. 몸의 모든 기능이 반드시 한 교회 안에서만 다 이루어져야 한다고 생각하는 것은 그릇된 생각이다. 우리는 모두 서로서로를 필요로 한다. 그렇게 할 때 비전이 활기를 띠게 된다.

기독교 마케팅에 있어서 브랜딩은 일상적으로 사용되는 용어가 아니다. 많은 사람들(디자이너 뿐만 아니라 교회 지도자들)은 교회의 로고나 교회명과 주소 등이 인쇄된 문구, 그리고 교회를 소개하는 패키지를 말할 때 이 용어를 사용한다. 그러나 분명히 하자면, 브랜드와 브랜딩은 그래픽 디자인을 뜻하는 용어가 아니다. 이것은 마케팅 용어이다. 이 주제가 단순히 디자인에 대한 것이라거나 브랜드는 디자이너에게 맡겨야 한다는 식으로 오해하기 않기를 바란다. 디자인은 한 부분일 뿐이며, 디자인이 브랜드에 잘 맞아야 하는 것이지 브랜드를 주도하는 것은 아니다. 브랜드 전략을 개발하고 실행하는 일에 대해 교회와 함께 일하면서, 그 결과로 나온 디자인은 비전을 중심으로 교회를 연합하게 한다. 분열시키지 않는다. 교회 문화의 일부분만을 나타내지 않는다. 교회를 전체로서 형상화한다. 공감을 불러일으키고 감동을 준다. 자부심과 소속감을 증대시킨다.

이 두 번째 단계를 마치는 시점이 되면, 재미있는 일이 일어나기 시작한다. 다행인지 불행인지 몰라도, 다른 교회에 다니던 사람들도 이 교회로 옮기게 된다. 그 이유는 간단하다. 참된 그리스도인이라면 모두 친구와 가족들을 그리스도에게로 인도하고 싶어한다고 했던 말을 기억하는가? 계속해서 불신자를 전도하라고 강조하는 교회로 불신자를 인도하는 것보다 쉬운 일이 어디 있겠는가? 자기가 전도한 새신자가 걸림돌 없이 금방 삶이 변화되는 분위기를 경험하리라고 확신할 수 있게 된다. 사람들은 자기 교회를 자랑스러워하고 싶고 다른 사람들에게 전하고 싶어 한다. 열정적이고 영향력이 있는 사람들은 그런 성향을 더 많이 가지고 있다. 그리스도인들은 사람들을 전도할 수 있는 자기 능력을 잘 발휘할 수 있는 교회로 옮기고 그 교회가 불신자 전도를 위한 연결성을 강조하는 한 그곳에 머무를 것이다. 따라서 이런 사람들은 자기 교회에 항상 불성실한 사람들이 아니라, 단지 불신자를 건강한 기독교적 환경에 들어오게 함으로서 그들을 변화시키는 삶을 살고자 하는 일에 더 헌신되어 있는 것이다. 물론 이것이 사람들이 교회를 옮기는 유일한 이유는 아니다. 그러나 큰 교회가 더 성장하게 되는 이유를 이해하는데는 도움이 된다. 연결성과 브랜드로부터 이 모든 일이 시작된다.

연결성과 브랜드로부터 이 모든 일이 시작된다.

세 번째 단계는 홍보promotion이다. 내적인 성장을 경험하고 있는 교회가 역동적으로 성장하고 있는 모습을 밖으로 내보이는 단계이다. 세 번째 단계인 홍보의 방법에 대해서는 이 책에서 다루지 않는다. 소수의 교회들은 홍보를 할 만한 상황이 아니고, 또 이 주제는 너무 광범위해서 그 자체만으로도 한 권의 책을 쓸 만한 내용이 되기 때문이다.

이 단계에 대해서 말하고 싶은 것 한 가지는, 이전의 두 단계를 잘 감당하고 있다면 교회는 이미 성장하고 있을 것이다. 교회가 내적으로 성장하게 된 연결성과 브랜드의 정신을 가지고 그 힘을 광고하는데 쓰기만 하면 된다. 잘 성장하고 있는 그 교회의 모습 그대로 지역사회의 수준에 적합하게 맞추기만 하면 된다. 교회로서의 정체성을 가지고 복음을 전하도록 하나님이 맡겨주신 사람들에게 정기적으로, 전략적으로, 일관성 있게 대하면 된다.

교회가 몇 번이나 변화될 수 있을까? 좋은 질문이다. 사실 기회는 제한되어 있다. 사람들은 이름, 외양, 슬로건, 지도자가 자주 바뀌는 교회를 그다지 신뢰하지 않는다. 그런 교회는 분명한 목적도 없이 떠다니면서 계속 변하는 바람에 의해 항로가 바뀌는 배처럼 여겨질 것이다. 변화하고자 한다면, 확실하게 변화하고 지속성을 가져야 한다. 그렇지 않다면, 교회 자신도 교회로서의 정체성이 무엇인지, 교회의 목적이 무엇인지를 모르는 것처럼 보이는 위험성에 빠지게 된다.

이 책을 읽으면서 기록했던 내용을 다시 생각해보라. 각 장의 "요약 및 적용" 부분에서, 현재의 모습과 앞으로 소망하고 있는 모습에 대한 각 영역의 질문에 대답했을 것이다. 깊숙이 앉아서 그 내용을 깊이 생각해보라. 마음이 무거워질지도 모른다. 그러나 요술 지팡이를 흔들어서 모든 것을 완벽하게 만들 수 있다면 어떤 모습의 교회가 되고 싶은지를 그려보는 것부터 시작하라. 가장 내적인 부분, 즉 자기 자신에서부터 시작하라. 그리고 미래를 위해 변화를 시도하라. 부르심 받은 대로의 교회가 되기 위해 각각의 요소들이 합력할 수 있도록 팀을 이루어 노력하라. 그 결과는 분명히 나타날 것이다.

교회에 대한 인식을 관리하고 경영하기 시작하면서(자신을 마케팅 하는 것) 아래의 중요한 요소를 기억하라.

- 새신자들이 교회에서 경험하게 될 내용을 미리 결정할 수 있다.
- 일관성 있는 가치를 제공할 때 성장하게 된다.
- 서로 다른 영적인 수준에 있는 사람들을 모두 다 포용하는 목회를 하지 않는다면, 모든 사람을 얻을 수 없다. 교회가 성장을 위해 준비되어 있다는 것을 확인하기 위해서는, 각 단계에 속하는 사람들이 꾸준히 늘어나야 한다.

교회가 성장을 위해 준비하면서, 교회가 평가한 내용과 교회의 비전을 기준으로 각 예배의 점수를 매겨보는 것이 도움이 된다. 균형 잡힌 시각으로 교회를 면밀히 재평가하고 외부 전문가의 의견을 듣는 것도 중요하다. 교회가 객관성을 유지할 수 있도록 계속해서 새로운 제삼자의 시각을 유지하라. 한동안 한 가지 일에 대해 똑같은 사람들이 계속 평가하게 되면 "그렇게 생각되는" 함정을 자연스럽게 겪게 된다. 이런 함정을 피하기 위해 그렇게 할 필요가 있다. 교회가 목표로 하는 비전에 가까이 도달할수록, 시선을 더 높이 두어야 한다는 것을 기억하라. 하나님은 항상 교회가 더 성장하도록 도전을 주실 것이다. 교회가 다양한 수준의 성도들에게 다음 단계로 성장하도록 도전을 주는 것처럼 말이다.

> **변화하지 않으면 성장도 없다. 내가 교회에서 보게 되는 가장 큰 문제 중 하나는, 사람들이 영적으로 가장 크게 감동을 받았던 그 시기에만 푹 빠져있다는 것이다.**

교회가 진정으로 성장하기 원한다면, 현상유지하려는 마음을 버리고 계속해서 열정을 가져야 한다. 변화는 성장을 위한 필수요건이다. 변화하지 않으면 성장도 없다. 내가 교회에서 보게 되는 가장 큰 문제 중 하나는, 사람들이 영적으로 가장 크게 은혜를 받았던 그 시기에만 푹 빠져있다는 것이다. 결혼한 부부에게도 그런 경우가 있다. 많은 부부가 결혼할 당시에 유행했던 옷차림새와 머리 스타일을 여전히 고집한다. 이미 유행이 지났는데도 말이다. 그들은 그 모습을 가장 매력 있다고 느끼기 때문이다. 자신이 가장 최고의 모습이었다고 생각되는 시기의 이미지에 집착하는 것은 일반적이고 자연스러운 경향이다. 교회에서도 이런 일이 일어난다. 어떤 교회들은 여전히 시대에 뒤진 음악, 실내장식, 설교 스타일을 고수한다. 그런 문제를 결정하는 위치에 있는 사람들이 바로 과거의 그 시기에 하나님을 깊이 만난 경험이 있기 때문이다. 과거에 집착하는 자아상을 버려야 한다. 하나님은 새 일을 행하신다(사 43:19). 하나님 안에서 당신 인생 최고의 시간은 아직 오지 않았다. "새 노래로 그를 노래하며"(시 33:3).

　시작하기 전에, 교회가 하나님의 인도하심을 따르고 있는지 확인하라. 그것을 기록하라. 그 목표를 냉정하게 바라보라. 부지런히 항해하라. 항로를 유지하라. 비전만을 바라보라. 개인적으로 혹은 교회적으로 비전을 놓쳤다면, 세례 요한이 그랬던 것처럼 예수님께로 가서 새로운 비전을 받으라. 비전을 바라보라. 비전과 함께 달려라. 변화되었어야 하는 부분이 있다면, 지금 행하라. 교회가 준비되면, 성도들은 예전에 없던 성장을 경험하게 될 것이다. 성도들은 용기를 얻게 될 것이다. 성도들이 이전에 없던 역동적인 모습을 보이면서, 친구들과 가족을 전도하는 일에 열심을 내고 긍정적인 결과를 기대할 것이다. 뒤로 물러서지 말라. "소망이 더디 이루게 되면 그것이 마음을 상하게 하나니"(잠 13:12). 또 다시 바뀌리라 생각하지 말고, 비전이 아닌 것을 결과로 받아들이지 말라.

　여러분과 여러분의 가족, 그리고 교회를 하나님께서 축복하시고 강건하게 하시기를 기도한다. 우리는 모두 이 일에 참여하고 있다. 교회가 더 크게 성장할 수 있도록 준비하는데 하나님께서 여러분을 통해 일하시기를 기도한다.